KB046244

여태
여자들의

**ONNA TACHI NO TERROR**

by Brady Mikako

ⓒ 2019 by Brady Mikako

Originally published in 2019 by Iwanami Shoten, Publishers, Tokyo.

This Korean edition published 2021

by Sakyejul Publishing Ltd., Paju-si

by arrangement with Iwanami Shoten, Publishers, Tokyo.

# 테러리스트의 여자들

노수경 옮김

브래디 미카코 지음

# 차례

1916년 여름. 지금으로부터 약 100년 전.

　조선의 부강(일제강점기의 충청북도 청주군 부용면 부강리, 현재의 세종특별자치시 부강면―옮긴이)에서 죽기로 결심한 일본인 여자아이가 있었다.

　여자아이의 이름은 가네코 후미코金子文子. 하지만 이 아이는 이와시타 후미코岩下文子라는 이름으로 살던 시절도 있었으며 아홉 살이 될 때까지, 그러니까 할머니가 조선으로 데려오기 전까지는 그저 '가네코 후미코かねこふみこ'라 불릴 뿐이었다. 불릴 뿐이었다고 한 이유는 꽤 오랫동안 공식적인 이름이 없었기 때문이다.[1]

　다시 말해 무無호적자였다.

　그러니까 후미코는 태어났을 때부터 비공식이었다. '무자격자'라고 해도 좋겠다. 보통 아기가 태어나면 호적이라는 형태로 관청의 장부에 등록한다. 그러면 "아무라는 가정에서 아무라는 이름의 인간이 하나 태어났다"라고 기록된다.

국민의 수가 늘어났다는 것이 숫자로 반영되며, 6년 뒤에는 취학 연령이 되는 아이가 하나 늘고, 20여 년 뒤에는 납세자가 한 사람 늘어난다는 사실을 파악하여 정책을 만들고 나라를 굴린다. 그러니까 호적을 갖는다는 것은 국가의 통계에 포함된다는 뜻이며 숫자가 된다는 뜻이다.

하지만 후미코는 다행인지 불행인지(뭐, 이 경우엔 물론 불행이라 생각했으니 죽으려 한 것이겠지만) 부모가 그의 출생을 관청에 신고하지 않았다. 후미코의 아버지 후미카즈文一가 어머니 기쿠노きくの를 곧 버릴 생각이었기 때문이라고도 하고, 술만 마시며 거친 생활을 하긴 해도 나름 괜찮은 집안 출신이었던지라 농사꾼의 딸 기쿠노가 낳은 아이를 자기 호적에 넣기 싫었기 때문이라고도 한다. 하여튼 후미코는 무호적자로 자라난다.

무호적자였기 때문에 학교에도 가지 못했다. 무엇보다 사회의 '허가를 받지 못한' 신분이었다. 처음부터 떳떳하지 않은 인생으로 태어났다. 당당하게 햇빛 아래를 걸어가는 인간이 되려면, 국가의 일원으로서 관청에 존재가 파악되어 '한 사람 몫'을 해야 할 것이다. 후미코는 '한 사람 몫'으로 쳐주지 않았다.

그러나 후미코가 '무자격자'로 자라난 것은 요행이기도

했다. 처음부터 국가 시스템의 바깥에 있었기 때문이다. 아나키스트니 아웃사이더니 애써 주장하지 않아도 좀스러운 일본 사회의 빈틈을 스르륵 미끄러지듯 빠져나온 것이다. "나는 나 자신을 살아간다"는 후미코의 사상이 리얼한 피와 살을 얻을 수 있었던 것도 그 때문이다.

하지만 후미코가 열세 살에 죽어버리려 했을 때는 그런 미래를 알 턱이 없었다. 후미코는 금강 변에 서서 여태까지 제 신변에 일어난 불행을 멍하니 곱씹고 있었다.

애초에 부모부터가 장난이 아니었다. 빈곤 가정인 것도 힘든 상황인데, 아버지는 술독에 빠져 젊은 여자를 집에 데려와서는 아내를 쫓아내더니 결국 아내의 여동생에게까지 손을 뻗어 집안에서 삼각관계를 만들고, 어린 딸 후미코의 눈앞에서 정사를 벌이고는 처제와 도망가 살림을 차렸다. 그러면 후미코의 어머니는 부정한 행위를 하지 않는 사람이었느냐 하면 또 그렇지도 않았다. 어머니는 남편에게서 버림받은 후 여러 남자를 집으로 끌어들였다. 섹스하고 싶을 때는 어린아이를 심부름 다녀오라며 깜깜한 밤에 멀리 밖으로 내보냈다. 밤이 무서운 나머지 후미코가 빨리 달려서 심부름을 얼른 끝내고 집에 돌아와 보면, 어머니 또한 남자와 두 마리의 동물이 되어 다다미방 위에서 꿈틀거리고 있었다. 결국에는 어머니도 후미코를 버렸다.

후미코의 자서전에 따르면, 어린 시절 부모와 살던 모습은 '섹스, 마약, 그리고 로큰롤'이 아니라 '섹스, 빈곤, 그리고 폭력'이라 하겠다. 만약 현대 영국에서 이런 일이 일어났다면 사회복지사가 와서 후미코를 데려갔으리라. 후미코가 아무리 깊은 불행의 구렁텅이에 떨어지더라도 눈물 바람의 여주인공이 되지 않은 이유, 메마른 시선으로 사물을 분석할 수 있었던 이유는 어린 시절에 웬만한 것은 이미 다 보았기 때문이다.

그러나 그런 후미코도 여전히 다른 사람에게 홀라당 속아 넘어가는 일이 있었다. 자살을 하려고 마음먹은 것도 그 때문이었다. 부모에게 버림받은 후미코를 조선으로 데려와 준 할머니는 부강에 사는 일본인 커뮤니티에서도 유력한 고리대금업자 이와시타岩下 가문의 '어르신'이었다. 할머니는 이와시타 가문 사람은 아니었지만, 이와시타 가문으로 시집간 딸(후미코의 고모)과 살면서 이와시타 집안의 실권을 쥐고 있었다. 딸 부부에게 아이가 없었기 때문에 할머니는 처음에는 후미코가 대를 잇게 할 생각이었다. 후미코를 이와시타 집안에 양녀로 입적하여 좋은 사위를 붙들도록 상류 계급풍 아가씨로 키우려 했다. 하지만 저변 가정에서 큰 후미코는 할머니가 원하는 아가씨로는 자라지 않을 듯 보였다. 게다가 묘하게 심지가 굳어서 어른이 하라는 대로 하지도 않았다. 이 점이 몹시 거슬렸던 할머니는 후미코의 성을 이와시타에서 가네코로 바꾸고 양녀에서 하녀로 신분을 낮추었으며 학대했다.

어느 더운 날, 병원 경영인의 아내라는 스물네댓 살 정도의 미인이 갓난아기를 데리고 집에 왔다. 벼락부자 차림을 한 이 여자는 미사오*라고 하는데, 할머니의 조카딸이라 했다. 할머니는 이상하게도 미사오를 예뻐했다. 분명 그 사람을 입신출세한 여성의 모범이라 여기는 듯했다. 어느 날 미사오는 멀리 사는 지인의 집을 방문하고 싶은데 갓난아이를 안고 가기는 번거롭다고 했다. 그러니까, 후미코가 따라가 아기를 돌봐주길 원하는 모양이었다. 그러자 할머니는 후미코에게 "싫으면 싫다고 분명하게 말하면 돼. 싫은 것을 무리하게 하라고 하지는 않을 테니"라고 드물게 온정을 풍기는 듯한 말을 했다. 그래서 후미코도 냉큼 "실은, 내가 안 가도 되면 가고 싶지 않은데"라고 해버렸다.

그랬더니 아아, 역시 할머니는 "뭐라고? 가고 싶지 않아? 이게 좀 친절하게 대해주니까 아주 우쭐해져서는! 어디서 감히 가고 싶지 않아?" 하고 화를 터뜨리며 후미코의 멱살을 붙잡고는 세차게 흔들었다. 할머니는 툇마루에서 마당으로 굴러떨어진 손녀를 게다(일본의 나막신―옮긴이)를 신은 발로 실컷 짓밟고 걷어차고는 자리를 떴다가 다시 돌아와 아예 대문 바깥으로 던져버렸다. 갈 곳이 없었던 후미코는 집으로 돌아와 집안일을 하면서 사죄하려 했지만 할머니는 사죄를 방해하고 밥을 주지 않았다. 몇 번이고 사과를 해도 일부러 무시하고 며칠이나 굶겼다. 후미코는 배가 너무 고파서 나중에는 배고픈 감각을 못 느낄 정도가 되었다. 일어나려 했다가도 저절로 다시 주저앉을 만큼 쇠약해져 차라리 죽는 편이 낫겠다고 생각했다.

투신자살. 투신하여 자살한다. 몸을 던져서 스스로를 죽인다. 이 생각만이 후미코를 움직였다.

그리하여 후미코는 소맷자락에 자갈을 넣고, 돌을 넣은 붉은 모슬린 속치마를 몸통에 감고는 금강 변에 서게 된 것이다. 당시 그곳에는 익사 사고가 자주 발생하는 수심 깊은 장소가 있었다고 한다. 뛰어내리면 끝. 학대도, 고픈 배도, 아픈 몸도, 이 엿 같은 인생도 뭉텅 하고 끊어질 것이다. 후미코는 이때의 광경을 후에 옥중에서 쓴 자서전 『무엇이 나를 이렇게 만들었는가』에서 이렇게 묘사했다.[2]

준비는 되었다. 거기에서 나는 강변의 버드나무를 거머쥐고 물속을 들여다보았다. 물은 검푸른 기름처럼 잔잔했다. 잔물결 하나 일지 않았다.

하지만 그때, 갑자기 후미코의 머리 위에서 유지매미가 울기 시작했다. 후미코는 문득 주변을 둘러보았다. 그리고 자신을 둘러싼 세상을 일순 감지하고 경탄했다. 세상의 자연은 이렇게도 아름답고, 세상의 고요함은 이렇게도 평화로운가 하고 말이다.

이 순간의 각성에 관해 쓰루미 슌스케鶴見俊輔는 "사상의 저변에 있는 낙천성" 덕분이라고 했다. 그 낙천성이 유지매미의 울음소리에 이끌려 밖으로 드러났으며, 그것이 후미코의 자살을 막았다고 분석했다.[3]

실제로 이런 낙천성은 후미코가 사는 동안 막다른 곳에서 발길을 돌리듯, 모래가 아래로 다 떨어진 모래시계를 뒤집듯 기사회생의 반전을 가져왔다. 이 낙천성의 근저에는 "다른 세상이 있다"는 확신이 자리 잡고 있었다. 비참한 인생을 보내던 여자아이치고는 흔들림 없는 확신이었다. 대안은 있다. 왜냐하면 후미코 스스로가 바로 사회의 대안이었으니까. 후미코는 이렇게 썼다.

그래도, 그래도, 세상에는 아직 사랑해야 할 것들이 무수히 많다. 아름다운 것이 무수히 많다. 내가 사는 세상도 할머니와 고모가 사는 집으로만 제한된다고 할 수 없다. 세상은 넓다.

이렇게 생각하자 문득 여기서 죽으면 그 죽음에 관해 할머니와 고모가 무슨 거짓말을 하며 돌아다닐까 싶었다. 안 그래도 할머니와 고모는 약자는 입이 없다며(죽은 자는 입이 없다는 일본 속담에서 온 표현—옮긴이) 후미코를 마음껏 괴롭히던 터였다. 죽은 자가 된다는 것은 물리적으로 더 이상 말할 수 없는 궁극의 약자가 된다는 것 아닌가.

이렇게 생각하자 나는 이제 '죽으면 안 된다'는 생각마저 하게 되었다. 그렇다, 나처럼 괴롭힘을 당하는 사람들과 함께 괴롭히는 사람들에게 복수하지 않으면 안 된다. 그렇다, 죽으면 안 된다.

복수는 달콤하다. 아직 복수를 한 것은 아니지만, 후미코는 그렇게 느꼈다. '입이 없는 사람'이 된 이들을 위하여. 당하기만 하는 이들을 위하여. 가난한 사람, 백성, 조선인, 그대들과 나, 우리, 모든 패자, 모든 이등 시민, 모든 아래쪽에 있는 자들을 위하여 나는 테러를 수행하겠다. 10년 뒤에 대역죄로 사형 판결을 받은 후미코의 반역의 맹아가 여기에 있었다.

'무자격자'를 얕보지 마라. 나의 출생은 데이터에 들어가지 않았다. 탈진실post-truth이란 나를 두고 하는 말이다. 나는 사실fact 이전에 존재한다. 어디에도 소속되지 않은 나를 그 누구도 지배할 수 없으리라. 후미코는 성장한 뒤 이렇게 말한 적이 있다.

내가 나의 행위에 요구하는 모든 것은 자신에게서 나와서 자신으로 되돌아갈 것. 그러니까 처음부터 끝까지 자기 자신을 위해서, 자신을 표준으로 할 것. 따라서 나는 '옳다'는 말을 사용할 때, 그것은 완전히 '자율적'인 의미임을 밝혀둡니다.

– 「26일 밤중에」, 1926년 2월 26일 서간[4]

열세 살 아이답지 않은 고요한 눈빛으로 후미코는 소맷자락과 속치마에서 돌을 꺼내 주변으로 데굴데굴 굴리기 시작했다.

황천의 문턱에 한 발을 디뎠다가 다시 발길을 되돌린 아이는 아나키스트가 되어 돌아왔다. 가네코 후미코의 놀라운

점은 책에서 배우지 않아도, 누군가에게 이데올로기를 배우지 않아도 경험과 심정을 통해 사상을 몸으로 독해해나간다는 것이다. 사상은 길거리에 떨어져 있다. 이때의 각성 체험에 관해 후미코는 자서전에서 적절한 말로 이렇게 적었다.

돌아온 나에게는 하나의 희망의 빛이—우울한 검은 광선이—빛나고 있었다.

눈동자 깊은 곳에 검은 불꽃을 품은 아이는 뚜벅뚜벅 땅바닥을 밟으며 썩은 여자들이 사는 **지옥의 집**으로 돌아갔다.

**지옥이란, 틀림없이 바로 여기다.**

에밀리는 어두운 독방 침대 위에 죽은 듯이 축 늘어져 있었다. 여기서 에밀리란 영국 서프러제트suffragette의 한 사람인 에밀리 와일딩 데이비슨Emily Wilding Davison을 가리킨다. 에밀리는 영국에서 여성사회정치연합Women's Social and Political Union(WSPU)의 지도자 에멀린 팽크허스트Emmeline Pankhurst에 비견되는 가장 유명한 서프러제트이며, 영화〈서프러제트〉에도 나온다. 1913년 엡섬 더비Epsom Derby(영국에서 가장 권위 있고 유서 깊은 경마 대회―옮긴이)에서 국왕의 말 앞으로 뛰어들어 목숨을 잃은 것으로 잘 알려져 있다.

에밀리의 외모에 관해서는 에멀린 팽크허스트의 딸 실비아 팽크허스트Sylvia Pankhurst가 이렇게 묘사했다.

에밀리는 키가 크고 말랐다. 팔이 상당히 길고 머리는 작고 갸름했으며 붉은 머리에 꿈을 꾸는 듯한 장난스러운 녹색 눈동자, 항상 반쯤 웃는 듯한 입술은 자주 모나리자의 미소를 띠고 있었다.

이 붉은 머리의 모나리자는 목적 달성을 위해서라면 폭력도 불사하는 전투적인 여성 참정권 운동가 서프러제트 가운데서도 특별히 더 과격한 밀리턴트militant(무력 투쟁파)로 이름을 떨쳤다. 동료들 가운데서 불리던 애칭은 '매드 에밀리Mad Emily'였다. 에밀리는 투석, 방화, 폭행 등 다양한 용의로 체포되었으며 서프러제트 운동을 시작해 세상을 뜰 때까지 아홉 번이나 교도소에 갔다.

"밀리턴트 중의 밀리턴트."

"무서운 게 없는 여자. 본적지는 홀러웨이 교도소."

당시의 타블로이드지는 에밀리에게 이런 억센 표현을 썼다. 이때도 에밀리는 재무장관 데이비드 로이드 조지David Lloyd George의 차에 벽돌을 던진 죄로 맨체스터 스트레인지웨이즈 교도소에 투옥되었다. 20세기 초 영국에서 여성이 돌과 벽돌을 던지는 행위는 상상도 할 수 없었다. 정부 기관이나 정당이 있는 건물의 창에 돌을 던지는 반달리즘vandalism(문화유산이나 예술, 공공시설, 자연경관 등을 파괴하거나 훼손하는 행위—옮긴이) 행위를 벌이는 자가 술 취한 남자가 아니라 맨 정신의 여자라는 사실은 세상을 뒤흔들기에 충분했다.

도대체 세상은 어떻게 되어버린 것일까? 나쁜 사상에 물든 여자들이 나라를 파괴하려 한다. 신문은 서프러제트의 활동을 선정적으로 다루었다. 그 중심인물인 에밀리는 그들에게 두려운 존재였다.

이번에 교도소에 갇히게 된 원인인 재무장관 차에 벽돌을 던지는 작전에서 에밀리는 백작 영애인 레이디 콘스턴스 리턴Lady Constance Lytton(인도 총독 등을 지낸 로버트 리턴Robert Lytton의 딸—옮긴이)과 짝을 지어 움직였다. 어떤 불편함도 없을 귀족의 딸이 왜 악명 높은 서프러제트가 되었을까? 레이디 콘스턴스 리턴은 사랑하는 남성의 집안이 자기 집안에 비해 세가 기운다는 이유로 부모가 결혼을 허락해주지 않자 진심으로 열을 받아서 평생 결혼하지 않으리라 마음먹고 여성참정권 운동에 투신했다. 한편 에밀리의 경우 아버지는 유복한 사업가였으나 어머니는 아버지의 하녀 출신이었다. 아버지가 세상을 뜬 후, 어머니는 고향인 잉글랜드 북동부의 노섬벌랜드 주 모페스 근처의 한 마을에서 빵집을 운영했다. 에밀리가 귀족의 영애와 뭔가를 함께한다는 것은 계급 간에 교류가 없던 당시 영국에서는 드문 일이었다. 이 '계급을 가로지르는 여자들의 연대'는 서프러제트 운동의 역동적인 특징 중 하나였다.

　WSPU는 전투적인 행위를 벌이기 위해 전략적으로 노동자 계급 여성들을 채용했다고 알려져 있다. 처음에는 고학력의 중류층이나 상류층의 각성한 여성들이 이끄는 여성 참정권 운동이었으나, 거리로 나가 보니 이 고상한 여성들만으로는 뭔가 어설펐던 것이다. 당시 런던 동부의 빈민가에 잠입하여 르포를 쓰던 잭 런던Jack London은 자신의 책『밑바닥 사람들』에 노동자 계급 여자들이 서로 머리카락을 잡아당기며 뒤엉켜 싸우는 사진을 게재했다. 서로 엉망으로 주먹다짐을 하다가 실신하더니 잠시 후 다시 일어나 서로 목을 졸라대는, 마치 여자 프로레슬링을 방불케 하는 싸움의 현장을 말이다. 잭 런던은 "젊은 아가씨들이 이러한 소동을 알게 되면 도덕적으로 어떤 영향을 받을지"라고 우려를 표했지만 WSPU는 바로 이 하층 여자들의 전투력을 찾고 있었으리라.

　이 야성미 넘치는 여자들과 우아할 것이 틀림없는 상류층 여자들이 거리에서 함께 소동을 벌인다면 자연스럽게 "너 제법인데?" "너야말로" 하면서 우정이 싹틀 것이 분명하다. 항상 맨 앞에 서서 온몸을 던지던 에밀리의 주변에는 이런 계급을 초월한 여성 투사들의 네트워크가 생겨났다.

에밀리와 콘스턴스도 처음 짝이 되었을 때 바로 의기투합했다. 둘은 거리에 몸을 숨기고 재무장관이 탄 차가 오기를 기다렸다. 장관은 귀족 친구의 차를 타고 극장으로 가던 중이었다. 장관이 차에서 내려 극장으로 들어간 뒤 귀족의 차가 에밀리와 콘스턴스의 앞을 지나갔다. 백작 영애 콘스턴스가 기세 좋게 차를 향해 벽돌을 던졌다. 뒤따라 에밀리도 벽돌을 던지려 했지만 경찰에게 맞고 체포되었다. 에밀리와 콘스턴스에 더해 주위에 숨어 있던 다른 서프러제트 9명도 함께 체포되었다. 에밀리는 천으로 싼 벽돌을 가지고 있었는데 거기에는 에밀리가 생애의 모토로 삼았던 문구와 서프러제트의 슬로건이 나란히 쓰여 있었다.

로이드 조지에게
압제자를 거스르는 것은 신을 따르는 것이다.
말이 아니라 행동으로.

이렇게 1909년 10월 에밀리는 맨체스터 스트레인지웨이즈 교도소에 투옥되었다. 에밀리와 동료들은 곧장 단식 투쟁에 돌입했다.

단식 투쟁은 같은 해 7월 매리언 월리스-던롭Marion Wallace-Dunlop이라는 스코틀랜드인 여성이 서프러제트로서는 처음으로 행한 새로운 전법이었다. 매리언은 의회의사당 성 스티븐스 홀의 석조 부분에 지워지지 않는 잉크를 쓴 고무 스탬프를 찍어 여성 참정권 운동의 슬로건을 남긴 죄로 교도소에 수감되었는데 "나는 정치범이므로 다른 정치범 죄수와 같은 대우를 해주기 바란다"라고 교도소 측에 요구했다. 정치적인 범죄로 투옥된 죄수는 절도 등의 죄로 투옥된 이들보다 좀 더 나은 감방에 수용되었고, 여러 가지 자유가 허락되었다. 매리언은 자신도 여성 참정권이라는 정치적 요구를 하다가 체포된 것이므로 정치범 대우를 해달라고 주장한 것이다. 하지만 이 요구는 받아들여지지 않았다. 매리언은 이에 항의하여 단식 투쟁에 들어갔다. 사흘이 넘도록 아무것도 먹지 않았고, 결국 건강상의 이유로 석방되었다. 정부 입장에서는 매리언을 여성 참정권 운동의 순교자로 만들고 싶지 않았기 때문이다.

매리언을 따라 에밀리도 홀러웨이 교도소에서 닷새 동안 단식 투쟁을 한 끝에 석방된 경험이 있었다. 그러니까 다시 한번 단식 투쟁을 하면 마찬가지로 석방될 것이라 생각했다. 하지만 이번에는 그렇게 되지 않았다. 교도소에 수감된 다음 날 밤, 의사 둘과 복수의 여성 교도관들이 무서운 기구를 가지고 에밀리의 독방으로 들어왔다. 에밀리는 이때 처음으로 강제 음식 주입force-feeding을 당했다.

"지금부터 당신에게 강제로 식사를 주입하겠습니다."

의사 한 사람이 이렇게 선언하자 교도관들이 온 힘을 다해 에밀리의 몸을 눌러서 눕히고는 평평하게 만들었다. 의사는 철로 만든 기구를 이용해 강제로 에밀리의 입을 벌렸다. 아랫니와 윗니 사이로 기구를 쑤셔 넣어 턱이 닫히지 않도록 고정했다. 그런 다음 찢어질 정도로 크게 열린 입 안으로 액체를 흘려 넣었다. 에밀리는 필사적으로 저항했다. 하지만 교도관들에게 손과 발, 머리가 붙들린 채였다. 액체를 삼키지 않고 뱉으려 하니 이번에는 차가운 기구로 혀를 고정했다. 에밀리는 그때의 경험을 이렇게 썼다.

그 뒤에 전개된 장면은 무서운 체험으로 죽을 때까지 나를 따라다니겠지요. 그 일을 묘사하는 것은 거의 불가능합니다.[5]

130명이 넘는 서프러제트가 강제 음식 주입을 당했다고 한다. 그들 가운데 상당수가 몸이 붙들려 꼼짝달싹 못 하는 상태에서 교도관들이 강제로 입을 벌려 기구와 관을 쑤셔 넣고(콧구멍으로 관을 집어넣기도 했다고 한다) 원하지 않는 액체를 몸속으로 흘려보냈으며, 이는 마치 강간을 당하는 것 같은 체험이었다고 증언했다. 자신의 육체를 유린당하는 감각은 정신적 트라우마가 되어 서프러제트의 기억에서 결코 지워지지 않았다. 에밀리와 짝을 이루어 재무장관의 차를 습격한 콘스턴스도 강제 음식 주입을 당했다. 콘스턴스는 이렇게 말했다.

> 그 공포는 말로 설명할 수 있는 것이 아니에요. 나는 내 머리카락과 침대 옆 한쪽에 토해버렸어요. 옷에는 구토물이 잔뜩 묻었고요. 여성 교도관이 갈아입을 옷은 주지 않겠다고 했습니다. 이미 사무소가 문을 닫았다는 이유로.

식도에 이물이 삽입된 서프러제트는 구역질이 나서 섭취한 음식을 전부 토해버렸기 때문에 사실상 강제 음식 주입은 의학적인 효과가 없었을 뿐 아니라 건강상 이롭지도 않았다. 그저 그들을 쇠약하게 만들었으며, 몸과 마음에 상처를 줄 뿐이었다. 단순한 고문이었던 것이다.

다행히도 이 고문이 사망의 직접적 원인이 된 서프러제트는 없었지만, 1913년에 릴리언 렌튼Lilian Ida Lenton이라는 목수의 딸(당시 21세)이 목숨을 잃을 뻔한 사고가 일어났다.

코에 넣은 튜브로 주입된 액체 음식물이 위가 아니라 폐로 들어가 화농성 폐렴을 일으켰던 것이다.

이렇게 위험하고 비인도적인 강제 음식 주입은 끝난 뒤에도 극심한 구역질과 통증을 남겨 많은 서프러제트가 독방 침대 위에서 몇 시간이고 몸부림치며 뒹굴어야 했다. 처음으로 강제 음식 주입을 당한 에밀리도 마찬가지였다. 지금껏 이렇게까지 육체적으로도 정신적으로도 상처를 받는 일은 없었다. 이후로도 에밀리는 '강간과도 같은 강제 음식 주입'을 계속해서 당했으며 그 수는 총 49회에 달했다.

우격다짐으로 이물을 주입당해 상처가 생겼다. 쓰리고 베이고, 피 맛과 시큼한 토사물의 맛이 섞여 뒤집어진 위의 밑바닥, 가슴속 깊은 곳에서 검은 불꽃이 타오르는 것을 에밀리는 느꼈다.

그 주말, 에밀리는 독방의 창문을 모조리 깨뜨렸다. 조각조각 떨어져 내리는 유리 가루를 맞으며 사나운 모나리자는 미소 지었다.

에밀리, 37세의 가을. 죽어도 좋다고 생각했다.

"살고 싶은 자는 살라. 그리고 죽고 싶은 자는 죽게 하라."

　스물두 살 가네코 후미코가 옥중에서 예심 판사에게 보낸 편지 속에 있는 러시아 작가 미하일 아르치바셰프Mikhail Petrovich Artsybashev(20세기 초 러시아의 소설가, 극작가―옮긴이)의 말이다.

　10대 초반의 후미코에게도 이렇게까지 냉철한 사상이 있었는지는 모르겠지만 적어도 미묘하게 냉정한 부분은 있었던 모양이다. 후미코를 자살에서 구한 것은 아래쪽에 있는 모든 사람을 위해 복수하겠다는 불타는 마음이었다. 하지만 이 뜨거운 맹세 또한 어딘가 허무하다는 것을 어린 후미코는 총명하게도 깨닫고 있었다.

　어린 풀잎처럼 위로 자라나야 할 나이에 죽음에서 구원을 찾으려 하는 것조차 소름 끼칠 정도로 부자연스러운데, 복수를 그저 하나의 희망으로 삼고 살아남았다니 이 얼마나 무서운 일이며 또 슬픈 일인가.

후미코는 스스로 더 이상 아이가 아니라고 썼다. 마음속에 가시를 가진 작은 악마라고. 하지만 이 악마는 고모나 할머니처럼 누군가를 못되게 괴롭혀 만족을 얻을 정도로 작은 악당은 아니었다.

후미코의 마음속에 둥지를 튼 검은 악마는 맹렬하게 지식을 추구했으며 그 범위는 광대했다. 후미코는 무엇이든 전부 알고 싶어 했다. 인간이 감지하는 '세상'에 관해서만이 아니다. 벌레나 짐승, 식물, 천체 등 온 세상에서 도대체 무슨 일이 일어나고 있는지, 그 자체를 있는 그대로 알고 싶어 했다. 이는 학교에서 배울 수 있는 시시한 지식이 아니었다.

이러한 '규격을 벗어난' 악마가 후미코 안에서 태어난 이유에 관해 쓰루미 슌스케는 후미코가 소학교, 중학교, 고등학교라는 국가가 짜놓은 교육의 사다리를 올라가지 않았기 때문이라고 분석했다. "담임선생이 유일하게 올바른 답을 가졌다고 믿고, 선생의 마음속에 있는 유일한 정답을 투시하듯 추측해낸다. 이 일에 익숙해진 사람은 끊임없이 스스로를 전향시키며 우등생의 자리에 있을 수 있는데 이런 사람은 자신의 행동을 이상하게 여기지 않는다." 이에 비해 후미코에게는 "잘했다" 하고 칭찬해주는 선생이 없었기 때문에 "충분히 이해했으니 이걸로 졸업"이라는 상황이 없었다는 것이다.[6] 뿐만 아니라 사회의 '무자격자'로 자라난 후미코는 아무리 정연하게 해결된 듯 보이는 사건들도 그 뒤에는 대안이 있음을, 반드시 조금 다른 사실이나 차원, 다른 방향의 힘이 존재함을 알았다. 따라서 후미코의 검은 지식욕은 끝을 몰랐다.

간토대지진 뒤 후미코가 검속(공공의 안전을 해롭게 하거나 죄를 지을 염려가 있는 사람을 경찰에서 잠시 가두는 일―옮긴이)되었을 때, 정말로 얘가 스무 살이 좀 넘은 여자아이인가 싶을 정도로 관청 직원들이 혀를 내둘렀다는 그의 뛰어난 지성은 이 악마가 '버전 업'한 모습이라 하겠다. 동시대의 사회가 가진 틀보다 규모가 커져 더 이상 그 안에 가둘 수 없게 되었을 때 지성은 악마가 된다.

조선에서 살던 7년 동안도 그랬다. 후미코 안에 있는 작은 악마는 할머니와 고모에게 학대를 당하면서도 그들의 우스꽝스러운 모습을 응시하고 있었다. 예를 들자면, 책에 대한 그들의 태도다. 아홉 살에 조선으로 건너오기 전까지는 학교를 제대로 다니지 못했던 후미코는 드디어 부강에서 소학교에 다니게 되었다. 소학교에서 만난 친구에게 잡지와 책을 빌려 읽으면서 독서의 재미를 알게 되었다. 그러나 열네 살 봄에 고등소학교를 졸업하자 후미코는 풀타임 하녀의 신분이 되어버렸고, 더 이상 책을 빌려줄 사람이 없었다.

그러던 어느 날 친절한 이웃집 아가씨가 후미코에게 1년 치 잡지를 빌려주었다. 후미코는 기쁨으로 가슴이 두근거렸다. 하지만 할머니는 그 자리에서는 감사하다고 말하면서도 속으로는 후미코에게 책을 주면 일을 하지 않을 거라는 생각에 화가 났다. 그래서 체면을 구기지 않을 정도의 적당한 말을 지어내 이웃에게 책을 전부 돌려줘버린다. 후미코의 입장에서는 받을 줄 알았던 것을 갑자기 빼앗긴 것이다. 얼마나 괴로웠을까. 책을 읽고 싶은 마음을 억누르지 못한 후미코는 고모부의 책장에서 몰래 책을 가져와 읽는다. 하지만 이것도 할머니에게 발각된다. 할머니는 때가 타거나 찢어지면 어떻게 사죄할 셈이냐며 후미코에게서 책을 빼앗았다. "할머니들에게 책은 읽어야 하는 것이 아니라 방을 장식하는 것이었다"라고 후미코는 관찰했다.

후미코가 유일하게 읽을 수 있는 활자는 신문이었지만, 이조차도 금지당했다. 아이는 신문 따위를 읽어서는 안 된다는 것이 할머니들의 '고상한 법도'였던 것이다. 그런데 실은 후미코에게는 신문을 탐독할 수 있는 장소가 있었다. 바로 후미코의 방이었다. 흙바닥에 다다미를 깔아놓았을 뿐인 조악한 하녀의 방에는 오래된 신문지가 붙어 있었다. 하녀의 방에 돈을 들이는 것은 바보짓이니 오래된 신문이나 붙여두자는 인색한 발상에서 나온 결과일 텐데, 덕분에 아이는 신문을 읽어서는 안 된다는 그들의 철칙은 어디론가 사라지고 없었다. 후미코는 "어떤 '고상한 법도'라도 자기들의 이익 앞에서는 아무렇지도 않게 짓밟아버리곤 했다"라며 이 우스꽝스러운 모순을 조롱했다.

할머니들은 여러 가지 면에서 '고상'이라는 말을 좋아했다. 고상한 아가씨는 가난한 사람과 놀아서는 안 된다든가, 고상한 집 자식은 조선인과 어울려서는 안 된다든가……. 도대체가 손녀를 양녀로 삼겠다고 속여서 외국으로 데려와 놓고는 가족이니 공짜로 써도 된다며 하녀 일을 시키고, 가족이니 무얼 해도 괜찮다며 제 기분 내키는 대로 학대를 하면서 '고상'은커녕 인간 취급도 해주지 않는 주제에 무슨 말을 하는 걸까?

이런 썩은 인간들이 훌륭한 시민이라면 그런 시민은 되고 싶지 않다. 그 속물 할망구들이 말하는 '고상'은 그저 다른 사람보다 돈과 물질을 많이 소유한 상태를 가리키는 것 아니던가. 그건 지성이나 품성 같은 것과는 아무런 관계도 없다. 그렇다면 나는 이등 시민으로 충분하다. '고상'보다 '저속'을, '소유'보다 '무소유'를……. 후미코는 유소년기를 떠올리며, 역설적이지만 자신의 쓰라린 경험이 실은 행운이었다고 했다.

왜냐하면 만약 내가 나의 아버지나 조부모 혹은 고모, 고모부의 집에서 아무런 어려움 없이 자라났다면 아마도 나는, 내가 그렇게도 혐오하고 경멸하는 그런 인간들의 사상과 성격과 생활을 그대로 물려받고, 결국에는 나를 찾아내지 못했을 것이기 때문이다. 불우한 운명 덕분에 나는 나 자신을 발견했다.

후미코의 할머니가 "조선인과 교류하는 것은 비도덕"이라는 도착적 가치관을 가질 정도로 당시 조선의 일본인 커뮤니티에서는 조선인 차별을 정당화했다. 그럼에도 불구하고 후미코가 고정관념에서 벗어날 수 있었던 것은 아래쪽에서서 주위 어른들을 거리를 두고 바라보았기 때문이리라. 오히려 후미코가 감정을 이입했던 존재는 학대당하는 조선인들이었다. 후미코는 억압하는 쪽의 아웃사이더 입장에서 식민지 지배자들의 비인도적인 면모를 관찰하고 있었다.
후미코가 옥중에서 쓴 자서전의 "원고는 여기저기에 가

위질이 되어 있어 한 장의 원고용지가 마치 발(햇빛 등을 가리기 위해 걸어두는 물건—옮긴이) 같은" 상태였다고 한다.[7] 사상적으로 위험하다고 여겨진 부분에 더해 조선에서의 생활을 쓴 부분도 국가의 손에 많은 부분이 잘려나갔음이 틀림없다. 그래서 상세하게는 알 수 없지만, 후미코는 일상적으로 조선인을 차별하는 할머니들의 말과 행동 이외에도 조선인에 대한 이와시타 가문의 비인도적인 행위를 보았다. 사실상 고리대금업자였던 이와시타 가문은 아편 밀매도 한 모양이었다. 후미코는 뒤에 이렇게 날카롭게 말한 적이 있다.

거기에 있는 선생님들에게 가르쳐주지. 당신들은 선인동화(조선인을 일본인에 동화시키는 것—옮긴이)를 말하기 전에 먼저 조선에 있는 야마토 민족을 인간화해야 할걸.[8]

후미코가 조선에서 가장 감명받은 것은 바로 부강을 떠나기 직전에 일어난 3·1운동이었다. 후미코는 3·1운동을 남의 일이라 여기지 못할 만큼 큰 감동을 받았다. 그런데 자서전에서는 이런 묘사가 조용히 지워졌다.

1919년 3월 1일 조선에서 일어난 항일 독립운동은 독립만세 운동 혹은 만세 운동이라고 불렸는데, 이는 식민지 지배자들과 어떤 교감이나 교섭도 없이 조선의 독립을 선언하고는 모두가 "독립 만세! 만세!"라고 외치며 돌아다니는 전대미문의 봉기 운동이었다. 천도교, 기독교, 불교의 종교인 33명이 연서한 독립 선언서를 발표하여 3·1운동의 도화선에 불을 붙였다. 경성(서울)의 파고다 공원에서는 학생들을 중심으로 사람들이 모여 독립 선언서를 읽고 "만세!" 시위를 시작했다. 여기에 고종의 장례식을 위해 모여 있던 군중도 참가하여 "응? 우리 독립했어?" "아니지 않아?" "상관없잖아. 독립해버리자" 이런 식으로 순식간에 대규모 운동으로 발전했다.

이것이 불씨가 되어 만세 운동은 전국 각지로 번졌고, 후미코도 부강에서 그 모습을 목격했다. 후미코가 살던 곳에서도 가난한 조선인들의 봉기가 일어났다. 그들은 "만세!" "만세!"라고 소리치며 돌아다녔고, 이를 진압하려는 헌병들이 말을 타고 마을을 뛰어다녔다. 조선인들은 밤이 되면 산으로 올라가 횃불을 들고 "독립 만세!"를 외쳤다.

독립. 홀로 선다. 그 말에 후미코는 황홀해졌다. 종속을 거부하고 종속적이지 않음을 자발적으로 선언하며 축복하는 사람들의 봉기가 후미코의 마음을 고양시켰다.

후미코도 독립하고 싶었다, 썩어빠진 속물 할머니들의 지배로부터. 여자아이를 집안의 소유물로 취급하며 친척들 사이에서 여기저기로 내돌리는 성차별적 가족관의 억압으로부터. 친족보다 훨씬 더 친밀하게 대해준 밑바닥 조선인들을 학대하는 대일본제국으로부터.

눈치를 보며 참고 견디는 것은 미지근하다. 독립시켜달라고 청한들 들어줄 리 없다. 멋대로 독립해버리면 된다. 선언해버리면 내 것이다. 누구도 우리를 멈출 수 없다. 경사로세! 얼쑤, 좋구나! 롱 리브 마이 인디펜던스Long live my independence(나의 독립이여, 영원하길)! 만세! 만세!

후미코는 그로부터 7년 후, 대역사건으로 사형 판결을 받았을 때도 법정에서 "만세!"라고 외친다.

하지만 봉기가 경사스러운 일만은 아니었음을 후미코는 보았다. 뒤에 후미코가 잡지에 발표한 3·1운동에 관한 기사를 보면, 관헌들이 글자를 대폭 지우긴 했지만 다음과 같은 내용이 나온다.

1919년 3월 (여섯 자 불명)은 혹은 관헌의 총검에 찔리고, 혹은 감옥에서 분사(분에 못 이겨 죽음—옮긴이)하고, (세 자 불명) 총탄에 쓰러져 한때는 소위 진(여덟 자 불명)이었다. 그리고 학대(일곱 자 불명 [당한 조선인의]) 밀물 같은 외침은 ○○○○([일본

군대])의 무력 같은 것으로는 도저히 진(다섯 자 불명) 없었다.[9]

16세의 후미코는 조선에서 일어난 일을 담흑의 눈동자로 차분히 읽어냈다. 그리고 깨달았다.

**인간의 완전한 독립**이란 목숨을 걸고 구하는 것임을.

**독립이라는 개념은** 폐허에 묻힌 커다란 뱀 같은 것이다.

그 사나운 뱀은 얼마간 몸을 웅크리고 있는 듯 보이지만, 잊힐 무렵 다시 그 거친 모습을 드러내 보인다. 21세기 현대에도 스페인 카탈루냐, 프랑스 코르시카 등 서구에는 불씨가 몇 개나 있다. 2014년 스코틀랜드에서는 독립에 대한 찬반을 묻는 주민투표를 실시해 그 도화선에 불을 댕겼다.

여기서는 이보다 한 세기를 더 거슬러 올라가 1915년의 이야기를 하고 싶다. 온 세상이 얼어붙을 듯한 12월의 어느 날, 스코틀랜드에서 배를 타고 아일랜드로 향한 여성이 있었다. 글래스고 출신의 수학 교사로 이름은 마거릿 스키니더Margaret Skinnider였다.

얼핏 보면 평범한 젊은 여성의 모습이었지만, 실은 마거릿의 모자 안에는 기폭 장치가 숨겨져 있었다. 상의로 덮인 몸통에는 와이어가 둘둘 말려 있었다. 더블린의 동지들에게 무기를 운반하는 중이었던 것이다. 마거릿은 기폭 장치가 온수관이나 전선에 반응하지 못하도록 객실에 들어가지 않고 밤새 갑판에 있는 등받이 의자에 앉아 모자를 베개 삼아 잠을 청했다. 나중에 기폭 장치를 베개로 사용하면 압력 때문에 훨씬 더 위험하다는 사실을 동료에게 듣고는 웃음을 터뜨렸다고 한다. 대담한 스물세 살이었다.

마거릿은 스코틀랜드 글래스고에서 자랐지만 부모는 아일랜드 사람이었다. 어린 시절 마거릿은 휴가를 받은 부모를 따라 아일랜드의 모너핸 주를 방문하곤 했다. 거기서 플랜터planter라 불리는 대농장 지주 영국인들의 아름답고 커다란 저택과 아일랜드 사람들이 사는 작고 더러운 집을 보고는 깜짝 놀랐다. 스코틀랜드에서는 이렇게 심한 빈부 격차를 본 적이 없었기 때문이다. 열두 살 때 학교에서 배우는 '영국화된 역사'가 아니라 '아일랜드 사람이 쓴 아일랜드 역사' 책을 읽고는 부모의 조국에 관한 진실을 알게 되었다.

성장한 마거릿은 글래스고에서 아일랜드 의용군Irish Volunteers과 아일랜드 여성평의회Cumann na mBan에 참여한다. 아일랜드 출신이 많이 사는 스코틀랜드에서는 고국에서 독립의 기운이 높아지면 아일랜드로 건너가 싸우겠다는 예비군이 많았다. 그런 사람들 가운데서도 마거릿은 눈에 띄는 존재였다. 놀라운 솜씨를 가진 여성 저격수였기 때문이다.

1차 세계대전 당시 영국군은 여성들을 모아서 저격 훈련을 하는 소총 클럽을 각지에 만들었다. 때가 되면 여성들도 대영제국을 위하여 싸울 수 있도록 하기 위해서였다. 마거릿도 이러한 클럽 가운데 하나에 들어가 저격을 배웠다. 하지만 대영제국을 지키기 위해서가 아니었다. 대영제국에 맞서 소총을 쏘기 위해서였다. 마거릿은 이렇게 썼다.

> 가까운 미래에 무슨 일이 생길 거라고 나는 확신했다. 우리는 모두 믿었다. 영국이 전쟁을 시작한다면, 그것은 언제나 아일랜드인이 봉기하는 도화선이 될 것이라고.[10]

1915년 크리스마스, 드디어 마거릿은 아일랜드 독립운동의 중심인물 가운데 한 사람인 마키에비치 백작 부인Countess Markievicz(Constance Georgine Markievicz)의 초대를 받아 더블린으로 가게 되었다.

마키에비치 백작 부인은 이듬해에 일어난 부활절 봉기Easter Rising의 지도자 가운데 한 사람으로 나중에 영국 하원의회에서 최초의 여성 의원으로 선출되었으며(하지만 등원하지 않았다) 서구에서 처음으로 여성 장관(아일랜드공화국 노동장관)이 된 인물이다.

영국계 아일랜드인 대지주 고어-부스Gore-Booth 집안의 딸로 태어난 백작 부인은 시인 윌리엄 버틀러 예이츠William Butler Yeats의 오랜 친구로도 알려져 있다. 유복한 플랜터의 영애였던 백작 부인은 파리의 사립 미술학교 줄리앙 아카데미에서 미술을 배우던 중 폴란드계 우크라이나 귀족 마키에비치 백작을 만나 결혼했다. 하지만 이 여성은 결코 평범한 귀부인이 아니었다.

플랜터 쪽 사람이면서 아일랜드가 독립해야 한다는 사상을 품고 있던 백작 부인은 1907년에 여성 민족주의자 단체 '아일랜드의 딸들Inghinidhe na hÉireann'에 참여한다. 처음 회합에 나타났던 날, 그는 더블린 성에서 열린 만찬회에서 바로 달려오는 바람에 이브닝드레스를 입고 있었다고 한다. 모임의 회원들은 그 자리에 어울리지 않는 화려한 귀부인의 모습에 당황하여 영국에서 보낸 스파이가 틀림없다고 의심했다. 하지만 그 회합에서 백작 부인은 옷에 달려 있던 다이아몬드 브로치를 팔아 단체의 자금으로 하자고 제안했고, 떠날 때는 "앞으로는 내게 이런 치렁치렁한 옷을 입을 여유가 없겠지요"라는 예언 같은 말을 남긴 채 사라졌다고 한다.

'마담'이라는 애칭으로 불린 백작 부인의 저택에는 보헤미안의 분위기가 감돌았다. 연극과 회화, 게일어, 여성 참정권, 노동 운동, 아일랜드 국가주의에 대한 관심으로 더블린을 방문한 사람이라면 누구든 그곳을 찾아갔다. 그 저택은 바닥 여기저기에 산더미처럼 책이 쌓여 있어서 마치 헌책방을 방불케 했다. 또한 경찰에 쫓기는 노동 운동가와 서프러제트를 변장시키기 위한 의상이 대량으로 마련되어 있어 마치 연극 공연의 대기실 같았다고도 한다.

그러나 사실 이 저택의 곳곳에는 무기가 숨겨져 있었다. 부활절 봉기 직전에 이 저택에 들른 한 프랑스인 저널리스트는 이렇게 썼다.

"마키에비치 백작 부인의 살롱은 살롱이 아니다. 군사령부다."11

마담은 소년들의 군대도 지휘했다. 보이스카우트의 창시자이자 영국 군인인 로버트 베이든-파월Robert Baden-Powell 이 아일랜드에도 보이스카우트를 만들려고 한다는 이야기를 들은 마담은 아일랜드 소년들을 영국군의 예비군으로 만들 셈이냐며 분노했다. 그래서 직접 아일랜드판 보이스카우트를 만들었는데, '피어너 에런na Fianna Éireann'이라는 소년단이 그것이다. 피어너 에런은 무인도에서 캠프를 하거나 모닥불을 피워놓고 둘러앉아 포크송을 부르는 한가로운 보이스카우트가 아니었다. 저격의 명수였던 마담은 10대 소년들에게 사격을 가르쳐 준準군사 조직을 만들었다. 그들은 부활절 봉기에서도 중요한 역할을 하게 된다.

그런 마담이 마거릿을 주목했다. 스코틀랜드에 우수한 젊은 여성 저격수가 있다는 소식을 들었기 때문이다. 스코틀랜드를 떠나 더블린에 도착한 마거릿은 마담의 저택에서 남장을 하고 피어너 에런의 소년들과 함께 행동했다. 마거릿의 사격 솜씨는 소년들을 놀라게 했다. 소년들이 깜짝 놀란 표정으로 사격 솜씨를 구경할 때면 마거릿이 여자라는 사실을 아는 멤버들만 재미있다는 듯 웃었다는 기록이 남아 있다.

수학 교사인 마거릿은 시쳇말로 소위 '이과 여자'였다. 폭탄 공격을 위한 상세 도면을 그릴 수 있었는데 이런 점에서도 매우 중요한 인물이었다. 미적분학을 배웠기 때문에 거리를 측정하여 지도를 그리는 것 정도는 간단한 일이었다. 마거릿은 더블린 거리를 돌아다니며 폭파하기 적당한 장소의 건물 높이와 거리를 측정하여 어디에 다이너마이트를 설치하면 가장 효과적일지를 도면에 그려 마담에게 주었다. 마담을 통해 이 도면을 본 아일랜드 시민군Irish Citizens Army (ICA)의 최고 사령관 제임스 코널리James Connolly는 젊은 여성이 어찌하여 이렇게 잘하느냐며 혀를 내둘렀다고 한다.

이렇게 마거릿은 독립운동 지도자들의 신뢰를 얻었다. 피어너 에런의 소년들과 다이너마이트 폭파 실험을 하거나 더블린 바다 위에 떠 있는 배에 숨어들어 무기를 훔치는 등의 활동을 하면서 크리스마스 휴가를 보냈다.

어느 날 마거릿에게도 관광할 시간이 필요하다고 생각한 마담은 마거릿을 박물관에 데리고 갔다. 하지만 마거릿은 자기가 정말로 보고 싶은 곳은 따로 있다고 했다.

"그곳은 더블린의 가장 가난한 지역입니다. 저변 지역."[12]

마담은 만족스러운 듯 미소 지었다. 사실 마담의 마음도 항상 거기에 가 있었기 때문이다. 마담은 마거릿을 애시 스트리트에 데리고 갔다. 그 참혹한 광경이란⋯⋯. 지금까지 마거릿이 본 적 없는 모습이었다. 이보다 나쁜 장소는 이 세상에 없으리라. 그 악취와 더러움 때문에 스코틀랜드의 빈민가는 천국의 꽃밭처럼 여겨졌다. 거리 전체가 거대한 쓰레기통 같았다.

마거릿은 도로에 면한 주택의 창을 통해 집 안을 들여다보았다. 거실의 네 모서리에 네 가족이 각각 모여 앉아 있었다. 이 집은 원래 유복한 아일랜드인의 저택이었으나, 지금은 여러 가족이 빌려 쓰고 있었다. 보기에도 참혹할 정도로 열악한 주거 환경이었지만 이 집에 사는 사람들은 식비도 남지 않을 만큼 많은 금액을 집세로 내고 있었다. 여러 가족에게서 집세를 받는 집주인만큼 남는 장사도 따로 없었다.

모든 빈민이 환자처럼 보였다. 빈곤에 더해 아일랜드는 식량난에도 빠져 있었다. 농촌에서는 채소와 감자가 풍작이었으나 아일랜드 사람들보다 높은 가격을 지불할 수 있는 영국인에게 팔기 위해 배에 실려 영국으로 출하되었다. 빈민가 아이들과 노인들은 쇠약해져 죽어갔다. 15년 동안 아일랜드의 인구는 반으로 줄었다.

이것이 영국이 통치하는 아일랜드의 모습이다. 모든 것은 영국과 한 줌밖에 안 되는 유복한 아일랜드인을 위해 존재한다. 소수의 부유층은 언제나 부유하고, 다수의 서민은 사람이 계속 죽어나가는데도 여전히 가난할 뿐이다. 궁극의 격차 사회다.

아일랜드는 아일랜드가 되어야 한다. 누구에게도 소유되지 않고 누구에게도 통치받아서는 안 된다.

마거릿은 입술을 깨물었다. 눈동자를 번쩍이는 마거릿의 옆을 마담도 잠자코 걸었다.

주권의 회복. 통치자에게서, 부자에게서, 기득권층에게서 주권을 돌려받는다. 독립이란 스스로 제 인생의 주권을 돌려받는 것이다. 살려달라고 부탁해서 어쩌자는 거냐.

총을 들고 다이너마이트를 배에 감고 살아가라.

삶의 주권은 나에게 있으니.

돌풍이 불어 마거릿의 검은 케이프가 말려 올라갔다. 그것은 마담이 디자인한 피어너 에런 소년들의 제복이었다. 바람에 펄럭이는 케이프는 마치 깃발처럼 보였다. 검은 깃발을 등에 진 '이과 여자' 저격수와 백작 부인은 어두운 슬럼가를 말없이 걸어갔다.

다가올 봉기를 향하여.

**폭풍 같은 봉기**가 진정되자 후미코의 생활은 급변했다.

3·1운동이 일어난 다음 달, 할머니와 고모가 갑자기 후미코를 조선에서 일본으로 돌려보냈다. 결혼할 나이가 된 후미코를 보고는 시집보내는 데 돈을 쓰기는 싫다고 생각한 것이다. 그래서 히로시마에 볼일이 생긴 할머니가 일본으로 가는 김에 후미코를 데려갔다.

어머니의 친정인 야마나시로 돌아간 후미코를 외할아버지와 외삼촌 부부는 상냥하게 맞아주었다. 그러나 어머니 기쿠노의 모습은 보이지 않았다. 잠사蠶絲 중매인의 후처가 되었기 때문이다. 기쿠노는 후미코가 아홉 살 때 상인의 집안에 시집가기 위해 딸을 버렸는데, 지금은 또 다른 남자와 함께 산다고 했다.

7년 전, 상인의 집안으로 시집갔던 일이 잘 풀리지 않았던 기쿠노는 후미코가 조선으로 건너간 지 얼마 되지 않아 친정으로 돌아왔다. 그 후 승려에게 시집을 갔다가 거기서도 채 두 달이 되지 않아 뛰쳐나왔으며, 곧 다른 남자와 관계를 가졌으나 친척들의 강한 반대로 이번에는 다하라田原라는 집에 후처로 들어간 것이다.

기쿠노는 후미코가 어렸을 때 남자들과 동거하고 헤어지는 일을 거듭했는데, 딸이 조선에 가 있는 동안에도 똑같은 일을 반복하고 있었다. 그에 관해 후미코는 이렇게 썼다.

그것은 어머니에게 정조 관념이 없었기 때문이기도 하지만, 동시에 어머니는 심한 의지박약에 도대체가 혼자서는 살아갈 수 없는 성정의 여자이기도 하고—그렇기 때문에 어머니를 도와줄 혹은 도와줄 듯 보이는 남자가 필요했다. 그런 데다가 어머니가 혼자가 되면 상대가 유복하다거나 살림살이가 넉넉하다든가 하면서 혼담을 가져오는 사람이 생기고, 어머니의 친정 쪽 사람들 또한 첫 번째 결혼에 실패한 젊은 청상과부(후미코의 어머니가 실제로 배우자와 사별한 것은 아니다—옮긴이)를 집에 두는 것도 체면이 안 서니 그 사태를 피하기 위해서, 또 부유한 집안과 관계를 만들어두면 이익이 되니까, 어머니가 실제로 행복할지 아닐지는 전혀 고려하지 않고 무리하게 어머니에게 그 혼담을 들이대는 사정이 있었다.

이 남자 저 남자를 옮겨 다니며 걸어온 어머니 인생의 배후에는 이와 같은 일본의 가족제도가 있다는 걸 후미코는 꿰뚫어보고 있었다. 그래서 어린 시절부터 어머니의 성생활을 적나라하게 목격할 수밖에 없는 상황이었음에도 어머니를 원망하기보다는 가엾게 여겼다. 하지만 그러면서도 어머니가 일상적으로 자기 시댁이나 관계를 가진 남자에 대해 하소연하는 모습은 견디지 못했다. 이번에도 그랬다. 후미코가 돌아왔다는 말을 듣고 혼처에서 친정으로 돌아온 어머니는 조선에서 고생하고 온 딸의 이야기를 처음에는 들어주었지만, 얼마 가지 않아 딸에게 자기 하소연을 시작했다. 그놈은 이게 문제다, 이렇게 심하게 군다며 자기 힘든 이야기를 끝없이 늘어놓았다. 쉴 새 없이 불평을 늘어놓을 정도로 가부장제에 희생당하면서도 그것이 여자가 살아가는 길이라며 스스로 거기에 빠져 들어간다. 그렇게 싫다면 어찌하여 그 저주의 틀에서 잽싸게 빠져 나오지 않는 것일까. 어머니와 이야기하고 있으면 대충 산다는 느낌이 들어서 후미코는 열을 받곤 했다.

실제로 후미코는 어머니보다는 어머니의 동생인 이모 다카노たかの와 성격이 잘 맞았다. 다카노는 후미코의 입장에서 보면 아버지가 자기와 어머니를 버리고 가출을 하게 한

원인이었지만, 후미코는 이모의 인간성을 높이 평가했다. 이것은 후미코의 독특한 성격이다. 후미코가 사람을 보는 눈은 사사로운 감정에 흐려지지 않았다.

예를 들어, 후미코에게는 다섯 살 어린 남동생 겐賢이 있었는데 동생이 세 살 때 아버지는 이 아이만 다카노와 사는 집에 데려가 키웠다. 후미코는 어려서부터 어머니와 떨어져 자란 남동생에 대해 "이모가 제대로 된 사람이라서 나처럼 곤경을 겪지는 않았던 것 같다"라고 관찰했다. 자기처럼 출생 신고가 되지 않았던 남동생이 무사히 학교에 다닐 수 있었던 것도 "이모는 아버지의 반대에도 불구하고, 아이를 자신의 사생아로 출생 신고하여 무사히 입학시켰다"라고 썼다. 미인으로 소문난 다카노는 언니의 남편을 빼앗은 팜파탈femme fatale이라기보다는 세상 물정에 밝은 여자였던 모양으로 후미코는 기쿠노보다 다카노 쪽에서 자기와 가까운 성격을 보았는지도 모르겠다.

아버지는 야마나시에 돌아온 후미코가 외삼촌(기쿠노의 남동생)인 모토에이元榮라는 승려와 사이좋게 지낸다는 것을 듣고는 그제야 새삼스럽게 야마나시에 찾아왔다. 모토에이가 있는 절의 재산이 탐났기 때문이다. 그러더니 멋대로 모토에이를 만나 후미코를 그에게 시집보내기로 약속해버렸다. 어린 시절 버린 딸이 성장했다는 소식에 생각지도 못한 자산을 가지고 있었음을 깨달은 것이다. 외삼촌과 질녀가 결혼을 한다는 것은 당시에도 비상식적인 이야기였지만, 모토에이는 모토에이대로 처녀를 좋아하는 호색가였기 때문에 곧바로 후미코와의 결혼을 받아들였다.

하마마쓰에 살고 있던 아버지는 신부 수업을 한다며 후미코를 하마마쓰로 데려가 재봉 학교에 보냈다. 하지만 후미코는 재봉에 재주가 없었다. 그보다는 도쿄로 가서 공부를 하고 싶었다. 아버지의 집에서 후미코의 의지와 개성은 완벽하게 무시되었고, 부모가 일방적으로 아이의 삶을 결정하는 것이 '효행'이라며 정당화되었다. 이는 어머니가 빠져 있던 저주의 틀과 같은 뿌리에서 나온 것이 아닐까?

도덕이란 강자가 약자를 지배하기 위한 수단이며, 지배 계급을 그 위치에 고정하고 유지하기 위한 '계급 도덕'이라는 것을 후미코는 간파했다.[13] 후미코에게 계급이란 부자와 빈자에 관한 것만이 아니었다. 남자와 여자, 부모와 자식, 지배 관계가 존재하는 모든 곳에 계급이 있었다.

약자의 입장에서 말하자면 강자에 대한 굴종의 약속이 소위 도덕입니다. …… 지배자는 언제나 이 도덕을 더 오래 유지하는 것을 제1의 조건으로 합니다.

부모 자식 간의 사랑도 강약의 관계라는 면에서 마찬가지이며 효행이라는 미명하에 미화되고 있습니다.[14]


후미코의 눈에는 도덕과 허세가 전부인 듯 살아가는 아버지가 한심하고 추악한 인간으로 보였다. 예를 들어 하마마쓰의 집에서는 매일 아침 가족 모두가 친가 쪽 사에키佐伯 가문의 가계도를 향해 배례를 드리는 관습이 있었는데, 후미코는 제발 좀 살려달라고 생각했다. 애초에 사에키라는 성을 한 번도 쓴 적이 없는 자신이 왜 그 가계도에 절을 해야 하는지 알 수 없었기 때문이다. 먼 선조에까지 거슬러 올라가는 그 가계를 따라 이렇게 많은 조상들이 네 앞에 계시니 이 그림의 가장 아래에 위치하는 너는 입 다물고 윗사람, 그러니까 부모가 하는 말을 들으라는, 가정 내 지배력 강화 도구로밖에는 보이지 않았다.

그러던 어느 날, 갑자기 외삼촌 모토에이가 하마마쓰로 찾아왔다. 후미코가 여름방학 때 야마나시에 돌아와 세가와瀬川라는 청년과 불순한 이성 교제를 했다며 파혼을 하러 굳이 찾아온 것이다. '흠이 생겼다'는 뜻이리라.

아니, 그런 말을 하는 외삼촌도 그때 온갖 외설스러운 짓을 하며 즐겨놓고는 이제 와서 불순한 이성 교제라니 더는 못 들어주겠네, 라고 후미코는 생각했다. 하지만 아버지는 이 이야기에 격노했다. "이 짐승 같은 년! 이 갈보년!" 이렇게 소리를 지르며 후미코에게 폭력을 휘둘렀다. 아버지는 아마 요즘 유행하는 '앵거 매니지먼트anger management(화 다스리기)'가 필요한 사람이었던 모양이다.

웃기지 말라고, 꼰대 아저씨. 후미코는 열은 받았지만 이 정도라면 참을 수 있었다. 후미코가 아버지와 갈라선 결정적인 원인은 그 자신과 관련된 일이 아니었다. 남동생의 교육에 관해 아버지와 대판 싸움을 벌였던 것이다.

남동생은 남자아이라는 이유로 아버지가 데려갔고, 후미코처럼 조선의 할머니에게 보내져 고생하는 운명을 면했다. 보통은 우연히 남자아이로 태어났을 뿐인 동생을 질투하는 감정도 생길 테고, '남동생 따위 어떤 인간이 되든 상관 안해. 네버 마인드 더 볼럭스Never Mind The Bollocks(영국 펑크록 밴드 섹스 피스톨스Sex Pistols의 데뷔 앨범 제목)! 멍청이는 신경 쓰지 마'라고 생각해도 이상하지 않을 텐데, 후미코의 냉정한 눈은 개인적인 감상으로 흐려지는 법이 없었다.

후미코의 눈에는 어리석은 아버지가 남동생이 가진 가능성의 싹을 짓밟는 듯 보여 몹시 답답했으리라. 남동생은 후미코처럼 머리가 좋은 편은 아니었다. 그저 몸이 크고 내성적이며 유순한 아이였다. 하지만 아버지는 남동생이 나중에 박사든 장관이든 되리라 과잉 기대를 하며 공부를 시켰다. 동생은 아버지 앞에서 책을 읽다가 조금이라도 더듬거리거나 문제를 풀다가 틀리면 매를 맞았다. 후미코는 그런 아버지의 방식이 동생을 위축시켜 자신감을 잃게 할 뿐 잠재 능력을 발휘하게 할 수는 없다는 걸 직감했다. 열여섯 살의 후미코는 이미 교육자 같은 생각을 하고 있었던 것이다.

하지만 후미코가 무엇보다 화가 나서 견딜 수 없었던 것은 남동생이 아버지의 가치관을 진지하게 받아들인다는 점이었다. 남동생은 매일 아침 사에키 가문의 가계도에 절을 했고, 스스로 나서서 선조의 노예가 되겠다고 맹세했으며, 아버지에게 맞아가면서 필사적으로 공부하여 현립중학교 입시에 합격했다.

아버지는 무척 기뻐하며 축하했다. 하지만 아들의 입학 준비를 할 때는 어처구니없는 거짓말을 했다. 학교용 신발에는 8엔짜리와 12엔짜리 두 종류가 있었는데, 아버지는 아들을 위해 애를 써서 거금 12엔을 주고 비싼 신발을 샀다고 호언을 했다. 하지만 남동생은 학교에서 친구들과 신발을 비교해보고는 제 것이 8엔짜리였음을 알게 되었다.

"아버지 거짓말하셨네요"라고 따지는 남동생에게 아버지는 "아니, 아버지는 절대 거짓말을 하지 않는다. 그것은 분명히 12엔짜리다"라고 허세를 부리며 신발의 금액에만 집착한 채 말싸움을 이어갔다. 이제 그만 적당히 하라고, 진절머리가 난 후미코는 아버지에게 짜증을 냈다.

"…… 그런 시시한 거짓말을 할 게 아니라 좋은 신발을 신는 것만이 대단한 게 아니라는 걸 왜 안 가르쳐주느냐고……."

아버지는 "부모한테 어디 버르장머리 없이"라며 격분하여 소리를 지르고는 또다시 후미코에게 달려들어 폭력을 휘두르려 했다.

'아, 이제 더는 못 해먹겠다.'

아버지의 발에 차여 넘어지면서 후미코는 생각했다. 애초에 망가진 가정환경에서 자라나 부모에게 버려지고, 할머니에게는 종살이를 강요당하며 학대받았다. 가족이라는 거푸집에서 완전히 벗어나 성장한 후미코에게 이제 와서 그 틀에 조용히 들어가 있으라는 것은 무리한 요구였다.

아니, 부모가 입적조차 해주지 않아 없는 사람 취급을 받던 후미코 아닌가. 그러다가 갑자기 있는 사람 취급을 하는 것은 부자에게 시집을 보낸다든가, 하녀로서 노동력으로 써먹기 위해서라든가 하는 자산 가치가 인정되었을 때뿐이었다. 조선에서 쫓겨났을 때도 그랬다. 시집을 보내려면 돈이 든다는 이유로 후미코는 미래의 부채로 간주되었다. 가정이라는 거푸집은 사람을 자산이나 부채 같은 금전 문제로 바꿔서 찍어내는 틀인데도 아무도 의심하지 않고 기꺼이 그 안으로 들어가 버리니까, 결국엔 신발 값이 싸니 비싸니 하면서 언제까지고 돈 문제로 다투게 되는 것이다.

엿이나 먹어라. 후미코는 생각했다.

그 저주의 틀을 부숴라. 그렇게 하지 않는 한 어머니도 남동생도 해방될 수 없다. 하지만 그들은 그걸로 좋은 것이다. 전혀 해방되고 싶어 하지 않으니까.

하지만 후미코는 다르다. 막다른 궁지에 몰리면 후미코는 언제든 발길을 돌린다. 한 번 더 살기 위해서, 다시 한번 자기 자신이 되기 위해서.

"내일 도쿄로 가겠습니다."

어느 날, 후미코는 부친에게 말했다. 그것은 상의가 아니라 선언이었다. 아버지는 말릴 이유가 없었다. 파혼당한 후미코의 자산 가치는 이미 0이었으니까. 영어로 'free'가 자유와 무료를 동시에 의미하는 것은 우연이 아니다.

그렇다고는 해도 도쿄에서 뭘 어떻게 할까? 어떻게 살아갈까? 후미코는 기댈 곳이 없었다. 하지만 후미코는 간다고 했으면 간다. 생활에 관해서는 뭐든 한다. 어떤 것이라도 해 주지.

드디어 **후미코가 후미코 자신을 살아가는** 때가 찾아왔다.

**내가 나를 살아간다는 것**은 누군가에게 '착한 아이'가 되는 것이 아니다.

에밀리 데이비슨은 어린 시절부터 이를 본능적으로 알고 있었다. 유복한 사업가였던 아버지 찰스 데이비슨Charles Davison은 아내가 먼저 세상을 뜨자 자기 집에 함께 살던 하녀 마거릿Margaret Davison과 결혼했다. 찰스가 47세, 마거릿이 19세 때의 일이다. 계급 간 이동이 없던 당시에는 '주인님'이 '하녀'에게 손을 대는 일은 있어도 정식으로 결혼하는일은 드물었다. 10대였다고는 하나 마거릿이 일하는 모습을 보고 9명의 아이가 있는 가정을 꾸려나갈 능력이 있다고 생각했을지도 모르겠다. 하지만 역시 찰스는 마거릿을 사랑했으리라.

이렇게 계급을 뛰어넘은 결혼의 열매로 태어난 에밀리는 유복한 가정에서 여유롭게 성장하여 좋은 가문으로 시집을 가는 평범한 아가씨가 될 사람이 아니었다. 어린 시절의 에밀리는 몹시 반항적이었으며 몇 번이고 아이들 방에서 도망 나와서 돌아가지 않겠다고 했다.

"에밀리, 착한 아이지? 어서 안으로 들어가자."

유모가 이렇게 말을 걸면 대답은 항상 이러했다.

"착한 아이 같은 거 되고 싶지 않아."

그로부터 긴 세월이 흘렀다. 에밀리는 이제 '나쁜 아이'로서 맨체스터 스트레인지웨이즈 교도소에서 처벌을 받고 있었다. 강제 음식 주입에 격노하여 독방의 창을 전부 두들겨 깨버리는 바람에 다른 독방으로 옮겨졌는데, 새로운 독방으로 끌려가자마자 에밀리는 녹색 눈을 반짝였다. 거기에는 나무 침대가 두 개 있었기 때문이다.

이것 참 잘 됐구나. 에밀리는 두 개의 침대와 탁자, 의자를 이용해 문 앞에 바리케이드를 쌓았다. 단식 투쟁과 강제 음식 주입의 영향으로 똑바로 설 수도 없었을 텐데, 그런 무거운 물건을 움직이는 힘은 어디에서 나온 걸까? 나쁜 계획을 꾸미는 에밀리에게서는 수수께끼 같은 힘이 솟아났다.

이놈들, 사람 몸속에 억지로 고약한 걸 찔러 넣고는 이상한 액체를 흘려 넣었겠다? 더 이상 어떤 것도 내 몸에 침입하게 놔두지 않아. 넣고 싶으면 넣어보라고. 어디 한번 해봐.

교도관이 돌아와서 에밀리의 독방 자물쇠를 풀고 문을 열려 했다. 하지만 열리지 않았다. 아무리 밀어도 당겨도 문은 꼼짝도 하지 않았다. 어떻게 된 일일까. 교도관이 문의 구멍으로 내부를 들여다보니 바리케이드 위에 앉아 있는 에밀리의 모습이 보였다. 에밀리는 뻔뻔하게도 입꼬리를 올린 채 웃음 짓고 있었다.

"안 됩니다."

교도관에게 말했다. 침입 금지. 두 번 다시 오지 말라는 얘기다.

교도관은 서둘러 직원들이 모여 있는 곳으로 달려갔다. 이 사람 저 사람이 교대로 와서 문을 열라고 을러댔지만 에밀리는 바위처럼 앉아 꼼짝도 하지 않았다. 결국에는 높은 사람이 와서 "침대에서 내려와!"라고 명령조로 말했다.

"데이비슨, 침대에서 내려와 문을 열지 않으면 호스로 물을 쏴서 머리부터 흠뻑 젖게 해주지."

작은 아이였던 시절 아이들 방과 계단 사이에 있는 벽에 등을 붙이고 선 채 유모한테 "착한 아이지, 얼른 들어가요"라는 말을 들어도 "착한 아이 같은 건 되고 싶지 않아"라며 두 발로 버티고 있었던 것처럼, 에밀리는 바리케이드에 뿌리를 내린 듯 조금도 움직이지 않았다. 착한 아이가 되는 것을 온몸과 마음을 다해 거부했다.

갑자기 독방의 유리창이 깨졌다. 정말로 커다란 소방용 호스가 밀려 들어왔다. 적은 천천히 호스의 위치를 정했다. 노즐이 고정되자, 적은 다시 한번 에밀리에게 항복하라고 소리쳤다. 에밀리가 응하지 않자 호스에서 한꺼번에 물이 쏟아져 나왔다.

에밀리는 침대를 붙잡고 가만히 앉아 있었다. 하지만 적은 노즐의 위치를 바꿔 물대포를 에밀리의 몸에 명중시켰다. 인정사정없는 고압수가 에밀리의 가냘픈 몸을 덮쳤다. 에밀리는 이때의 경험을 이렇게 적었다.

죽어도 놓지 않겠다고 침대에 붙어 있었다. 그 얼음처럼 차가운 물대포는 영원히 이어질 것 같았다.[15]

이 물대포 때문에 에밀리가 물에 빠질 뻔했다거나 가슴까지 물에 잠겼다거나 하는 설도 있지만 실제로 물이 분사된 것은 15분쯤으로 바닥에서 6인치(약 15센티미터) 정도까지 물이 찼다고 한다. 에밀리가 항복하지 않으리라는 것을 안 적은 물대포 공격을 그만두고, 문을 강제로 부수고 들어가는 쪽으로 작전을 변경했다.

이는 교도소 입장에서는 가능하면 피하고 싶은 최후의 수단이었다. 철로 된 교도소 문은 무거웠고, 억지로 밀어서 열면 문이 에밀리의 머리 위로 떨어질 가능성이 있어 위험했기 때문이다. 하지만 그들은 결행했다. 문이 쓰러지자마자 교도관 몇 사람이 독방으로 달려 들어가 문이 에밀리의 위로 떨어지지 않도록 지지했다. 다른 교도관들은 에밀리를 안전한 곳으로 옮겼다. 독방에서 복도로 홍수처럼 물이 흘러넘쳤다.

"이런 짓을 하다니 채찍질을 해야겠군."

교도관 중 한 사람이 이렇게 말했다. 옷이 벗겨지고 담요로 감싸인 에밀리는 병원으로 끌려갔다. 스트레인지웨이즈 교도소에서 물대포 공격을 했고, 고압수 물대포를 맞으면서도 꼼짝도 하지 않았다는 에밀리에 관한 소문이 병원 간호사들 사이에 퍼져 나갔다.

교도소로 돌아온 에밀리는 또다시 코에 튜브를 꽂고 강제 음식 주입을 당했다. 쇠약해진 에밀리는 사흘 동안 침대에서 일어나지 못했다. 결국 감옥에서 죽게 할 수는 없다는 이유로 석방되었다.

중세 이래 역사적으로 물대포는 폭도 진압용으로 사용되었다. 이번 세기에 들어서도 2011년 런던 폭동(2011년 8월 런던 북부 토트넘에서 경찰의 과잉 대응으로 숨진 흑인을 둘러싼 시위가 영국 전역에 걸친 대규모 폭동으로 확산되었다. '영국 폭동'이라고도 부른다─옮긴이)이 일어난 뒤에 당시 런던 시장이었던 보리스 존슨Boris Johnson이 폭동을 진압한다며 물대포를 구입해 물의를 빚었다. 당시 위정자들에게는 서프러제트도 진압해야 할 폭도였으리라.

하지만 보통 사람들은 이 처사에 충격을 받았다. 에밀리가 당한 물대포 공격은 학대라는 목소리가 터져 나왔다. 스트레인지웨이즈 교도소 밖에는 항의하는 군중이 몰려왔다. 가장 많을 때는 9000명에 이르렀다고 한다. 의회에서도 이 문제를 거론했으며, 교도소 안에서는 소방용 호스 사용이 금지되어 있음에도 그것을 허가한 교도소 시찰위원회 위원들에게 책임을 물었다.

여론이 들끓자 에밀리는 스트레인지웨이즈 교도소 시찰위원들을 고소했고 이를 심판하는 재판이 열렸다. 이 재판으로 에밀리는 당시 금액으로도 '정말 조금'인 겨우 40실링을 얻어냈다. 게다가 그 이유도 "스트레인지웨이즈 교도소 책임자 측의 규칙 해석상의 잘못" 때문이었으며 학대나 인권 침해가 아니었다.

하지만 이 물대포 공격 한 건으로 서프러제트에 대한 교도소 측의 처사에 의문을 품는 목소리가 널리 퍼져 나갔다.

다른 한편으로 서프러제트에 동정적인 사람들을 비웃기라도 하듯 이들의 폭력적인 항의 행동도 점점 더 심해졌다. 스트레인지웨이즈에서 물대포 공격을 받은 해인 1909년은 에밀리가 교직을 그만두고 풀타임으로 서프러제트 운동에 몸을 던진 시기였다. 이해에 에밀리는 다섯 번 체포되었으며 네 번 교도소에 들어갔다.

서프러제트 활동이 과격화되면서 정치가들은 왜 여성에게 투표권을 줘서는 안 되는지 그 이유를 소리 높여 말하기 시작했다. 그들은 여성들의 이런 한심한 모습을 보면 알 수 있다며, 서프러제트의 행동 자체가 여성의 특징인 불안정하고 히스테릭한 성질을 보여준다고 했다.

당시 보수당 의원이었던 아널드 워드Arnold Ward의 발언을 보면, 기득권층의 시각으로는 자기들의 방식에 반대하며 무언가를 요구하는 운동은 모두 '히스테리아hysteria'로 이해되었다는 것을 알 수 있다. 그는 1910년 의회에서 이렇게 발언했다.

그들의 행동은 다른 정치적 목표를 달성하기 위한 운동과 다르지 않다. 술집을 줄여라, 자유 시장을 만들라, 시장을 보호하라 등을 요구하는 경우와 같다. 그 히스테릭한 행동을 국민

의 생활에 항구적으로 들여온다는 측면에서 말이다.[16]

당시 여성은 정치는커녕 공공장소에서 발언하는 것조차 "적합하지 않다"고 여겨졌다. 1909년 이혼 문제와 관련해 왕실위원회가 설치되었을 때, 에드워드 7세는 이혼처럼 치밀하고 섬세한 판단을 요하고 품격 있게 다루어야 하는 문제는 여성 앞에서 전부 드러내고 이야기할 수 없다며 여성 위원 임명에 반대했다. 결혼과 이혼은 여성이 주로 생활하는 곳인 가정을 기반으로 한 남녀의 문제임에도 여성은 그에 관해 생각하거나 발언할 수 있는 냉철함과 논리를 가지고 있지 않다고 여겨졌던 것이다.

세균학 분야에서 세계적으로 유명한 병리학 교수 앰로스 라이트Almroth Wright 경처럼 한 나라를 대표하는 지식인조차 서프러제트란 인기 없는 외로운 여자들의 모임이라고 했을 정도다. 그는 『타임스』에 기고한 「히스테릭한 과격파에게 보내는 편지」라는 기사에서 서프러제트에 관하여 언급하면서 "여성의 운동은 여러 정신질환과 뒤섞여 있다"라고 말했다.

그들은 성적으로 비참한 일을 당한 여성들이며 그들 안에 있는 모든 것이 마음의 통증과 적의, 남성을 향한 증오로 바뀐

것이다.[17]

여성 참정권에 반대한 것은 남성만이 아니었다. 빅토리아 여왕도 반대했으며 버지니아 울프Virginia Woolf의 숙모인 캐럴라인 스티븐Caroline Stephen도 여성참정권반대연맹Women's National Anti-Suffrage League(WNASL)의 회원이었다. 인기 작가 험프리 워드 부인Mrs Humphry Ward(Mary Augusta Ward)이나 여행기 작가 거트루드 벨Gertrude Margaret Lowthian Bell, 사회주의자이자 작가인 베아트리스 웹Beatrice Webb(뒤에 전향함)도 반대파 여성이었다. 이들 반대파의 논고를 에밀리가 어떤 기분으로 읽었을지는 상상하기 어렵지 않다.

"에밀리는 쿨하고 냉정하면서도 어떤 순간에는 불꽃놀이처럼 폭발하는 사람이었습니다"라는 친구의 증언처럼 에밀리의 마음속 도화선에 붙은 불이 지글지글 타들어가 검은 폭탄에 가까워지는 모습이 보이는 듯하다. 이 시기에 에밀리가 친구들에게 보낸 편지는 이런 문구로 끝난다.

"항복 거부! 브라보!"

## 도쿄! 브라보!

하마마쓰를 떠나 홀로 상경한 후미코는 먼저 도쿄의 작은할아버지 집에 들렀다. 이 할아버지는 외할아버지의 셋째 동생이다. 후미코는 자서전에 작은할아버지에게 연락 없이 갑자기 찾아갔다고 썼지만, 작은할아버지는 후미코의 아버지에게서 "잘 부탁한다"는 편지를 받았다고 나중에 증언했다. 후미코의 아버지는 상경하는 딸에게 한 푼의 경제적 도움도 주지 않았지만, 편지 정도는 돈이 안 드니 써준 것이리라. 덕분에 후미코는 작은할아버지 집에 잘 들어갔다. 하지만 여기서도 신부 수업을 받고 결혼하라는 설교를 연일 듣는 통에 한 달을 채우지 못하고 뛰쳐나왔다.

후미코는 "고학 분투하는 선비는 오라"고 쓰인 구인 전단을 보고는 신문 판매점에서 기거하며 일하기로 했다. 그곳에서는 가난한 남학생들이 신문 파는 일을 하며 학교에 다니고 있었다. 고학 분투하는 선비. 일단 후미코는 그 말에 끌렸다. 고학하여 출세하리라. 그래서 지금껏 자신을 괴롭히던 사람들을 깜짝 놀라게 하리라. 고학투사苦學鬪士. 완전히 내 이야기잖아. 후미코의 마음이 뜨겁게 달아올랐다.

이즈음의 사회에 대한 후미코의 복수는 높은 계급으로 올라가 높은 사람이 되는 것이었다. 그러니까 신부 수업 같은 걸 하는 여학교가 아니라 영어, 수학, 한문 세 과목을 전문으로 가르치는 학교에 다니면서 여학교 졸업 검정시험을 보고 여자의학전문학교로 진학하려 했다. 여학생은 보통 가지 않는 학교를 선택한 이유에 대해 후미코는 "내 생활이 생활이라, 여자들의 동료로 들어가 옷 입는 경쟁 같은 데 말려드는 번거로움에서 벗어나기 위해서"이며 "남자 학교에 들어가 남자와 책상을 나란히 하고 공부하겠다는 것은 한편으로는 보통 여자보다 한 단계 높은 재능을 가진 듯한 기분이 되고, 다른 한편으로는 남자와 경쟁해도 지지 않는다는, 남자에 대한 일종의 복수 같은 마음도 더해져 스스로도 분명하게 의식하지 못한 허영심에 이끌려서였다"라고 자서전에 썼다.

강한 상승 지향이 엿보이나, 후미코의 경우 상승을 위하여 '남자의 힘을 빌린다'는 계획을 세우지 않았다는 점을 특필할 만하다. 이는 아버지가 그랬고 약혼자였던 외삼촌도 그랬듯이 그때껏 후미코가 만난 남자들이 모두 그를 실망시

켰기 때문이겠지만, 무엇보다 남자에게 기댔다가 실패하기를 거듭하여 불행해지기만 하는 어머니의 비참한 모습이 가슴속 깊이 새겨져 있기 때문이리라.

내가 스스로 해야 한다. 내가 스스로 살아야 의미가 있다. 그렇게 하지 않으면 안 된다. 그렇게 해야 붙잡을 수 있다. 하지만 무엇을? 그 무언가가 '성공'이 아니라는 것을 후미코는 아직 깨닫지 못했다.

이렇게 상승을 목표로 하던 후미코였지만 현실이 따라주지 않았다. 후미코의 향상심과는 정반대로 생활이 점점 하강했기 때문이다. 오전에는 세이소쿠영어학교 남자부 1학년에, 오후에는 겐수학관 대수초등과에 다녔으며, 오후 4시 반부터 밤 12시 반까지는 우에노 미하시에 서서 석간신문을 팔고, 밤중에 가게에 돌아와 쌀을 씻거나 설거지를 하고, 오전 1시에서 2시 사이에 잠이 들었다. 결국 기운이 다 빠져서 학교에서는 졸게 되었다. 이래서는 본말전도 아닌가 싶을 때, 거리에서 만난 수의獸醫 학교 학생이 비누 파는 노점상 일을 도와주지 않겠느냐는 청을 해왔다. 이 사이토齊藤(자서전에는 이토伊藤라고 기록)라는 청년도 인력거를 끄는 고학생으로 기독교인이었다. 일을 바꿔보려 하던 것을 점주에게 들켜 신문 판매점에서 쫓겨난 후미코는 노숙자 신세가 되었다가 사이토의 소개로 기독교 구세군 소대장의 집으로 간다.

거기서는 기독교 신자들이 집회를 하고 있었다. 사이토도 거기에 있었다. 후미코는 찬송가 책과 성서를 건네받고 부인석에 앉았다.

숙식하며 일하던 가게에서 쫓겨나 당장 오늘 밤 몸을 누일 곳도 없었던 후미코의 마음은 절박했다. 그래서 평화롭게 앉아 그런 느긋한 노래나 부르면서 이해할 수 없는 기도 같은 것을 하니 처음에는 그저 짜증이 날 뿐이었다. 그러나 사람이란 참 고양될 때는 어떤 계기를 만나 생각지도 못한 방향으로 정신 상태가 바뀌기도 하는 법이다.

후미코는 언제부터인가 기도 문구에 취해버렸다. 소대장 앞으로 걸어 나가 눈물을 펑펑 쏟으며 그의 발밑에 엎드렸다. 불안과 두려움, 초조함 같은 감정이 한꺼번에 흘러내려 멈출 수가 없었다. 소대장은 "아멘"이라고 하면서 후미코를 안아 일으켰다. 감동으로 흥분한 신자들이 "할렐루야!"라든가 "아아, 하느님!"이라며 소리를 높였다. 방 안은 종교적 착란 상태가 되었다.

"여러분, 구원받은 자매를 위하여 기도해주십시오."

소대장이 이렇게 말했다. 뭔지는 잘 모르겠지만 후미코는 구원을 받은 모양으로, 어느새 교인의 동료로 받아들여지고 있었다.

그렇게 해서 기독교인 사이토가 후미코를 위해서 유시마에 방을 빌려주었고, 후미코는 야간에 노점에서 가루비누를 팔기 시작했다. 하지만 이 역시 순조롭지 않았다. 먹고사는 것마저 점점 곤란해져 행상도 시작했지만 "아니, 왜 이렇게 시끄럽지? 요즘엔 매일같이 고아원에서 나오네" 같은 말을 들으며 오물이라도 만진 것처럼 문전박대를 당했다. 밤 11시가 지나서 하숙집으로 돌아오면 모두가 자고 있었기 때문에 문을 흔들어 여주인을 깨워야 했다. 이런 일이 몇 번이나 반복되고 나니 후미코는 여주인을 깨울 용기가 없어져 신사 경내에서 노숙을 하게 되었다.

그러다가 먹을 것도 없고 집세도 낼 수 없게 되어 결국 기독교 신자인 스즈키鈴木(자서전에는 나카키仲木라고 기록)가 하는 설탕 가게에 하녀로 들어갔다. 기독교인이라고 하니 아무래도 엄격한 가정생활을 하겠거니 여겼지만, 애인을 만들어 집에는 거의 들어오지 않는 큰 주인과 뭐라고 중얼중얼 불평을 하고 있나 싶어서 보면 커다란 거실 화로를 안은 채 히스테릭하게 우는 큰 안주인이 있었으며, 사람이 없는 곳에서 젊은 형수에게 안기거나 키스를 하는 독신의 아들도 있었다. 뭐랄까, 이미 다 망가져버린 집안이었다. 게다가 총

11명의 가족이 각기 다른 시간에 일어나고, 다른 시간에 식사를 하는 등 제멋대로 생활하는 바람에 정신을 차리고 보니 후미코는 아침 5시부터 한밤중까지 누군가를 위해 계속 일을 하고 있었다. 자는 시간 이외에는 항상 근무 중이라는 궁극의 노동 착취였다.

이 시대 영국에서는 중류 계급 가정에서 일하는 젊은 하녀들이 머리를 짧게 자르고, 입술을 새빨갛게 칠하고, '플래퍼flapper'라 불리며 주인들에게 반항적인 태도를 취하여 '하녀 문제'라고 불리는 사회문제를 일으켰다. 이를 통해 영국의 중류 및 상류 계급 사람들은 가난한 사람들의 태도가 갑자기 변했다는 걸 알아챘으나, 일본에서는 그런 계급투쟁의 봉화가 아직 올라오지 않았던 모양이다. 후미코는 마치 학교에 못 가게 된 자신의 꿈을 의탁이라도 하듯이 열심히 일을 해서 같은 고학생인 사이토에게 돈을 건네거나 그의 방석과 베개를 꿰매어주었다.

실은 후미코는 노숙하던 신사 경내에서 사이토와 섹스를 한 번 했다. 외삼촌 모토에이에게 파혼당하는 원인이 되었던, 불순한 이성 교제 상대와도 관계를 가졌기 때문에 이미 처녀는 아니었다. 사이토를 위해 방석 같은 것을 꿰매준 것만 보아도 후미코는 그에게서 뭔가 마음이 편안해지는 좋은 기분을 느꼈으리라.

후미코는 열여섯, 열일곱의 여자아이치고는 신기할 정도로 성性에 관해 침착했다. 어릴 적부터 어른들이 동물처럼 몸을 섞는 모습을 목격했으니 성에 대해 혐오감이나 복잡한 트라우마를 품고 있다 해도 이상하지 않을 텐데, 후미코는 달랐다. 쓰루미 슌스케는 후미코가 어린 시절부터 섹스 장면을 목격한 것에 관해 이렇게 분석했다.

> 3세 어린이에게 이는 인간 생활의 평범한 어떤 일로 받아들여졌는데, 소학교나 중학교 등에서 인간의 이상에 대한 엄숙한 이야기들을 듣고 그것을 그대로 받아들인 후에 성교에 대해 알게 되는 것과 달리, 성교를 목격한 일은 그렇게까지 충격적이지는 않았다. …… 인간의 성행위를 숨기고 그 주위에 문화라는 장식을 해놓는 메이지의 교육제도와 후미코는 접점이 없었다. 후미코는 소학교조차 거의 다니지 못했던 것이다. 성에 관해 '자연아自然兒'로서 받아들였던 이 체험은 후미코의 이후 사상의 흔들리지 않는 중심이 되었다.[18]

이런 후미코였기에 기독교인 사이토가 후미코를 향한 연심을 억누르지 못하고 비장한 고백을 했을 때는 퍽이나 당혹스러웠다.

"당신을 이웃으로 보는 것만으로는 만족할 수 없게 되었습니다. 무슨 뜻인지 아시겠죠?"

사이토가 이렇게 말을 하자 '오오, 사랑의 고백인가' 싶어 후미코의 가슴은 고동쳤다.

"그래서 저는 오늘 밤을 끝으로 당신과 헤어지기로 결심했습니다. 그렇습니다. 이제부터는 결코 당신을 쳐다보지도 생각하지도 않겠습니다."

사이토는 불쑥 이별을 고했다. 그러고는 부정한 것에서 도망치듯이 뒤도 돌아보지 않고 떠나갔다. 후미코는 자서전에 이렇게 썼다.

외롭고, 슬프다. 그런데도 이상하게 웃음이 난다. 그런 기분으로 나는 한동안 그의 뒷모습을 지켜보았다.

바보인가……? 틀림없이 후미코는 이런 마음으로 사이토의 뒷모습을 바라보았을 것이다. 훗날 도쿄지방법원 신문조서의 발언을 보면, 후미코는 이때의 경험을 기독교인의 어리석음으로 판단하고 있다.

사랑이라는 깃발을 내걸고 길가에서 선전을 하는 '크리스천'
이 꾸밈없는 사랑의 실행을 저어한다는 것은 도대체 무슨 모
순인가. 그들은 스스로 만들어낸 신이라는 명칭 앞에서 자기
자신을 옭아매는 겁쟁이다. 신앙의 노예다.

사랑이 중요하고 사랑이 모든 것이라 말하면서도 그들은
타자와의 자연스러운 교제를 부정한다. 그런 사랑이라면 나
르시시스트 같은 독선에 지나지 않는 것 아닌가. 사랑은 타
인에게 작용하여 그의 실제 삶을 바꿔놓지 않는 한 단순한
기만에 지나지 않는다. 그런 것은 사랑이 아니라 사랑이라
이름 붙인 이데올로기다. 이때 후미코는 그런 종류의 것은
사람의 기분을 좋게 하는 마약에 지나지 않으며, 사람은 마
약의 노예가 되어서는 안 된다고 확신했다. 이 확신은 이후
점점 더 깊어졌다. 후미코는 같은 조서의 이어지는 부분에
서 이런 말도 했다.

인간에게는 외력에 좌우되지 않는 나체로 살아가는 곳에 인성
으로서의 선과 미가 있음이 틀림없다.

절대 자연아인 후미코는 살아 있는 몸을 가진 인간이라는

'배지'를 종교와 이데올로기라는 '바이러스'가 좀먹는 것을 허락하지 않았다. 인성, 즉 휴머니티는 바로 그 '배지'에 있으며 '바이러스'에는 없기 때문이다.

이렇게 후미코는 기독교 신자와의 관계를 끊어냈다.

나는 안티크리스트, 나는 아나키스트. 기분은 거의 섹스 피스톨스다.

후미코의 사상이 **커다란 화살표**처럼 땅바닥을 달리기 시작했다.

거대한 화살표처럼 지하에 괸 마그마가 하나의 방향으로 흘러가기 시작했다.

크리스마스 휴가를 더블린에서 보낸 마거릿의 눈에는 그 방향이 분명하게 보였다. 이는 면밀하고 주도적인 군사 계획은 아니었다. 하지만 봉기를 향해 조용히 도움닫기를 시작한 사람들의 마음에는 멈출 수 없는 힘이 있었다.

마담, 즉 마키에비치 백작 부인처럼 마거릿에게 강한 인상을 준 인물은 아일랜드 시민군 리더 제임스 코널리였다. 코널리는 급진적 민족주의자인 패트릭 피어스Patrick Henry Pearse와 함께 1916년의 부활절 봉기를 결행했으나 실패하여 처형당한 사회주의자다. 고토쿠 슈스이幸德秋水(메이지 시대의 사회주의자, 무정부주의자, 노동 운동가. 천황의 암살을 모의한 대역사건의 주모자로 지목되어 처형당했다—옮긴이), 오스기 사카에大杉栄(메이지 시대의 사회주의자, 노동 운동가. 아나키스트 연합을 도모하여 박열이 조직한 흑도회를 후원했고 이동희, 여운형 등과 만나 국제 연대를 꾀했다―옮긴이)와 비교하여 코널리에 관해 논한 스즈키 료헤이鈴木良平는 "코널리의 생애가 고토쿠(1871~1911), 오스기(1885~1923)의 생애와 겹쳐지는 점도 간과해서는 안 된다"고 썼다.[19]

코널리는 스코틀랜드의 에딘버러에서 아일랜드 이민자의 아이로 태어났다. 마찬가지로 스코틀랜드에서 태어나 자란 마거릿은 코널리를 심정적으로도 가깝게 느꼈다. 코널리는 군인으로서 아일랜드 땅을 밟으며, 영국 통치하의 참상을 실제로 목격하고는 마르크스주의에 경도된다. 그는 미국으로 건너가 미국사회당Socialist Party of America의 당원이 되었다가 다시 아일랜드로 돌아와 심각한 상황에 처한 아일랜드 노동자들의 권리를 위해 투쟁하기로 결심한다.

얼핏 보면 '조국을 갖지 않는다'는 마르크스주의자가 민족주의자와 손을 잡고 싸운다는 부분이 이데올로기적으로 잘 이해되지 않지만, 아일랜드의 독립운동을 견인한 것은 사회주의자들의 노동 운동이기도 했다. 일본에서도 이 시대를 두고 오스기 사카에는 "좌우를 구분해서는 안 되는 상황"이라고 말했다는데, 아일랜드의 운동가들이 봉기로 향하게 된 심정을 생각하면 오스기 사카에의 이 말을 떠올리지 않을 수 없다.

코널리를 미국에서 아일랜드로 불러들인 사람은 바로 헬레나 몰로니Helena Molony라는 여성 운동가였다. 더블린의 한 소매점 주인의 딸로 태어난 헬레나는『아일랜드의 여성들』이라는 신문의 편집 책임자가 되었다.『아일랜드의 여성들』은 여성 민족주의자들의 신문으로 패션, 인테리어, 요리 관련 기사를 많이 게재하여 여성들이 영국풍이 아니라 아일랜드의 전통적인 스타일로 돌아가도록 계몽했고, 도처에서 영국의 통치에 대한 통렬한 비아냥거림과 풍자를 부추겼다. 헬레나는 자신의 신문에 관해 "총과 시폰의 혼합물" 같은 매체라고 말했다고 한다. 당시 신문 판매원들은 이 신문을 "젊은 남성들이 사는 여성 신문"이라 불렀다고 하니, 투쟁mili-tancy과 정치사상과 제빵 레시피를 함께 다룬 헬레나 몰로니의 이 신문을 젊은 남성들이 읽었음을 알 수 있다. 여성지가 아일랜드 젊은 남성들의 혁명을 선동했다는 사실은 매우 흥미롭다.

헬레나는 무대 배우로도 활약한 여성으로 더블린 문화계의 중심에 서 있던 유명 인사였으며 동시에 무력 투쟁파 정치 활동가이기도 했다. 1911년에는 조지 5세의 아일랜드 방문에 거세게 반대하며 더블린의 번화가인 그래프턴 스트리트의 상점 창을 장식한 영국 왕의 초상화에 돌을 던져 교도소에 갇혔다.

헬레나의 정치적 관심은 민족 운동에만 머무르지 않았다. 20세기 초엽, 더블린의 많은 젊은 여성들이 노동 운동에 몸을 던졌는데 헬레나 또한 그런 여성 가운데 한 사람이었다. 더블린 노동자 계급의 처참한 현실을 알았던 헬레나는 빈곤을 없애기 위해서는 아래로부터 치솟아 오르는 조합 운동이 불가피하다고 보았다.

헬레나에게는 노동 운동도, 민족주의자로서 하는 운동도 아래쪽에 있는 사람들을 착취하는 고용주와 지배자들에 대한 저항으로서 일관된 일이었다. 식민지 아일랜드에서 궁극적인 지배자란 바로 대영제국이었기 때문이다.

헬레나와 마키에비치 백작 부인, 제임스 코널리 이렇게 세 사람은 동지라는 유대감으로 굳게 결속해 있었다. 마거릿은 지도자들의 그런 관계를 동경하는 눈으로 바라보았던 듯하다.

이 세 사람의 우정과 협력을 보고 있으면 아일랜드를 향한 사랑과 아일랜드를 해방시킨다는 결의 앞에서 계급의 벽은 소멸된다는 걸 알 수 있었다.[20]

코널리는 조용한 사람이었지만, 빠릿빠릿하게 신경이 곤두선 듯 긴장감을 발산하는 카리스마 있는 남성이었다. 작은 키에 탄탄한 체형으로 매서운 눈빛을 가졌으며, 그의 말은 올곧고 강한 의지로 꽉 들어차 있었다.

마거릿은 코널리가 사람을 조직하는 일의 천재였다고 평했다. 당시 더블린에는 기네스 공장을 제외하면 많은 수의 종업원이 일하는 공장이 없었으므로 총파업을 하려고 해도 사람을 동원하기가 쉽지 않았다. 하지만 코널리는 천부의 재능을 발휘해 '아일랜드 운수 일반 노동조합Irish Transport and General Workers' Union(ITGWU)'의 조합원을 중심으로 노동자들을 고무하여 1913년 더블린 파업을 결행했다. 1913년 8월부터 다음 해 2월까지 이어진 파업은 두 사람의 노동자가 목숨을 잃은 '피의 일요일' 사건이 일어날 정도로 경찰에 의해 폭력적인 진압을 당했다. 고용주들은 사업소를 폐쇄하고 노동자들을 직장에서 쫓아냈다. 이것이 그 유명한 '더블린 직장 폐쇄Dublin lock-out'이다. 약 2만 명의 파업 참가 노동자들은 문자 그대로 먹을 게 없어서, 최종적으로는 기아를 견디지 못해서 직장으로 복귀하였으며 파업은 수습되었다.

이 파업 중에 사업소 폐쇄로 실직한 여성의 상당수가 사회 활동에 참여하게 되었다. 코널리가 노동자들에게 무료로 식료품을 제공하기 위해 만든 조직에 참가한 여성도 많았다. 헬레나와 마키에비치 백작 부인도 실업자와 그 가족에게 따뜻한 음식을 제공하기 위해 거리의 무료 급식소에서 앞치마를 두른 채 큰 냄비에 수프를 끓이며 바지런히 일했다.

총파업이 종결되자 조합의 힘도 약해졌다. 코널리는 노동 운동 정도로는 더블린의 상황을 바꿀 수 없다고 생각했다. 당시 더블린은 사망률이나 화장실 등의 위생 문제로 세계 최악의 슬럼가로 손꼽혔다.

마르크스주의자인 코널리는 만국의 노동자들이 단결하리라 믿었기에 더블린 파업에서도 식민 통치국과 피식민지의 관계를 넘어 영국의 노동당과 노동조합이 파업에 공명하여 공동 투쟁을 벌여줄 것이라 기대했었다. 하지만 그들은 식량을 실은 배를 보내주었을 뿐 '동정 파업sympathetic strike'은 해주지 않았다. 그러니까, "형제들의 싸움은 우리의 싸움"이라고 생각하지 않았던 것이다.

식민 통치국과 피식민지의 벽조차 넘지 못하는 노동 운동에 한계를 느낀 코널리는 민족주의자들에게 접근했다. 그러고 보니 1909년에 마키에비치 백작 부인이 만든 피어너 에런이 있었다. 피어너 에런은 아일랜드판 보이스카우트를 표방하며 조직된 소년단이었지만, 실은 대놓고 아일랜드인에 의한 혁명을 준비해나가던 준군사조직이었다. 이를 본 코널리는 노동자들의 군대도 필요하다는 생각에 사회주의 노동조합의 무장 조직인 아일랜드 시민군을 만들었다.

'국제적인 마르크스주의자가 민족주의에 경도되어'라고 한다면, 그러니까 이것은 단적으로 말해서 모순이다. 하지만 진정으로 상황을 바꾸고자 한다면, 그런 말을 하고 있을 때가 아니라는 것을 코널리는 경험을 통해 알고 있었다. 아름다운 이상과 주장을 내세우며 시끌벅적 싸우는 것만으로는 땅바닥의 참혹한 상황을 단 1밀리미터도 바꿀 수 없다. 나의 이데올로기와 기득권층의 독재를 현실적으로 분쇄하는 것 중에서 무엇이 더 중요할까. 변절해도 상관없잖아? 그런 갈등 끝에 얻은 체념을 품은 채 독립운동을 이끌게 된 코널리는 항상 어딘가 맑게 깨어 있는 부분이 있어서 다른 민족주의자들처럼 들뜬 면이 없었다고 마거릿은 평했다.

봉기는 몽상가와 이상주의자들이나 하는 것이라 생각하는 이들에게 줄 답은 코널리였다. 그가 노동자들을 아일랜드공화국을 위한 투쟁에 참가시킨 것은 공화국이 실현될 가능성이 있었기 때문임을, 그를 아는 사람이라면 누구도 의심하지 않았다. 그는 현실적이었다. 목숨을 잃는 영예를 위해서만 흘리

는 피는 한 방울도 없다고 생각했다. 그에게는 멜로드라마 같은 부분이 전혀 없었다.[21]

그즈음 '켈트 복고주의Celtic Revival'라고 불린 문화 운동이 일어났다. 아일랜드 문예 부흥 운동의 흐름을 타고 아서 그리피스Arthur Griffith가 결성한 민족주의 정당인 신페인당Sinn Féin이 지지층을 넓히고 있었다. 코널리는 당초 신페인당과 함께할 생각을 했으나 그리피스는 노동자 계급에는 관심이 없었다. 민족주의자들은 왕왕 노동 문제에는 관심이 없으며 그들도 빈자의 고혈을 짜내는 기득권 계급인 경우가 많았다.

빈곤 가정에서 태어나 완벽하게 노동자 계급으로 자라난 코널리가 그들의 생각에 마음속 깊이 동의하기란 어려운 일이었다. 그런 코널리의 동지가 된 이들이 마키에비치 백작 부인과 헬레나라는 여성이었다는 사실은 상당히 흥미로운 일이라 하겠다.

세 사람에게 봉기란 웅장한 영웅담도, 아름다운 혁명도 아니었다. 봉기는 아일랜드가 누려야 할 권리를 되돌려놓는 것이며, 부자를 위해 설계된 시스템을 근본부터 새로 만들어 노동자와 그 가족을 빈곤의 구렁에서 해방시키기 위한 현실적인 투쟁이었다.

마거릿이 마담, 즉 마키에비치 백작 부인의 저택에 머무르던 때도 그랬다. 코널리는 자주 마담을 방문했다. 마거릿이 스코틀랜드로 돌아가기 직전, 마담은 코널리가 이렇게까지 기분 좋은 모습은 본 적이 없다고 했다. 그날 코널리는 무기와 탄약을 대량으로 싣고 미국에서 출발한 배가 부활절인 일요일 즈음에 아일랜드에 도착한다는 소식을 들었던 것이다.

크리스마스 휴가가 끝나고 마거릿이 아일랜드를 떠나던 날, 마담은 마거릿에게 봉기를 결행한다는 연락을 받으면 바로 더블린으로 돌아오겠다는 약속을 받았다. "아마도 부활절 이전일 거예요"라면서.

스코틀랜드에 돌아온 마거릿은 다시 수학 교사로 일하던 중에 부활절 무렵 아일랜드에서 봉기가 일어날 것이라고 어머니에게 털어놓았다. 하지만 어머니는 고개를 저었다.

"누군가가 배신할 거야. 아일랜드 봉기가 그렇게 되지 않을 리가 없어. 1867년에도 그랬고, 그 전인 1798년에도 그랬지."

하지만 더블린의 지하에서 봉기를 계획하는 사람들을 실제로 만나고 온 마거릿은 어머니의 말에 동의할 수 없었다.

"아니, 이번에는 다를 거야. 부자도, 빈자도, 항만 노동자도, 학교 선생도, 시인도, 바텐더도 모두 뭉쳤어."

마거릿은 어머니에게 이렇게 말했다.

"그들은 이번에야말로 하나의 방향으로 함께 나아갈 거야."

그렇게 마거릿의 예언은 들어맞았다.

자기 예언이 맞았다며 작은할아버지는 우쭐해져서 말했다.

"말했잖아. 신문팔이나 야간 노점상 같은 걸로 벌어먹으며 학문을 할 수 있을 리가 없지. 게다가 남자라면 몰라도 넌 여자잖아. 어차피 학문 따위 단념하는 게 나아."

기독교인 설탕 가게에서 하던 하녀 생활을 그만둔 후미코는 두 달 정도 호리 기요토시堀淸俊라는 사회주의자의 집에 들어가 살게 되었지만, 그곳 생활도 싫어져 결국에는 다시 미노와의 작은할아버지 집으로 돌아왔다.

후미코는 기독교 신자들의 생활에 실망한 후 사회주의자들에게 기대를 했다. 거리에서 신문을 팔 때 사회주의자들이 옆에서 연설을 하는 일이 종종 있었다. 후미코도 러시아 혁명에 관한 소책자를 받기도 하면서 이른바 '동무'의 일원으로 간주되었다. 그래서 기독교인의 설탕 가게에서 나왔을 때, 인쇄소를 운영하던 사회주의자 호리의 집에 들어가기로 한 것이다. 하지만 그의 생활은 사회주의 이데올로기와는 멀리 떨어진 곳에 있었다. 그는 출세에 방해가 될까 봐 내연 상대와 낳은 딸에게 자기를 '오빠'라 부르게 했다. 동지들이 추운 방에서 열심히 활자 조판 작업을 하는 동안 자기만 빠져나와 2층의 고타쓰(탁자 모양의 틀에 화덕이나 난로 같은 열원을 넣고 이불을 씌우는 난방 기구―옮긴이)에 들어가 누워 있기도 했다. 사회주의자라기보다는 그저 교활한 구두쇠처럼 보였다.

이즈음 후미코는 사회주의자 구쓰미 후사코九津見房子(일본의 사회 운동가, 사회주의자로 일본 최초의 사회주의 여성 단체 세키란카이赤瀾會를 창설한 인물―옮긴이)를 알게 되었다. 하지만 후미코는 자신의 아이를 돌보지 않고 젊은 남자와 아침부터 밤까지 돌아다니는 구쓰미 후사코의 삶의 방식에도 의문을 품었다. 또 후사코가 강단에 서서 "말하자면 이 사회를 파괴하자는 것이다"라고 말하기만 하면, 강연장에 들어와 있던 경찰관이 연설 중지 명령을 내리고 다음 날 신문에서 이를 보도하는 것을 보며 이름을 파는 데 이만큼 효과적인 방법도 없다고 생각했다. 요즘 많이 이야기하는 포퓰리즘 전략으로 자기를 파는 듯한 이런 태도에도 질려버렸다.

후미코의 눈에 사회주의자들이 말로는 "체제를 파괴하고 새로운 이상 사회를 만든다"라고 하지만 실제로는 현실 체제 속에서, 세간의 가치관 안에서 '출세'하거나 '유명'해지는 것을 중요시하는 듯 보였다. 그렇게 해서는 스스로 그 체제 속으로 깊숙이 걸어 들어가는 듯 보이는데, 도대체 이들이 진정으로 무엇인가를 파괴할 생각이 있기는 한 것인가 싶었다.

이런저런 이유로 모든 것이 싫어진 후미코는 작은할아버지 집으로 돌아갔다. 작은할아버지는 이제 후미코에게 학문을 그만두라고 하지 않았다. 집안일을 거들면서 다시 학교에 다니면 된다고 했다. 하지만 집안일을 거든다는 것은 사실상 하녀 일이나 마찬가지로, 새벽 5시에 일어나 아침 식사를 준비해두고 모두가 아직 자고 있을 때 학교에 갔다가 점심시간이 되면 집으로 돌아와 또 빨래와 청소, 식사 준비를 하며 종일 쉬지 않고 일을 해야 했다.

생각해보면 조선에 있을 때와 큰 차이가 없는 신분이었다. 하지만 작은할아버지는 할머니처럼 후미코를 학대하지는 않았다. 그리고 한 달에 5엔이라는 용돈도 주었기 때문에 그것으로 수업료와 교통비를 낼 수 있었다.

학교에서 후미코는 여러 사회주의자 학생들과 친해졌다. 사회주의자들의 생활에 실망하기도 했지만, 사회주의 사상 자체에는 여전히 끌렸기 때문에 이들과 읽을거리를 빌리거나 빌려주면서 사회주의 사상을 본격적으로 배우게 된다. 하지만 이것이 후미코에게 '눈이 번쩍 뜨이는' 경험은 아니었던 모양이다.

사회주의는 나에게 딱히 새로운 무언가를 주지는 않았다. 그것은 그저 지금까지의 내 처지에서 얻은 내 감정에, 그 감정이 옳았음을 이론적으로 받쳐주는 것일 뿐이었다. 나는 가난했다. 지금도 가난하다. 그 때문에 나는 돈이 있는 사람들에게 혹사당하고 괴롭힘을 당했으며 억압당했다. 자유를 빼앗기고 착취당하고 지배당했다. 그래서 나는 항상 마음속 깊이 그러한 힘을 가진 사람들에 대한 반감을 품고 있었다. 동시에 나와 같은 처지의 사람들을 마음으로부터 동정했다.

책을 읽다가 자신의 경험과 막연한 생각이 적확한 언어로 표현된 것을 보고 '오오, 바로 이거야'라고 했던 경험은 누구에게나 있으리라. 하지만 여기서 후미코의 서술은 더 앞으로 나아간다. 후미코는 '오오'라고 생각하며 밑줄을 긋는 (지금이라면 트위터에서 리트윗하는) 것이 아니라 그 정도는 이미 알고 있었으니 이제 와서 고맙지는 않다는 것이다. 후미코는 누가 그 명칭을 알려주지 않아도 이미 프롤레타리아트였으며, 개인적인 경험에서 나온 그의 신념은 사회주의 그 자체였다.

후미코가 사회란 궁극적으로 '위'와 '아래'로 구성된다는 것을 깨닫고, 아래쪽 사람들을 위해 투쟁하리라 결의한 시기는 조선에서 죽으려 했을 때였다. 그러니 뭘 이제 와서 새삼스럽게……. 나는 이미 그때 온몸으로 사상을 읽지 않았던가.

하지만 나는 그 후 무엇을 했던가? 모든 아래쪽 사람들을 위해 복수하겠다고 그렇게 맹세했으면서……. 후미코의 가슴은 다시 한번 당시의 기분으로 돌아가 뜨거워졌다.

아아, 나는………………………………………… 하고 싶다. 우리 불쌍한 계급을 위하여 내 생명을 희생해서라도 싸우고 싶다.

누락된 부분에 후미코는 뭐라고 썼을까. 아아, 나는 이 계급의 꼭대기를 폭파하고 싶다. 아아, 나는 이 지배의 근원에 있는 자를 파괴하고 싶다. 이런 것이었을까? 옥중에서 후미코가 여기에 무엇이라고 썼는지 이제 와서 알아낼 방법은 없다.

하지만 작은할아버지의 집에 살던 시기, 후미코의 분노는 아직 초점이 맞지 않았으며 그것을 어떻게 사용하면 좋을지 몰라 그냥 초조한 기분으로 하루하루를 보낼 뿐이었다. 그러던 어느 날, 야마나시에서 상경하여 관청에서 근무하는 세가와가 불쑥 후미코 앞에 나타났다. 세가와는 후미코의 외삼촌인 승려 모토에이가 후미코의 '불순 이성 교제' 상대라고 지목한 청년으로, 그것이 원인이 되어 후미코는 파혼을 당했다. 딱 좋은 때에 나타나지 않았나 싶을 정도로 후미코는 세가와의 하숙집을 드나들게 되었고, 자신의 초조함을 그와의 성적 관계를 통해 해소하려 했다.

그 무렵, 어떤 심경의 변화가 있었는지는 모르겠지만 놀랍게도 후미코의 아버지가 얼마간의 돈을 보내주면서 하마마쓰에 돌아오라고 연락을 했다. 그래서 후미코는 여름방학에 귀성을 한다. 하지만 아버지는 변한 것이 없었다. 후미코는 아버지의 보잘것없는 허영심과 치졸한 예견이 해가 갈수록 심해진다고 느꼈다. 또다시 아버지와 충돌하게 된 후미코는 어머니의 가족이 있는 야마나시로 향했다.

그러나 어머니는 또 시댁에서 뛰쳐나와 혼자서 제사製絲 공장에서 일하고 있었다. 친척들은 도쿄에서 고학을 하는 후미코에게 얼른 학교 선생이 되어 어머니를 보살펴주라고 설교를 늘어놓았다.

늙은 어머니는 집안의 잠재적인 부채로 간주되었다. 집안에서는 그 부채를 맡지 않으려 서로 책임을 떠넘기고 있었다. 도대체가…… 가족에게 버려져서 지금까지 이렇게 고생을 하는데 이제 와서 부채와 변제로 점철된 저주의 거푸집에 넣으려 하다니……. 후미코는 질려서 도쿄로 돌아왔다.

엉망이 된 기분으로 세가와의 하숙집으로 직행, 그와 섹스를 했지만 아버지와 어머니의 상황을 보고 온 지 얼마 안되어서였을까. 후미코는 자신이 부모의 무계획 임신으로 출생하여 입적조차 되지 못했음을 떠올렸다.

"이러다가 혹시 아이라도 생기면 어떡할 거야?"

후미코는 세가와에게 물어보았다.

"아이가 생기면 어떻게 하느냐니? 나는 그런 거 몰라."

세가와는 그렇게 말하더니 바이올린을 들고 창틀에 걸터앉아 우아하게 연주하기 시작했다. 후미코는 이 남자의 아무 생각 없는 모습에 화가 머리끝까지 나서 자신은 그에게 그저 '장난감에 불과했음'을 깨달았다고 썼다. 하지만 이는 요즘 많이 이야기되는 "나랑은 결혼을 전제로 사귀지 않는다니…… 여자로서의 내 가치를 얕잡아본 거 아니야?" 같은 것은 아니었으리라.

세속의 인습 따위에는 절대로 오염되지 않았던 후미코는

더 근본적인 것, 그러니까 살아 있는 사람인 자신이 성적 욕구라는 그의 생물학적 충동의 배출구에 지나지 않았다는 것에 충격을 받았다.

나는 너의 변기가 아니다. 감정도 있고 아이도 밸 수 있는 살아 있는 인간이다.

세가와에게 격노한 후미코는 같은 하숙집에 살고 있던 '현玄'이라는 조선인 유학생과 친해졌다. 현은 자기를 사회주의자라 했지만 실은 운동에 그렇게까지 발을 깊이 들이지는 않은, 철학을 공부하는 자산가의 아들이었다. 한때 조선에서 살았던 후미코는 그리운 마음에 그와 금방 깊은 관계로 발전했다. 하지만 그의 방에 빈번히 드나들자 작은할아버지 집에서 여러 가지로 간섭을 하기 시작했고, 결국 더 이상 그 집에 머물기 어렵게 되었다. 이를 현에게 말하자 그는 후미코와 동거하겠다고 약속은 해주었으나 빈둥거리기만 할 뿐 실행에 옮기지는 않았다.

그러던 어느 날 후미코는 구쓰미 후사코가 중병에 걸려 문병을 간다고 거짓말을 하고는 현의 방으로 가서 그대로 외박을 해버리는 바람에 다음 날부터 작은할아버지 집으로 돌아가기가 힘들어졌다. 후미코는 이전에 구쓰미가 가져가 전당 잡힌 자신의 기모노를 찾아서 돌아가면 집안사람들이 자기 말을 믿어줄 거라고 생각했다. 그래서 기모노를 되찾아 올 돈을 현에게 받아서 구쓰미의 집으로 갔지만, 구쓰미는 이미 이사한 뒤였다. '노동사勞動社'(스가모에 본거지를 둔 아나 키스트 단체—옮긴이)에 가서 물어보니 오사카로 갔다고 했다.

하는 수 없이 후미코는 혼자서 구쓰미의 단골 전당포로 갔다. 그러나 후미코의 기모노는 이미 다른 곳으로 팔려나 간 뒤였다.

"아니, 몇 번이나 이야기했는데도 이자 한 번을 주지 않으 시니까……."

지배인이 말했다.

이렇게 된 이상 어찌할 방도가 없어 후미코는 기모노를 포기하고 묵묵히 걸어 돌아갔다. 하지만 내심 무척 화가 났 다. 아니, 아무리 그래도 쌀 살 돈이 없다고 남의 기모노를 멋대로 전당포에 맡겨놓고는 어떻게 되어도 상관없다는 듯 이 내버려두는 건 대체 뭐냐고.

이제까지 '주의자'라는 것을 특별하고 대단한 사람이라 생각 해온 것이 얼마나 바보 같은 공상이었는지 이때 분명히 알게 된 것 같다. 아름다운 천상의 꿈에서 더러운 하수구 속으로 떨 어진 듯한 환멸이었다.

"구쓰미는 일관되게 노동 운동, 특히 여성 노동 운동에 전념한 사람이었으며, 젊은 후미코가 구쓰미에 대해 가진 견해는 지나치게 엄격했는지도 모르겠다"라고 야마다 쇼지山田昭次는 썼다.[22] 하지만 그런 명칭과 이론은 몰랐다 하더라도 스스로 자신이 사회주의자라고 직감하던 후미코였다. 후미코에게 사상이란 책에 쓰는 것도, 사색하는 것도, 더 나아가 굳이 운동을 하는 것도 아니었다. 삶 그 자체였다. 인간성과 사상이 분리된 '주의자' 따위 후미코에게는 그저 사칭하는 자에 지나지 않았다.

더러운 하수구로 떨어진 후미코는 흙탕물을 첨벙첨벙 발로 차며 묵묵히 앞으로 나아갔다. 후미코가 찾던 것은 하늘 위에 핀 이상의 꽃이 아니었다.

이 하수구, 이 진흙탕 속에서 머리를 불쑥 내밀고 피어나는 **땅 위의 꽃**이었다.

서프러제트를 상징하는 꽃 가운데 하나는 보라색 아이리스다. WSPU 해머스미스 지부의 깃발에는 아이리스가 수놓여 있었다. 사토 마유카佐藤繭香는 『영국 여성 참정권 운동과 프로파간다 – 에드워드 왕조의 시각적 표상과 여성상』에서 "이는 여성스러움뿐 아니라 지혜와 신념을 표현한다"라고 썼다.

에밀리가 세상을 떴을 때 런던 WSPU 회원들은 장례 행렬에서 보라색 아이리스를 가슴에 안고 걸었으며, 관을 매장할 때는 많은 서프러제트가 그 위에 보라색 아이리스를 던져 놓았다고 한다.

WSPU는 조직을 대표하는 색을 정해놓고, 행진할 때마다 통일된 색으로 사람들의 시각에 호소하는 전략을 취했다. 그 세 가지 색은 보라색, 흰색, 녹색이었다. 사토 마유카에 따르면 "보라색은 위엄, 흰색은 순수, 녹색은 희망을 의미했다. 서양에서 보라색은 주로 정의를, 때때로 지혜를 뜻하며 흰색은 순수함과 정절, 절도, 녹색은 희망뿐 아니라 젊음과 기쁨을 표현했다"라고 한다.

'붉은 머리의 모나리자'라 불리던 에밀리의 이미지는 남겨진 사진 등을 보면 흰색이나 녹색보다는 역시 보라색 느낌이다. 보라색이 상징하는 '지혜'를 다하여 체제를 조롱하고, 여성 참정권 획득이라는 '정의'를 위해 싸워온 에밀리가 그 대의를 위해서라면 목숨을 잃어도 좋다고 진심으로 생각하게 된 전환점은 스트레인지웨이즈 교도소의 독방에서 물대포 공격을 받았을 때였다.

에밀리가 항복하지도 문을 열려고도 하지 않았기 때문에 결국에는 교도관이 문을 뜯고 들어갔다. 그때 에밀리는 '문이 떨어지면 그 자리에서 나는 죽을 것이다'라고 분명하게 인식하고 있었다. 그럼에도 앉아 있던 자리에서 움직이지 않았다. 자기가 앉은 위로 문이 떨어져주면 좋겠다까지는 아니겠지만, 문이 떨어진다면 죽을 수도 있다는 각오는 했을 것이다.

이는 "나는 어쩐지 내 목숨이 아깝지 않은 모양이다"라는 것을 스스로 명확하게 깨닫는 순간이기도 했다. 그때 에밀리는 개인의 인생보다 더 긴, 먼 시간 뒤의 무언가와 접속했을지도 모른다.

이 사건 이후 에밀리는 마치 삶에 대한 집착에서 해방된 사람처럼 끊임없는 전투에 두려움 없이 임했다. 하지만 에밀리가 아무리 길 위에서 난동을 부려 화제가 되어도 의회 정치에 영향을 미칠 수는 없었다. 에밀리는 여성 참정권 문제가 전혀 진전되지 않는 것에 절망감과 초조함을 느끼기 시작했다.

당시 서프러제트의 미움을 가장 많이 받던 정치가는 로이드 조지였다. 1908년 자유당 내각에서 재무장관이 된 그는 취임 초기에는 여성 참정권 운동을 이해한다는 입장을 취했다. 그런데 갑자기 손바닥을 뒤집듯 서프러제트에 차가운 태도를 취했다. 처음부터 흥미를 보이지 않던 사람이 차가운 것은 어쩔 수 없지만, 이해를 해주던 정치가가 갑자기 입장을 번복하면 도대체 어떤 이유로 그렇게 변했는지 의심이 생기기 마련이다. 서프러제트가 그를 비난하면 할수록 그의 태도도 점점 더 딱딱해졌고, 결국 그들의 관계는 험악해졌다. 그즈음 그는 급진적인 예산안을 귀족원(영국 의회의 상원―옮긴이)에서 승인받기 위해 각지에서 연설을 했는데, 끝내 그 연설회장에 여성이 입장하는 것을 금지하기까지 했다. 여성에게 참정권을 주면 의회의원 선거에서 야당인 보수당이 유리해질 것이라 생각하여 정치적인 동기로 여성 참정권 운동에 대한 입장을 바꾼 것이다.

그의 변절에 격노한 에밀리는 로이드 조지에게 계속해서 편지를 보냈다. 로이드 조지는 실은 자유당 안에서는 말이 통하는 정치가였다. 더 평등한 사회를 지향해야 할 필요성을 호소하며 부유층 증세를 포함한 '인민 예산'을 의회에 제출하거나, 70세 이상의 고령자에게 연금을 지급하는 노령연금법 제정을 주도하는 등 당시로서는 상당히 진보적인 개혁을 지속한 인물이다. 그런 그가 왜 여성 참정권 운동에 대한 지지를 갑자기 멈췄을까? 에밀리는 이해할 수 없었다. 다음은 에밀리가 로이드 조지에게 보낸 편지의 내용이다.

나는 확신합니다. 이러한 법률을 제정할 때 수백만 명이나 되는 여성의 협력이 없다면 주택 정책과 금주, 사회 개혁을 위해 필요한 진정으로 유효하고 우수한 조치는 실현되지 않을 것입니다. 왜 법을 개혁할 때 여성들에게 물어보지 않는 것입니까?[23]

전혀 들으려 하지 않는 로이드 조지를 기다리다 지친 에밀리는 그렇다면 허버트 애스퀴스Herbert Henry Asquith 총리와 직접 담판을 지어야겠다고 생각했다.

애스퀴스 총리는 여성 참정권 문제에 관해 "저는 지금 귀족원 개혁 문제로 여유가 없습니다"와 같은 미적지근한 변명을 계속해왔다. 에밀리는 그렇다면 의회에 홀로 들어가 애스퀴스 총리를 직접 만나서 어째서 여성 참정권 운동을 무시하는지 물어보기로 했다.

의회 안으로 진입한다고 해도 경비가 엄중할 것이다. 그래서 에밀리는 인기척 없는 주말에 의회의사당 안으로 숨어 들어갔다가 월요일 아침에 등원하는 애스퀴스 총리를 붙잡고 직소하리라 마음먹었다. 에밀리는 토요일에 의사당 안으로 숨어들었다. 관계자만 드나드는 문을 통해서 하원으로 침입하여 난방 장치가 있는 어둡고 좁은 방에 숨었다. 거기에는 사다리가 있어서 위로 올라갈 수 있었는데, 위로 갈수록 공간이 좁아져 위험해 보였기 때문에 가장 낮은 곳인 층계참에서 기다리기로 했다.

난방 장치와 함께 있었으니 당연하게도 장치가 켜져 있는 시간에는 어마어마한 더위가 찾아들었다. 결국 에밀리는 갈증을 견디지 못하고 물을 마시기 위해 방에서 나왔다가 발각되고 말았다. 발각되었다고는 해도 이 좁고 어둡고 더운 곳에서 이미 36시간 이상이나 숨어 있었다. 마치 여자 네즈미코조鼠小僧(에도 시대 말기의 의적—옮긴이) 같았던 에밀리는 발견되었을 당시 얼굴과 손이 새카맣게 그을린 상태였다고 한다. 이 사건으로 의회의사당에 숨어드는 것은 쉬운 일이라고 생각했던 것일까? 이후에도 에밀리는 두 차례나 더 의회의사당에 숨어들었다. 특히 세 번째 침입은 서프러제트의 항의 가운데 유명한 사건으로 꼽힌다.

에밀리는 1911년의 인구조사에서 국민의 한 사람으로 집계되는 것을 거부하고, 4월 2일에 다시 한번 의회의사당에 숨어 들어가 하룻밤을 보냈다. 인구조사에 대한 WSPU의 입장은 "정치적 권한을 전혀 갖지 못한 여성이 인구조사에 참여할 필요는 없지 않은가"였다. 에밀리는 "나는 여성이고, 여성이 국가 일에 참여하는 것은 허락되지 않으니 국민의 한 사람으로 집계되는 것을 거부한다"라고 선언하고는 조사를 피하기 위해 의회의사당을 피난처로 이용했다.

이번에도 손쉽게 하원으로 숨어든 에밀리는 가이 포크스 Guy Fawkes(1605년 11월 5일 의회의사당을 폭파하여 잉글랜드의 왕과 대신을 한꺼번에 몰살하려 한 화약 음모 사건의 실행자—옮긴이)의 이름이 쓰인 벽장 안에서 하룻밤을 보내고 결국 청소 담당 직원에게 발견되었다.

그로부터 80년 뒤인 1991년 노동당 좌파의 전설적인 의원 토니 벤Tony Benn(전 노동당 당수 제러미 코빈Jeremy Corbyn의 스승이기도 하다)이 제 손으로 직접 에밀리의 저항을 기념하는 명판을 의회의사당 지하에 설치했다. 이 명판에는 이렇게 쓰여 있다.

> 1911년 인구조사의 밤, 청소 도구를 넣어두는 이 벽장에 에밀리 와일딩 데이비슨이 불법적으로 숨어 있었습니다.
> 에밀리는 의회가 여성 참정권을 인정하지 않던 시대에 여성의 투표권을 요구하는 운동을 하던 용감한 서프러제트입니다.
> 인구조사의 밤에 이곳에 숨어 있었기 때문에, 에밀리는 자신의 주소를 '하원'이라고 등록할 수 있었습니다. 이는 여성에게도 남성과 같은 정치적 권리가 주어져야 한다는 주장이기도 했습니다. …… 영국인은 이런 방법으로 민주주의를 쟁취해왔습니다.[24]

에밀리는 의회의사당에 세 번이나 몰래 들어갔지만 무슨 까닭인지 한 번도 기소된 적이 없다. 기소되면 "형사법원이 아니라 하원에 출두해서 재판을 받는다고 하던데 아마도 그 때문에 기소되지 않았던 것 같다"라고 에밀리는 썼다. 눈에 띄는 행동을 해서 미디어에 소동을 일으켜 여성 참정권 문제를 세상에 알리는 것이 서프러제트의 전략이었기 때문에 정부의 입장에서는 화제가 된 '날뛰는 여자'를 의회에 등장시켜 언론 매체에 쓸데없는 기삿거리를 주고 싶지 않았던 것이다.

의회나 정치가에 대한 태도를 보면, 에밀리는 사실상 의회민주주의를 전혀 신뢰하지 않았던 것이 아닐까 싶기도 하다. 간절한 마음으로 운동을 해도 사태가 진전되지 않자 그에 대한 불만을 표출한 것일까? 에밀리가 공공 시설물을 파괴하고 다녔다는 사실은 부정할 수 없다. 에밀리는 우편 시스템에 혼란을 가져왔고, 전국 규모의 방화 캠페인을 추진했으며, 폭발물 캠페인의 리더이기도 했다. 에밀리는 서프러제트 운동에 참여하면서 법의 지배를 부정하는 무정부주의적 사상을 품게 되었던 것이 아닐까? 그런 무정부주의적 사상을 지닌 채 의회 정치에 참여할 권리를 요구한다는 것이 에밀리의 모순이기는 하지만, 모순은 늘 도처에 굴러다니고 있지 않은가. 서프러제트를 계속 무시해온 애스퀴스 총리(배우 헬레나 보넘 카터Helena Bonham Carter의 증조할아버지)에 대해서 말하자면, 결코 빈둥거리던 인물이 아니었다. 다른 분야에서는 '땅바닥 사람들'의 생활을 향상시키기 위해 일했다. 애스퀴스 정권은 재무성에서 노령연금제도를 위한 자금을 확보할 수 있도록 국민보험법을 제정하여 국민건강보험제도와 실업보험제도를 수립하는 등 영국사의 이정표가 되는 개혁을 추진하여 복지국가로 향하는 첫걸음을 내딛고 있었다. 애스퀴스 총리의 당면 과제는 가난한 사람들과 노년층, 질병이 있는 사람들의 생활이었다.

그렇다고 해서 여성 참정권을 경시해도 된다는 말은 아니다. 하지만 다른 측면에서 본다면 이 또한 역사적 사실이다. 불평등이라는 문제에 실제로 개입하는 사람들이 나타난 100년 전은 여러 분야에서 이를 해결하려는 사람들이 우선순위를 다투며 대립한 시대이기도 했다.

그런데 이들 사이의 대립이 평등을 요구하지 않는 사람들과의 대립보다 더 격화되어 분열을 가져왔다는 부분이, 어떤 세상에서든 변함없이 나타나는 **아이러니**한 현상이라 하겠다.

외삼촌에 대한 후미코의 태도는 아이러니했으며, 어딘가 비극적이기도 했다.

승려라는 사람이 10대 조카딸의 몸을 희롱하고, 그것이 지겨워지자 파혼한 그 외삼촌 말이다. 후미코는 분명 그를 경멸하고 미워했을 터다. 그런데 막상 외삼촌이 병든 몸으로 상경하여 미노와의 작은할아버지 집에 오자 후미코는 그를 데리고 병원에 다녔다.

후미코에게는 그런 부분이 있다. 사람을 보는 후미코의 냉철한 눈이 사사로운 감정에 흐려지지 않았던 것처럼, 타인을 향한 태도 역시 사사로운 감정에 구애받지 않았다. 도움이 필요한 사람은 도움이 필요한 것이다.

하지만 아무리 병원에 데려가도 외삼촌이 나아질 거라 말해주는 의사는 없었다. 외삼촌은 결국 포기하고 야마나시로 돌아가기로 했고, 후미코는 그를 역까지 배웅 나간다.

"고마워. 공부 열심히 해."

이렇게 말하며 집으로 돌아가는 외삼촌을 배웅하면서 후미코는 그를 보는 일도 그날이 마지막일 거라 직감했다.

색마에 미남이자 승려였던 외삼촌이 죽을상을 하고 조용히 기차를 타는 모습에 후미코는 공허한 기분이 들었다.

짜증 나는데 섹스라도 할까 싶었으리라. 후미코는 여기저기 전화를 걸어 현이 있는 곳을 찾아내 그를 만나러 가지만, 현은 독일로 유학을 떠나게 되었다면서 갑작스럽게 이별을 고했다.

그렇게 현과 헤어졌지만 그와 밤늦게까지 외출을 하거나 외박을 하고 다녔기 때문에 더 이상 작은할아버지 집에서 기거하기는 불편했다.

그래서 후미코는 다들 '사회주의 오뎅'이라 부르던 이와사키 오뎅 가게에서 숙식을 하며 종업원 생활을 하게 된다. 주인 이와사키岩崎는 사회주의자의 동조자sympathizer(활동에 직접 참여하지는 않으나 배후에서 원조하는 사람—옮긴이)로 이곳은 신문 기자와 사회주의자, 지식인 등이 모이는 가게로 유명했다. 이와사키는 뒤에 후미코의 대역사건으로 증인대에 섰을 때 1921년 중반부터 다음 해까지 10개월간 후미코가 그곳에서 일했다고 증언했다.

이와사키의 증언에 따르면 후미코는 종업원으로 열심히

일했으며, 밤에는 세이소쿠영어학교에 다니면서 우수한 성적을 받았던 모양이다. 이와사키는 후미코가 나무랄 데 없는 훌륭한 종업원이라고 생각했는데, 자신이 없는 곳에서 사상적인 문제를 자주 논하여 다른 여종업원을 어리둥절하게 하는 바람에 겉과 속이 다른 사람이라는 소문이 돌기도 했다고 말했다. 아마도 머리가 좋은 후미코에게 말발에서 밀리는 여종업원들이 뒤에서 험담을 하지 않았을까. 후미코는 '사회주의 오뎅'이 아니라 야간학교에서 자신과 호각지세로 다툴 수 있는 젊은 여성을 만났다.

니힐리스트인 니야마 하쓰요新山初代이다. 후미코보다 두 살 많은 하쓰요는 영국인이 경영하는 회사에서 타이피스트로 일하면서 세이소쿠영어학교에 다녔다. 후미코는 자서전에 이렇게 썼다.

하쓰요 씨는 아마도 내가 일생을 통틀어 찾아낸 단 한 명의 여성이었으리라. 나는 하쓰요 씨에게 많은 것을 배웠다. 그저 배우기만 한 것이 아니다. 하쓰요 씨에게서 나는 진정한 우정의 온기와 힘을 얻었다.

하쓰요는 후미코처럼 빈곤 가정 출신은 아니었다. 중산층의 여유 있는 가정에서 자라났지만 여학교 2학년 때 아버지가 세상을 떠났다. 얼마 지나지 않아 하쓰요도 폐병을 앓게 되어 반년 이상이나 고향인 니가타에서 요양을 했다. 하쓰요는 그즈음 삶과 죽음에 대해 깊이 생각하다 불교를 연구하게 되었다. 하쓰요를 아는 지인들은 두뇌가 명석하니 공부를 계속할 것을 권했다. 하지만 하쓰요는 혼자가 된 어머니와 여동생을 위해 자활의 길을 택하여 낮에는 일을 하고 밤에는 영어를 공부하던 중이었다. 후미코는 하쓰요가 하는 모든 것이 매력적으로 보였기 때문에 언젠가는 친구가 되고 싶다고 생각했다.

그러던 어느 날, 하쓰요가 '죽음'의 문제에 관하여 한 남학생에게 열변을 토하는 것을 들었다. 하쓰요는 이렇게 말했다.

나는 폐병에 걸렸어요. 그러니까 죽음에 관해서는 제법 깊게 생각해보았어요. 저는 이렇게 생각합니다. 사람이 죽음을 무서워하는 것은 죽음 그 자체를 두려워하는 것이 아니라 죽음에 이르는 순간의 고통을 두려워하는 것이 아닐까 하고. 왜냐하면 사람은 수면을 두려워하지 않잖아요. 수면은 의식을 상실한다는 점에서 이것도 역시 일시적인 죽음이라 할 수 있는데…….

하쓰요의 말은 후미코를 한순간 조선의 부강으로 데려갔다. 속옷 소맷자락에 자갈을 넣고, 붉은 모슬린 속치마에는 돌멩이를 넣은 채 서 있던 금강. 잔물결 하나 일지 않는 검푸른 심연이 고요한 가운데 입을 크게 벌린 채 후미코를 기다리고 있었다. 뛰어들면 끝이다. 그러다 갑자기 후미코는 머리 위에서 나는 생명력 넘치는 매미 소리를 들었다.

나는 그렇게 생각하지 않아요. 내 체험을 통해서 이렇게 단언할 수 있습니다. 사람이 죽음을 두려워하는 것은 자신이 영원히 이 땅에서 사라지는 것이 슬프기 때문이에요. 바꿔 말하면, 사람은 땅 위의 모든 현상을 평소에는 전혀 의식하지 않을지도 모르지만, 실은 (땅 위의 모든 현상이) 자신의 내용이기 때문에 그 내용을 잃어버리는 것이 슬픈 거예요. 수면은 결코 그 내용을 잃지 않습니다. 수면은 그저 잊고 있을 뿐이에요.

정신을 차려보니 후미코는 이렇게 말한 뒤였다. 하쓰요가 후미코 쪽을 돌아다보았다.

"당신은 죽음을 체험했습니까?"

후미코는 대답했다.

"네, 체험했어요."

그랬구나. 그 순간, 하쓰요도 생각했을 것이다.

책을 읽고 심취하여 하는 말과 피와 살이 깃든 말의 온도
는 다르다. 전자는 뜨겁지만 후자는 차갑다. 스스로 절실하
게 죽음을 마주한 적이 있는 하쓰요는 후미코의 말에서 차
가운 총기를 느꼈다.

이렇게 후미코와 하쓰요는 둘도 없는 친구 사이가 되었
다. 가난해서 책을 살 수 없었던 후미코는 하쓰요에게서 『노
동자 세이료프』(러시아혁명을 제재로 한 소설로 1919년 신초샤新
潮社에서 간행되었다―옮긴이)나 『죽음의 전야』 등의 책을 빌
려 닥치는 대로 읽었다. 베르그송Henri Bergson, 스펜서Herbert
Spencer, 헤겔Georg Wilhelm Friedrich Hegel 같은 철학자들을 가
르쳐준 것도 하쓰요였다. 하지만 후미코가 가장 좋아했던
것은 슈티르너Max Stirner(독일의 철학자, 개인주의적 무정부주의
자―옮긴이)와 아르치바셰프, 니체Friedrich Wilhelm Nietzsche의
니힐리즘 사상이었다.

하쓰요는 인간과 사회에 기대하지 않는다는 점에서 후미
코가 이제껏 만나본 사회주의자들과는 달랐다. 어린 시절부
터 가족을 냉철한 눈으로 바라보았고, 인간이란 그리 훌륭
한 존재가 아님을 현실적으로 알고 있던 후미코에게는 하
쓰요의 니힐리즘이 딱 좋았다. 공부해서 출세하면 아래쪽에

있는 모든 사람을 위해 복수하겠다고 맹세하면서도 항상 일말의 허무함을 느낄 수밖에 없었던 이유도 알게 되었다.

이제까지는 엷은 베일에 싸여 있던 세상의 모습이 점차 분명하게 보였다. 나처럼 가난한 사람은 어떻게 해도 공부를 할 수 없고 높은 지위에도 오를 수 없는 이유를 알게 되었다. 부자는 점점 더 부유해지고 권력이 있는 자는 뭐든 할 수 있는 이유도 알게 되었다. 그리고 그렇기 때문에 사회주의를 설파하는 것에도 정당한 이유가 있음을 깨닫게 되었다.

후미코는 사회주의의 타당성은 인정하지만(후미코의 인생 자체가 그 타당성을 시사하고 있기 때문에), 사회주의자들에게는 의문이 들었다. 사회주의자가 목표로 삼는 세계 변혁의 방법이 결국은 후미코가 "공부해서 출세한 후에 되갚아주겠다"라고 하는 것과 마찬가지로, 기존의 사회 틀에 스스로 들어가 몸을 맞추려는 듯 보였기 때문이다. 이는 '사회를 바꾼다'는 듣기 좋은 말로 장식한 지배욕에 지나지 않는 것이 아닐까 싶었다.

'민중을 위하여'라고 하면서 사회주의는 동란을 일으키리라.

민중은 그들 자신을 위하여 일어선 사람들과 일어나 생사를 함께할 것이다. 그렇게 사회에 하나의 변혁이 일어났을 때 아아, 그때 민중은 과연 무엇을 얻었을까?

지도자는 권력을 쥐었을 것이다. 권력을 가지고 새로운 세계의 질서를 만들었을 것이다. 그리고 민중은 다시 한번 그 권력의 노예가 되어야 했을 것이다. 그렇다면 xx란 뭔가. 그저 하나의 권력을 대신하는 다른 권력을 가지고 하는 일에 지나지 않는 것 아닌가.


후미코는 자기 몸을 희롱하던 외삼촌일지라도 병에 걸린 뒤에는 헌신적으로 보살펴주던 따뜻한 사람이었다. 하지만 다른 한편으로는 인간이라는 존재의 잘못된 부분을 냉정하게 확신하고 있었다. 후미코는 인간을 사랑했지만 믿지 않았다. 사회주의자들은 하층의 사람들을 순수하고 가련한 약자라 믿고 싶어 한다(그렇게 하지 않으면 그들의 사상에 신빙성이 없어지니까). 하지만 실제로 하층에서 살아온 후미코는 민중의 어리석음과 더러움을 너무나 잘 알고 있었다. 후미코는 자기가 사회주의자가 되지 못한 이유 중 하나가 바로 이 '민중 불신'이었다고 뒤에 밝혔다.

하쓰요도 사회주의자들을 차가운 시선으로 보고 있었다.

하쓰요는 인간 사회에 거는 기대가 없으니 마음 맞는 친구들과 함께 스스로 좋다고 생각하는 독립적인 생활을 하는 것이 가장 가능성 있는 삶의 방식이라고 했다. 니힐리스트를 경유한 아나키스트인 것이다.

이를 단순한 도피가 아니냐고 하는 사람도 있었지만, 후미코도 그런 생각에 찬성했다. 하지만 후미코는 이상을 완전히 버리지 못했다는 점에서 하쓰요와 조금 달랐다.

후미코의 이상은 '세상을 바꾼다'와 같은 저 멀리 있는 지평이 아니라, 가까이에 있는 자기 삶에서 실현하는 것이었다. 후미코는 그것을 "우리 자신의 참생활"이라 불렀다. 후미코는 인간에게는 '이것이야말로 내가 해야 하는 참 일'이라 할 수 있는 무언가가 있다고 보았다. 그 일을 하면서 비로소 인간의 생활은 자신에게서 분리되지 않고 인간 자신의 존재와 함께 있을 수 있으며, 그 일이 성취되든 안 되든 그 일을 하는 것이 후미코가 말하는 '참생활'이었다.

나는 이것을 하고 싶다. 내가 항상 원하고 바라왔던 것은 이것이다. 후미코는 이렇게 생각했다. 사상이 다듬어지면서 자기가 찾고 있던 것의 윤곽이 드러나자, 그와 동시에 갈증이 더욱 커졌다. 그리고 19년의 갈증에 물을 주는 말, 한 청년이 쓴 시를 후미코는 드디어 만났다.

아일랜드 사람은 **시와 시인**을 소중하게 여기는 민족이다.

17세기 중반에 올리버 크롬웰Oliver Cromwell이 아일랜드를 정복하고 게일어 표현을 탄압할 때까지 아일랜드 문학을 전해온 이들은 세습 음유 시인이었다. 그런 아일랜드인이기에 봉기에서도 '말'은 몹시 커다란 역할을 했다.

크리스마스 휴가를 아일랜드에서 보내고 스코틀랜드의 글래스고로 돌아온 마거릿 스키니더는 다시 한번 수학 교사로 근무하면서 봉기 결행의 사인이 되는 '말'을 기다리고 있었다. 당시의 글래스고는 인구의 약 5분의 2가 아일랜드계였으며, 젊은 세대의 아일랜드 독립운동가들은 현지에 비해 뒤처지지 않으려는 생각이 강했다.

때는 1차 세계대전 기간이었다. 1916년 2월이 되자 스코틀랜드에서도 징병제가 시행되었다. 하지만 글래스고의 아일랜드 의용군은 영국을 위해 싸우기를 거부하고 도망쳤다. 더블린의 키미지 지역에는 영국군을 피해 도망쳐 온 '슬

래커slacker(지금은 무력하고 게으른 사람을 일컫기도 하나 원래는 1, 2차 세계대전 기간에 징병제를 거부한 사람들을 가리키는 말이었다—옮긴이)'들의 캠프가 있었다. 그들은 봉기를 위해 군사 훈련을 받거나 병기를 만들며 지냈다.

드디어 더블린에서 통지가 날아왔다. 아일랜드 시민군 지도자인 제임스 코널리가 「어느 깃발 아래에?」라는 희곡을 썼다는 것이다. 더블린에서 상연된 그 연극에서 주인공 청년은 최후의 막이 내리기 직전에 영국 깃발이 아니라 아일랜드 깃발을 선택한다. 이 연극의 속편을 써야 한다는 요청에 제임스 코널리는 이렇게 대답했다고 한다.

"(속편은) 우리가 함께 쓰자."

아일랜드 깃발 아래에서 영국과 싸우겠다고 결의한 사람들 모두가 독립 이야기의 주인공이라는 뜻이었다. 마거릿과 동료들에게 이는 곧 부활절 봉기를 결행하자는 선언이었다.

시와 연극이 아일랜드 독립운동의 원동력 가운데 하나임은 잘 알려져 있었지만, 영국인은 '켈트 복고주의'라 불린 아일랜드 문예 부흥 운동의 정치적인 반향을 얕잡아보고 있었다. 아일랜드 문예 부흥 운동은 잉글랜드에서는 순수하게 문화적인 것으로 여겨져 많은 영국인 작가와 예술가들이 그 영향을 받았다. 하지만 아일랜드인에게 그것은 단지 문화적

트렌드가 아니었다. 마거릿은 아일랜드의 영웅을 그린 사가saga(중세 북유럽에서 발달한 산문 문학을 통틀어 일컫는 말—옮긴이)나 아일랜드 해방을 주제로 한 시와 희곡이 현지 사람들의 사고방식에 어떤 영향을 주었는지를 영국이 과소평가했다고 썼다.

"말도 안 된다"고 위대한 잉글랜드는 말했다.
"시인과 교육자와 몽상가들이 몇 세기 동안이나 그들을 지배해온 강대한 제국을 적으로 돌리고 아일랜드 사람들을 일어서게 할 수 있을 리 없지 않은가."[25]

하지만 징집을 기피하는 아일랜드 청년이 늘어나자 아일랜드 독립파에 대한 영국의 탄압도 거세졌다. 경찰은 제임스 코널리가 발행하던 신문 『노동자들의 공화국』의 발행소였던 리버티 홀(더블린에 있는 아일랜드 노동자 연대 본부이자 아일랜드 시민군 본부로 사용된 장소—옮긴이)에 예고도 없이 들이닥쳤다. 아무도 없는 시간대를 노려서 신문을 압수하러 온 것이다. 하지만 그 시간에 홀에서는 코널리와 마담, 즉 마키에비치 백작 부인 그리고 관계자 한두 사람이 남아서 작업을 하고 있었다.

경찰이 침입했을 때 코널리는 "수색 영장을 가지고 왔는가?"라고 물었다. 영장 없이 왔음을 눈치챈 코널리는 의연한 태도로 그가 안으로 들어오는 것을 거부했다. 그 옆에는 저격의 명수로 칭송받던 마담이 리볼버(회전식 연발 권총—옮긴이)를 장전한 채 서서 경찰들에게 장난스럽게 총구를 겨누고 있었다. 마담의 얼굴에는 아름다운 미소가 감돌았지만, 눈은 진심이었다. 꼼짝 못 하게 하는 이 박력에 경찰들은 겁을 먹고 돌아갔다.

코널리는 즉시 아일랜드 시민군을 모아 폭탄과 탄약을 숨겨놓은 리버티 홀 주위를 지키게 했다. 경찰은 영장을 가지고 다시 돌아왔지만, 이미 홀 안으로는 들어갈 수 없는 상황이었다. 경찰이 가져온 영장에는 크고 작은 독립운동 단체의 이름이 모두 나열되어 있었고, 관련자들을 체포한다고 쓰여 있었다. 당국은 아무래도 신페인을 이들의 지도 조직으로 간주한 모양이었다. 당시 많은 사람들이 신페인을 해외의 무정부주의자들과 밀접한 관계가 있는 위험한 조직이라고 생각했는데, 사실 그들은 켈트 복고주의를 주도한 문학계, 예술계, 경제계 사람들이 모인 집단으로 정치 조직이라기보다는 문화 살롱에 가까웠다. 마거릿은 자서전에서 신페인이 목표로 한 것은 "정신spirit으로서의 반역이었을 뿐

현실적인 행동은 취하지 않은 채 몸을 숨기고 있었다"라고 썼다.

봉기 결행 통지를 받은 마거릿은 마담과 했던 약속대로 부활절 직전의 성聖목요일에 다시 한번 아일랜드로 건너갔다. 아일랜드에 도착한 날부터 마거릿은 벨파스트(북아일랜드의 수도—옮긴이)에 있는 코널리의 자택으로 가서 코널리의 부인과 아이들을 더블린으로 데려오거나, 더블린 거리 곳곳에 숨겨놓았던 다이너마이트와 폭탄을 꺼내 리버티 홀로 운반하는 등 바삐 돌아다녔다.

그리고 부활절 주의 토요일. 아직 봉기는 시작도 하지 않았는데, 최초의 패배 소식이 날아왔다. 무기와 탄약을 싣고 더블린에 도착할 예정이었던 배가 영국 해군에게 발각되어 소총 2만 정, 대량의 탄약과 기관총 등을 실은 채 침몰한 것이다.

이 사태에 누구보다 큰 충격을 받은 사람은 아일랜드 의용군의 지도자이자 최고 지휘관인 오언 맥닐Eoin MacNeill이었다. 그는 군사 회의에서는 전혀 그런 기미를 보이지 않다가 마지막 순간에 제멋대로 자기 조직에 군사 행동 중지 명령을 내렸다.

부활절인 일요일 아침, 교회에서 나온 마거릿은 "오늘 의용군 연습은 중지"라는 종이가 여기저기에 붙어 있는 것을 보았다. 마거릿은 할 말을 잃었다. 이날의 의용군 '연습'은 단순한 군사 훈련과는 의미가 달랐을 터이다. '오늘 더블린에서 혁명이 일어날 예정이지 않았던가.' 코널리가 이끄는 시민군과 달리, 맥닐의 의용군은 국내 각지와 스코틀랜드에까지 지부를 가진 대규모 조직으로 봉기에 참가하는 전체 병사의 3분의 2를 차지했다. 이 의용군 참여자들에게 '연습 중지'를 호소하는 문서가 맥닐의 서명과 함께 신문에도 게재되었다. 이는 사실상 봉기 취소를 의미했다.

마거릿은 크리스마스 휴가에 더블린에 머무는 동안, 마담이 "의용군에는 또 한 명의 리더가 필요합니다"라고 반복해서 말하던 것이 떠올랐다. 맥닐은 평시에 조직을 운영하는 일에서는 수완을 발휘하지만 위기에 약하다고 할까, 그러니까 겁쟁이 같은 부분이 있다며 마담은 걱정을 했었다. 인간적으로는 맥닐을 좋아했지만 반란군의 최고 지휘관으로는 적합하지 않은 인물임을 간파했던 것이다.

마담의 직감은 맞아떨어졌다. 맥닐은 신문에 '연습 중지' 고지를 내고는 곧 더블린 교외의 자택으로 돌아가 봉기가 끝날 때까지 나오지 않았다. 그는 결국 거기서 체포되어 투옥된다.

이렇게 마지막에 변심한 맥닐 때문에 결과적으로 봉기군 병사의 숫자는 반으로 줄어들었다. 만일 의용군이 당초 계획대로 일요일에 행동을 개시했다면 영국군의 병기고를 습격하여 총과 탄약을 충분히 입수할 수 있었을 것이다. 맥닐이 제멋대로 혁명을 취소하려 한 사실을 듣고는 "내가 그를 쏴 죽이겠어"라며 으르렁대는 마담을 말린 사람은 코널리였다.

코널리는 냉정하게 사태를 받아들였다. 맥닐의 '연습 중지'가 '봉기 중지'를 의미하는 것은 아니며, 시민군이 예정대로 봉기를 결행할 것이라는 소식이 교외에까지 알려지면 의용군 중에도 참가할 사람이 있을 거라고 주장했다. 코널리의 부인 노라를 비롯한 전령들은 봉기군 본부에서 내보내는 소식을 전하기 위해 더블린 구석구석을 걸어 다녔다. 그러나 의용군 가운데는 상부의 명령을 따르려는 이들이 많았다. 최고 지휘관의 결단에 등을 돌리는 일은 하지 않으려는 병사가 많았던 것이다.

코널리와 동료들은 포기하지 않았다. 봉기를 결행할 예정이었던 일요일 오후 4시에 리버티 홀 앞에 시민군을 소집하여 행진을 시작했다. 밤이 깊어지자 잉글랜드와 스코틀랜드에서 징병을 기피하고 키미지에 모여 있던 청년들이 더블린 시가지로 이동하여 리버티 홀의 시민군에 합류했다. 약 200명의 여성이 모여 결성한 아일랜드 여성평의회도 더블린에 들어왔다.

마거릿은 자전거를 타고 더블린 시내로 나가 영국군 부대가 움직이기 시작했는지 동정을 살폈다. 시내의 모습을 코널리에게 알리러 갔을 때, 마거릿은 처음으로 전설적인 봉기군 리더 패트릭 피어스의 모습을 보았다.

1908년에 아이리시 게일어와 영어 양쪽을 가르치는 세인트 엔다스 스쿨을 창립한 피어스는 교육자로서, 그리고 아일랜드 독립주의자로서 많은 사람들의 존경을 받는 카리스마 있는 인물이었다. 그는 갑자기 봉기를 취소하려 한 맥닐을 대신해 의용군 최고 지휘관에 임명되어 아일랜드공화국 임시정부 대통령으로 취임했고, 코널리는 부통령이 되었다. 두 사람이 사실상 봉기군 최고 책임자가 된 것이다.

피어스는 6피트(약 182센티미터)가 넘는 장신이었지만 오랫동안 집필 작업을 해온 까닭에 등이 살짝 굽어 있었다. 그는 혁명 전야임에도 대단히 침착하고 고요한 태도를 보였다. 그러나 그의 눈동자에는 불타는 의지가 깃들어 있었다. 그의 곁에는 시인이자 희곡 작가로 문단에서 이름을 날리던, 예이츠의 시에도 몇 번이나 등장한 토머스 맥도나Thomas

Stanislaus MacDonagh가 아일랜드를 상징하는 색인 녹색 군복을 입은 채 서 있었다. 마거릿은 그를 잘 기억하고 있었다. 그가 마거릿의 저격 솜씨를 보고는 크리스마스에 비싼 리볼버를 하나 선물해주었기 때문이다.

일할 사람은 다 모였다.

교육자, 작가, 몽상가 들이 무슨 일을 할 수 있을까? 영국에서는 이들을 얕잡아보았지만, 교육자와 시인과 마르크스주의자가 정말로 밑바닥 사람들을 이끌어 대영제국에 반란을 일으키는 말도 안 되는 일을 시작했다.

부활절 휴가 기간의 더블린은 기분 나쁜 고요함으로 가득 차 있었다. 100년 뒤까지 아일랜드 사람들이 자랑스럽게 이야기할 싸움이 바로 내일 시작된다는 것을 이 거리는 아직 알지 못했다.

회색빛 시가지로 속속 몰려든 반역의 기사들은 숨을 죽인 채 최초의 일격을 날릴 순간을 기다리고 있었다. 어디서나 볼 수 있는, 길 위에서 잠드는 사나운 개들처럼.

## 개새끼

나는 개새끼로소이다

하늘을 보고 짖는

달을 보고 짖는

보잘것없는 나는

개새끼로소이다


높은 양반의 가랑이에서

뜨거운 것이 쏟아져

내가 목욕을 할 때

나도 그의 다리에다

뜨거운 줄기를 뿜어대는

나는 개새끼로소이다

– 박열, 「개새끼」(이준익 감독의 영화 〈박열〉에서)[26]

이 시를 읽었을 때 후미코는 "어떤 강한 감동이 온 생명을 높이 들어 올렸다"라고 느꼈다. 감동이 생명을 '꿰뚫었다'도 '뒤흔들었다'도 아니라 '높이 들어 올렸다'.

이는 기묘한 표현이다. 일단 감동이 온 생명을 어떻게 한다는 것이 감상적이고 과장이 들어가 있다. 하지만 젊은 시절에는 뇌 속의 호르몬이 갑자기 역류하기도 하기 때문에 '기분이 업up되었다'라든가 '기분 업업!' 같은 표현은 요즘도 사용한다. 후미코도 아마 이 시를 읽고 '업', 그러니까 기분이 고양되었을 것이다. 그럴 수도 있다.

한편 이런 것과는 조금 다르지 않았을까 하는 생각도 들었다. 후미코는 이 시를 읽고 문자 그대로 자신의 존재 자체를 높은 곳에 올려놓은 듯한 감각을 느낀 것이 아닐까? 말을 읽었을 때의 감동과 높낮이에 대한 감각이 연결된 부분이 재미있다. 후미코는 이 시점에 이미 '올라가는 것', 즉 계급 상승에는 아무 의미도 없음을 깨닫고 스스로 공감하는 장소, 자신의 삶이 서 있을 위치를 '아래쪽'이라 정한 후였다.

이 시 자체가 지배 계급이 소변을 쏟아붓는다면 똑같이 소변으로 돌려주겠다는, 밑바닥 감성이 가득한 '하층의 노래'다. 거리에서 연주하는 가난한 펑크 밴드가 노래로 불러도 이상하지 않을 내용이다. 그런데 왜 후미코는 '높이 들어

올렸다'라는 표현을 사용했을까?

열세 살 때 조선에서 자살하려 했던 때부터 후미코는 종종 자신의 실존을 몸으로 느끼곤 했다. 쓰루미 슌스케는 후미코의 이 신기한 특성을 '직관'이라는 철학적인 언어로 표현했다.[27] 보통은 책상에 앉아 책 따위에 매몰된 채 사색하여 깨닫는 것을 후미코는 거의 순식간에 몸으로 이해하곤 했다.

후미코가 박열의 시를 읽었을 때도 아마 '직관'했을 것이다. 내가 나 자신의 참된 일을 하기 위하여, 나 자신으로 살기 위하여 이 시를 쓴 사람이 필요하다. 온 생명을 높이 들어 올린다는 감각은 후미코에게 자신의 실존을 갈고닦는 것과 마찬가지였다.

"이거 누구야? 박열이 누군데?"

후미코는 시를 보여준 친구 정鄭에게 물었다.

"그 사람이요? 그 사람은 제 친군데요. 아직 별로 알려지지 않은 가난한 남자예요."

정은 그렇게 대답했다. 그가 발행하려 하는 잡지의 교정쇄에 그 시가 있었지만 정은 이 시와 작자에 대해 좋은 평가를 내리지 않았다. 하지만 후미코가 진심으로 감명한 것을 알고는 정이 말했다.

"이 시의 어떤 부분이 좋습니까?"

"어디가 좋고 그런 게 아니에요. 전체가 좋아요. 좋은 게 아니라, 그냥 강한 힘이 느껴져요. 오랫동안 찾고 있던 것을 지금 이 시에서 찾아낸 것 같아요."

이제 후미코는 이 시를 쓴 사람을 만나야 했다.

그러던 어느 날 밤, 후미코가 정의 방에 놀러 가보니 낯선 청년이 재떨이를 앞에 두고 정과 이야기를 나누고 있었다. 푸른 작업복을 입고 갈색 코트를 걸쳤으며 새까만 머리는 어깨까지 자라 있었다. 비쩍 마른 데다 코트의 단추는 떨어질 듯 덜렁거리고, 닳아서 너덜너덜해진 소맷부리에 팔꿈치 언저리에는 구멍도 나 있었다. 지독하게 가난하고 외로워 보이는 남자였다. 그런데 어째서인지 그 볼품없음을 거스르기라도 하듯이 뻔뻔하고 넉살이 좋았다.

그가 돌아간 뒤 정에게 아까 그 사람이 박열이라는 이야기를 들은 후미코는 얼굴이 빨개졌다. 취향이었던 모양이다. 정에게 들어보니 박열은 인력거를 끌거나 날품팔이, 인부 같은 일을 하는데 지금은 일자리가 없어 친구들 집을 전전하고 있다고 했다.

"그렇다면 그 사람, 떠돌이 개 같은 처지네. 그런데도 어쩌면 그렇게 듬직할 수 있지? 마치 임금 같은 태도로."

이미 완전히 홀려 있었다.

이때부터 후미코는 엄청난 속도로 직진하는 화살 같았다. 다음 날 아침 일찍 다시 정의 집을 방문하여 박열과 사귀고 싶으니 자기가 일하는 오뎅 가게로 그를 불러오라고 했다. 하지만 열흘이 지나도 스무 날이 지나도 박열은 오지 않았다. 한 달이 지났을 즈음, 박열이 문득 찾아왔다. 후미코는 너무나 기뻐서 박열을 구석에 있는 테이블에 앉히고는 식사를 대접했다. 마침 자기도 학교에 갈 시간이었던 터라 박열과 함께 가게를 나섰다. 그러면서 다음 날도 오뎅 가게로 밥을 먹으러 오라고 했다.

다음 날 점심에 박열이 또 찾아왔다. 후미코는 할 이야기가 있으니 저녁 때 밖에서 만나자고 했다. 밖에서 만난 후미코는 진보초의 중화요릿집 3층으로 그를 데려갔다.

박열은 퍽이나 배가 고팠는지 음식을 다 먹어치웠지만 후미코는 별로 먹지 않았다. 이제부터 일생일대의 일을 하리라 마음먹었기 때문이었다. 다이쇼 시대뿐만 아니라 오늘날에도 그렇지만, 여자는 남자의 구애를 받아야 한다는 '간택 신앙'이 있다. 꽃처럼 가련하게 미소를 짓거나 우는 척을 하는 식으로 남자로부터 좋아한다는 말을 듣기 위한 획책을 하는 것이, 말하자면 여자가 남자를 유혹하는 완곡한 방법이라는 것이다.

그런데 절대 자연아 후미코는 그런 세간의 관습에서 완전히 벗어나 있었다. 좋은 게 있으면 갖고 싶어. 필요한 것은 필요한 것이야. 번거로운 줄다리기는 필요 없다고. 나는 곧장 이 남자에게 손을 뻗을 거야.

"단도직입적으로 물어볼게요. 당신은 이미 배우자가 있습니까? 아니면 배우자는 없더라도 누구, 그러니까 사랑하는 사람이라도 있습니까? 혹시 있다면 나는 당신에게 그냥 동지로서만 교제를 하자고 하고 싶은데, 어떠세요?"

갑작스러운 프러포즈였다. 중화요리를 열심히 먹고 있던 박열은 아마 놀랐으리라. 하지만 박열 또한 이를 받아들일 만한 도량이 있는 남자였다.

"저는 혼자입니다."

야호! 펄쩍 뛰어올라 승리의 포즈라도 취하고 싶었으리라. 하지만 후미코는 침착하게 다음 이야기로 전진했다. 단순히 이성으로서 박열을 원한 것이 아니었기 때문이다.

"그런데…… 저는 일본인입니다. 그렇다고 조선인에 대해 편견을 가지고 있다고는 생각하지 않습니다만, 혹시 당신은 나에게 반감을 가지고 있습니까?"

후미코의 질문에 박열이 대답했다.

"제가 반감을 갖는 이들은 일본의 권력 계급입니다. 일반 민중이 아닙니다."

후미코는 핵심으로 들어갔다.

"하나 더 묻고 싶은데요. 당신은 민족 운동을 하는 사람입니까? …… 사실 저는 조선에서 오랫동안 산 적이 있어서 민족 운동을 하는 사람들의 마음은 잘 이해하고 있습니다. 하지만 아무래도 저는 조선인은 아니라 조선인처럼 일본에 압박을 받은 적은 없기 때문에 그런 사람들과 함께 조선의 독립운동을 할 마음은 안 생기거든요. 그러니 당신이 혹시 독립운동을 하는 사람이라면 안타깝지만 저는 당신과 함께할 수가 없습니다."

조선에서 할머니와 고모에게 2급 시민인 노예 취급을 받으며 자신이 일본인 커뮤니티보다 조선인들에게 더 가깝다고 생각했던 후미코가, 3·1운동 당시 제멋대로 '대한 독립 만세'를 외치는 조선인들의 모습에 그렇게까지 황홀해했던 후미코가 이렇게 말한 것이다. 아무리 조선인들에게 공감을 해도 그들의 일원인 것처럼 독립운동에 참여하는 일은 자신에게는 불가능하다고 후미코는 확신했다. 그것은 거짓말이며 내가 나로서 살아가는 것이 아니기 때문이었다.

게다가 후미코는 혁명은 하나의 권력을 다른 권력으로 치

환하는 것에 지나지 않는다고 여겼기 때문에 민족 운동 또한 한 사람의 압제자를 쓰러뜨리고 다른 압제자를 세우는 일에 불과할 뿐이라고 생각했다. 후미코의 사상은 3·1운동에 황홀해하며 감동했을 때보다 한층 발전했던 것이다.

"조선의 민족 운동가들에게는 동정할 만한 점이 있습니다. 그래서 저도 예전에는 민족 운동에 참여하려 한 적이 있습니다. 하지만 지금은 그렇지 않습니다."

박열은 대답했다.

"그렇다면 당신은 민족 운동에 완전히 반대하시는 겁니까?"

"아니오, 절대 그렇지 않습니다. 하지만 저에게는 저 나름의 사상이 있습니다. 일이 있습니다. 저는 민족 운동 전선에 설 수 없습니다."

이 말로 "모든 장애물은 사라졌다"라고 후미코는 자서전에 썼다. 무슨 장애물이었을까? 함께 싸우기 위한 것이었다. 당신은 내 취향입니다. 성적으로 반했고, 하나의 이불을 덮고 자고 싶어요. 하지만 그것만으로는 안 됩니다. 후미코는 분명하게 이렇게 말했다.

후미코는 뒤에 옥중 편지에서 이렇게 썼다.

나는 섹스에 관해서는 지극히 추잡한 생각밖에 하지 않는다. 성적인 직접 행동에 관해서는 조건이 없다. 하지만 그와 동시에 내가 하나의 인간으로 섰을 때, 즉 반항자로서 일어섰을 때 성에 관한 갖가지 것들, 남자라는 자격으로 살아 있는 동물—그러한 것은 내 앞에서는 다 떨어진 짚신 한 켤레의 가치도 없음을 선언한다.[28]

다 떨어진 짚신 한 켤레 같다는 말을 들은 남자들도 가엾긴 하나, 그보다 후미코는 열여섯 살에 조선에서 돌아온 후 여러 남자와 성적인 관계를 가져왔던 것이다. 그러니 한 사람의 남성에게 운명적인 무언가를 느꼈다 하더라도 거기에 젊은 처자가 연애 자체를 사랑하는 듯한 감상적인 부분은 없었다.

"저는 당신 안에서 내가 찾는 것을 찾아냈습니다. 당신과 함께 일할 수 있으면 좋겠어요"라고 후미코는 말했다.

무겁다. 보통 이런 말을 들은 남자는 도망가기 마련이다. 하지만 박열은 받아들였다. 자기를 포옹해주는 여자가 아니라 어깨를 나란히 하고 당신 옆에 서겠다는 여자가 내민 손을 잡았다.

"저는 시시한 사람입니다. 저는 그저 죽지 못해 살아 있는

거나 다름없어요."

박열은 바위처럼 차가운, 하지만 굵은 목소리로 말했다.

우리는 같은 부류의 사람이다. 후미코는 생각했다.

죽지 못해 사는 개 두 마리. 우리 개새끼스(s). 내 짝으로 부족함이 없다.

이렇게 두 무정부주의자의 짧지만 목숨을 건 **투쟁의 길** 이 시작되었다.

**테리의 길**을 남자와 함께 걷는 여자도 있지만 홀로 걷는 여자도 있다.

에밀리 데이비슨이 인구조사 참가를 거부하고 의회의사당에서 밤을 샌 1911년은 WSPU 간부와 에밀리 사이의 균열이 분명하게 드러난 해이기도 했다.

같은 해 12월, 에밀리는 우체통 방화라는 새로운 작전을 수행하다 체포당했다. WSPU의 창립자 에멀린 팽크허스트의 둘째 딸 실비아는 이 행위를 에밀리의 개인적인 판단에 의한 것으로 간주하고 WSPU와의 관련성을 부정했다.

방화 행위는 파라핀에 담가둔 천에 불을 붙여 우체통의 우편물 투입구로 밀어 넣는 것이었다. 런던 시내에서 방화를 했을 때 에밀리는 불을 붙인 천을 우체통 투입구에 넣은 후 얼굴색 하나 변하지 않고 근처 카페에 들어가 점심을 먹었다고 하는데, 포장도로 위의 우체통에서 검은 연기가 모락모락 나왔다고 한다.

당시는 휴대전화나 이메일이 없었던 시대다. 사람들의 주요 소통 수단이었던 우편 시스템 교란이 사회에 주는 심리적인 효과는 컸다.

곧바로 전국 각지에서 서프러제트들이 에밀리를 흉내 내 방화를 시작했다. 방화는 우체통에 그치지 않았다. 역사적인 건축물, 정치가의 별장, 교회 등 사람이 살지 않는 부동산이기만 하면, 이미 노리고 있었던 것처럼 방화가 퍼져 나갔다. 실비아 팽크허스트는 이렇게 썼다.

과하다 싶을 정도로 여성성을 강조한 외모의 젊은 여성들이 런던을 돌아다니며, 예상치 못한 공공장소에서 무력 투쟁파 여성들을 만나 위험한 탐험을 위한 계획을 정리하고 있었습니다. 그 대부분이 몹시 어린 나이의 여성들로 무거운 가솔린과 파라핀 케이스를 모르는 곳 여기저기로 운반하느라 밤을 틈타 열심히 움직이고 있었던 것입니다.[29]

이런 젊은 여성들에게 영감을 준 사람이 바로 에밀리였다. WSPU의 간부들은 상부의 지령도 없이 제멋대로 움직이면서 더욱 과격해진 에밀리의 행동에 불쾌감을 느꼈다. 폭력적인 저항 활동은 조직 말단에 있는 여성들에게는 불평등과 억압에 대항해 욕구 불만을 표출하는 행위였으나, 조직 간부들에게는 어디까지나 미디어의 주목을 끌어 세간에 여성 참정권 운동을 주지시키기 위한 프로파간다 전략이었다. 간부들은 이 여성들이 품은 분노와 불만이 폭주하여 제어할 수 없게 될까 두려워했다. 에밀리가 젊은 서프러제트들에게 미친 영향력이 이들을 불안하게 한 것이다.

에밀리의 입장에서도 이제 WSPU가 정한 엄격한 가이드라인으로는 미적지근한 느낌이 들었다. 본래부터 한 마리 외로운 늑대였던 에밀리는 간부들이 좋아하는 상명하복 방식의 운영이 점점 답답하게 느껴졌고, 이런 식으로는 목적을 달성할 수 없다고 생각했다.

세상은 '날뛰는 여자들'을 두려워했다. 특히 기득권층은 역사상 한 번도 본 적 없는 여성들의 반역이 대영제국의 존속을 위협하는 상황을 심각하게 우려했다. 경찰 당국은 서프러제트를 항상 감시했으며 그들의 신원을 확인하기 위해 최첨단 촬영 기술을 사용했다. 영국에서 망원렌즈를 사용해 감시한 최초의 테러 조직은 바로 서프러제트였다.

지금도 많은 사람들이 서프러제트의 무장 투쟁을 테러리즘이라 부를 테고, 에밀리와 그 동료들도 폭탄과 방화 등의 작전을 스스로 테러라 불렀다. 하지만 그들이 아무리 세상을 뒤흔든다 해도 사람들의 반감을 사고 미움을 받을 뿐 운동은 조금도 진전되지 않는다는 것을 에밀리는 냉정하게 인식했다.

'매드 에밀리'로 존재하는 것만으로는 안 된다. 여성의 권리를 얻어내기 위해서는 더 본질적이고 궁극적인 방법으로 사람들에게 호소해야 한다.

WSPU에게서 관계를 부정당한 뒤 1912년이 되자마자 에밀리는 마치 봇물이 터진 듯 무력 투쟁을 연달아 펼쳐나갔다. 그리고 2월에는 일곱 번째 과업을 달성하기 위해 홀러웨이 교도소에 들어간다.

처음 3주 동안 에밀리는 교도소 안의 유일한 서프러제트였다. 그래서 집중적으로 강제 음식 주입을 당했다. 보통 강제 음식 주입은 단식 투쟁을 하는 서프러제트에게 행하는 것이었고, 에밀리는 또다시 그 고통을 맛보고 싶지 않았다. 그래서 어떻게든 교도소에서 주는 음식을 먹어보려고 했지만, 육체적으로도 정신적으로도 쇠약해져 식욕이 없었고 아무리 노력해도 먹을 수가 없었다. 에밀리는 나중에 수기에서 "이 시기에 8일간 15회 강제 음식 주입을 당했다"라고 밝혔다.

6월이 될 즈음 에밀리는 교도소에 들어온 서프러제트들

과 함께 단식 투쟁을 했다. 동료들과의 공동 투쟁 정신을 보이기 위해서는 그럴 수밖에 없었을 것이다. 강제 음식 주입 중에 일부러 의사의 손에 토하거나 튜브 때문에 숨을 쉴 수 없는 척을 해서 의사를 곤란하게 하는 등 반항적인 태도를 취했지만 에밀리의 몸은 만신창이가 되어 점점 쇠약해졌다.

연속 강간이라 불러도 좋을 만큼 끔찍한 강제 음식 주입과 고독한 수감 생활로 서프러제트는 모두 육체적으로도 정신적으로도 궁지에 몰렸다. 우울증에 걸리거나 그 밖의 다른 정신 건강상의 질환에 노출되었다. 강제 음식 주입의 고통에 울부짖으며 점차 정신적으로 파괴되어가는 동료들의 목소리를 들으며 에밀리는 뭔가 대단한 일이 일어나지 않는 한 이 상황을 바꿀 수 없으리라 확신하게 된다. 이제까지와는 다른 무엇인가를 하지 않으면 동료들을 고통스럽게 하는 이 고문은 끝나지 않으리라.

어느 토요일 아침, 언제나처럼 강제 음식 주입을 당하고 침대에 내동댕이쳐진 에밀리는 멍하니 천장을 올려다보았다. 분노로 온몸이 불타오르는 듯했다. 에밀리는 맹렬한 기세로 일어나 독방의 유리창을 두들겨 깨뜨리고는 또다시 비틀비틀 침대 위로 쓰러졌다. 잠시 몸을 뉘었다가 다시 한번 일어나 갑자기 복도로 뛰쳐나가서는 계단 난간을 꽉 붙잡고 그 위로 올라가 아래로 뛰어내렸다.

내 머릿속에 떠오른 것은 '하나의 커다란 비극이 다른 사람들의 목숨을 구할 수 있을지도 모른다'는 생각이었다. 하지만 안전망이 있었기 때문에 큰 부상은 입지 않았다.

에밀리의 집요함이랄까, 우직함이랄까. 에밀리는 여기서 포기하지 않았다. 호각을 불며 걱정스러운 얼굴로 달려온 여성 교도관들이 에밀리를 안전망에서 꺼내 독방으로 돌려보내려 했지만 에밀리는 말을 듣지 않았다. 교도소의 여성 감독자가 재소자들을 방문하러 오는 바람에 교도관들이 그쪽에 신경 쓰는 사이에 에밀리는 계단을 올라가 다시 제일 높은 곳에서 뛰어내렸다. 이번에는 망이 아니라 10미터 정도 아래 철로 된 계단 부분을 목표로 뛰어내렸다. 하지만 역시 철사로 만들어진 망에 걸리고 말았다.

다시 한번 여성 교도관이 뛰어와 동료들을 큰 소리로 불렀다. 지금이 기회다. 에밀리는 직감했다. 그는 혼신의 힘을 다해 안전망에서 몸을 빼냈다. 이번에는 머리부터 거꾸로 아래를 향해 뛰어내렸다. 그렇게 3미터 정도 낙하했다. 바닥에 머리를 세게 부딪친 에밀리는 정신을 잃었다. 의식이 돌아왔을 때는 이 세상 것이라고는 생각할 수 없을 정도로 큰 아픔이 덮쳐와 몸을 움직일 수 없었다. 머리에 두 군데, 경추, 척추 하부, 오른쪽 견갑골, 선골에 부상을 입었으며 팔과 등 몇 군데에 타박상을 입었다.

어찌하여 그렇게 필사적으로 죽고 싶어 하는 걸까? '필사적으로 죽고 싶어 한다'라는 말은 이상한 표현이지만, 죽음을 향한 이 불굴의 도전에서는 일종의 투지마저 느껴진다.

에밀리가 정신적으로 망가져 죽음에 집착했다는 설도 있다. 다른 한편으로 에밀리는 철사로 만들어진 안전망이 있다는 걸 잘 알고 있었기 때문에 선정적인 자살 미수를 연기했다는 설도 있다. 실제로 영국에서 가장 많이 회자되는 서프러제트라고 해도 좋을 에밀리 데이비슨의 죽음에 관해서는 지금도 의견이 두 갈래로 갈라져 있다.

에밀리에게 과연 죽을 마음이 있었는지에 관해서 말이다. 그것은 본인밖에는 알 수 없는 일이지만, 아마도 에밀리에게는 무슨 일이든 벌여서 상황을 돌파하려는 시도가 삶의 전부가 되어버린 것 아닐까? 에밀리는 옥스퍼드에서 공부하고 우수한 성적을 받았음에도 여성이라는 이유로 졸업학위를 인정받지 못했다. 5년 동안 세상 사람들에게 악마 취급을 받으면서 몸을 바쳐 싸웠지만 여성 참정권 운동은 진전되지 않았다. 그저 죄인으로 수감되어 고문이나 다름없는 강제 음식 주입을 당하고, 몸과 마음이 극한까지 고통받을 뿐이었다. 아무리 원해도, 아무리 외쳐도 여자는 언제까지나 2급 시민일 수밖에 없었다.

누군가가 이 상황을 돌파하지 않으면 안 된다.

돌파한 다음에야 내가 원하는 삶이 있다.

돌파만 할 수 있다면 그 앞으로 펼쳐지는 신세계에 자기가 있든 없든 에밀리에게는 상관없었던 것 아닐까? 만약 자기가 그곳에 없더라도 거기에는 다른 여자들이 있을 것이고, 그들은 지금과 다른 인생을 살 것이기 때문이다.

출소한 뒤 에밀리는 이때의 체험에 관해 쓴 원고를 『더 서프러제트』에 보냈지만, 이 글은 에밀리가 세상을 뜰 때까지 게재되지 않았다. 에멀린 팽크허스트와 그 딸들이 게재를 바라지 않았기 때문이리라. 그들은 불필요할 정도로 과격한 저항의 기록을 다른 서프러제트에게 읽히고 싶지 않았을 것이다. 팽크허스트 모녀는 에밀리가 세상을 뜬 후에는 그를 순교자처럼 떠받들었지만, 살아 있는 동안에는 미친개처럼 위험한 인물로 간주했다.

말하자면 에밀리는 서프러제트 사이에서 왕따였던 셈이다. 에밀리는 법의 멍에에도 갇혀 있지 않았으며, 여성 운동 조직에서도 이탈하여 자율적으로 행동했다. 이 점에서는 그를 단순히 서프러제트라고 부르는 것은 적절하지 않다고 본다.

에밀리는 국가에도, 가정에도, WSPU에도, 자기 이외의 누구에게도 소속되지 않은 그저 자기 자신인 여성이자 아나키스트였다.

여자와 남자가 아나키스트적인 연애를 하자고 하면, 어떻게 될까? 누구의 지배도 받지 않고 누구에게도 종속되지 않으며 완전히 자기 자신이라는 것이 연애가 한창일 때도 가능할까?

애초에 연애라는 것이 상대가 좋고, 좋았기 때문에 그 상대도 나를 좋아하게 하려는 "아아, 이런 것을 하면 기뻐해줄지도" "상대는 내게 이런 것을 기대하고 있을 게 틀림없어 (그러니까 해주자)" 따위의 말을 하면서, 시쳇말로 하자면 서로 눈치를 보고 알아서 해주는 작전을 포함한다고나 할까. 인간이 이토록 자신의 상상력과 지적인 능력을 끌어모아 누군가를 기쁘게 하려는 일은 달리 생각나지 않을 정도다.

반대로 상대를 힘들게 하거나 격정을 다 드러내고 부딪치면서 불타오르는 연애도 있을 것이다. 하지만 인간이란 존재는 그런 때에도 본능적으로 상대에게 혼란을 주었을 때 얻는 어떤 효과를 바라기 때문에, 이는 비틀린 형태의 눈치

작전이라고 할까? 이것도 누군가의 애정을 얻기 위해 행한다는 점에서 앞의 눈치작전과 다를 바 없다.

하지만 '절대 자연아' 후미코는 이런 눈치의 캐치볼(사랑의 '밀당'이라고 해도 좋겠다)을 처음부터 포기하고 중화요릿집에서 박열에게 거침없이 구애했다. 또 박열과 동거를 시작하면서 공동생활을 위한 3개 조항을 작성해 주저 없이 들이밀었다.

제1조는 "동지로서 동거할 것". 제2조는 "내가 여성이라는 관념을 제거할 것". 제3조는 "한쪽이 사상적으로 타락하여 권력자와 악수하게 되는 경우, 즉시 공동생활을 해소할 것", 즉 "둘은 이념을 위한 운동에 협력한다"는 것이었다(제4회 피고인 신문 조서).

후미코와 박열은 도쿄부 에바라군 세타가야 이케지리(현재의 도쿄도 세타가야구 이케지리 부근—옮긴이)의 나막신 가게 2층에서 함께 살기 시작했다. 이 방에서 둘과 함께 살았던 적이 있다는 육홍균은 당시 그들의 모습에 관해 이렇게 증언했다.

그런데 말이야, 가네코 후미코라는 사람은 같이 혼숙을 해도 전혀 여자 같지 않은 사람이었어. 나는 그 부부와 한동안 같이

살아서 잘 알아. 내가 아는 한 그 부부는 다른 부부들처럼 잠
자리에서 정담을 나누거나 하지 않았어. 실로 깔끔하고 무관
심한 사이었어. 그래서 같이 잠을 잘 수 있었다고 생각해. 적
어도 박열은 크게 반하지 않은 듯했어. 무엇보다 후미코 씨의
요리는 그런 맛없는 걸 잘도 만드네, 싶을 정도로 천재적으로
솜씨가 없었거든.[30]

이를 들은 세토우치 자쿠초瀨戶內寂聽(이는 훗날의 법명이자
필명, 당시 사용하던 본명은 세토우치 하루미瀨戶內晴美)가 "후미코
에게 자서전 원고를 부탁받은 구리하라 가즈오栗原一男의 말
에 의하면 후미코가 니야마 하쓰요보다 매력적이었대요"
하고 반론을 하자, 육홍균은 재차 후미코는 청소도 안 하고,
요리도 재봉도 못해서 장점이 없었다고 대답했다. 이 '장점'
이란 인간으로서 아름다운 부분이 아니라 여성에게 한정된,
이른바 여성의 매력의 일부를 형성한다고 간주되는 부분으
로 연애라는 눈치 게임에서 여자에게 좋은 패가 될 수 있다.
하지만 후미코는 그 패를 사용하지 않았다.

뒤에 옥중에서 쓴 원제「나의 선언으로서」라는 수취인 불
명, 날짜 불명의 편지('모씨에게의 통신'이라고 되어 있음)[31] 가
운데 모씨라고 불리던 남자가 "당신은 여자잖아. 사바세계

에 있던 때의 작은 추억으로나마 사바세계의 것이 옥중에서 사용된다면 좋은 추억이 될 듯하여……"라며 옥중에 모포와 이불을 차입하려 했을 때, 후미코는 크게 분노했다. 여자이기 때문에 부당하게 얕보는 것도 싫지만 여자라서 특별대우를 받는 것도 싫다. 이는 동전의 앞면과 뒷면이며 불평등에 지나지 않는다고 생각했기 때문이다.

> 나는 인간으로서 행위하고 생활해왔다고 생각한다. 그리고 내가 인간이라는 것을 바탕으로 많은 동료들과의 교섭도 성립했으리라. 또 당신들도 나를 한 개인의 자격으로 보았을 것이다. 그렇게 보아야만 비로소 진실한 동지가 되지 않았던가. 즉 평등관平等觀 위에 성립한 결속만이 참으로 자유로운 인격적인 결속이 아니었던가.[32]

후미코가 이토록 평등을 고집했던 이유는 사람과 사람의 관계는 곧장 예속 관계가 되어버린다는 것을 알았기 때문이며, 이는 가족이든 연인이든 친구든 어떤 인간관계에도 다 해당된다는 것을 유년 시절부터 지금까지 경험으로 숙지하고 있었기 때문이다.

어머니는 주인主人(가구주라는 뜻으로 남편을 이를 때 쓰는 말—옮긴이)이 없으면 살아갈 수가 없어 몇 번이고 사람을 바꿔가며 스스로 예속되고 재혼을 반복하며 나이를 먹었다. 세상 물정에 밝던 이모도 언제부터인가 불륜 상대였던 형부의 노예가 되었고, 아버지에게 맞으면서 공부하는 남동생도 자신이 아버지의 노예라는 것에 어떤 의문도 느끼지 않았다. 이러한 가족의 모습에 진절머리가 났던 후미코는 인간이 함께 살아가는 것은 위험한 일임을 알았다. 그리하여 누구도 섬기지 않으며, 누구의 마음에 들기 위해 눈치를 보지도 않을 것임을 선언한 것이다.

주인이 시키면 해야 하잖아. 밑에 있는 사람은 어쩔 수가 없잖아. 언제든 가장 밑에 있는 사람은 불쌍한 피해자니까. 이렇게 해서는 아무리 세월이 흘러도 예속은 끝나지 않는다. 알아서 기는 것이 범죄는 아니지만 예속 제도를 강화하는 데는 가담하는 것이다.

시켜도 하지 말라고. 기대를 해도 배신하란 말이야. 예속의 사슬을 참으로 끊을 수 있는 사람은 주인이 아니야. 노예

뿐이라고.

입으로는 불평등은 발칙하다, 차별하면 안 된다 하면서도 집 안에는 운동을 들이고 싶지 않다며 아무렇지도 않게 파트너와 아내에게 '여자의 장점'을 구하는 남성은 지금도 많다. 하지만 후미코는 현실 생활과 그 사람의 됨됨이가 드러나는 사상만을 믿었다. 운동은 운동, 가정은 가정. 이런 식으로 책상 위의 이상과 땅바닥을 분리하니까 아무리 애를 써도 사회는 변하지 않는다. 예속 시스템은 발밑의 가정에서 시작되는 것이다.

후미코는 박열과 자신의 관계에 관해 옥중에서 다음과 같이 썼다.

> 과연, P[박열]와 나의 관계는 동지로서의 뜻 이외의 교섭도 있었다. 하지만 그것은 다른 일이 아니다.
> 지금의 나, 지금의 입장에서 나는 P의 동지이며 P는 나의 동지다.[34]

우리는 섹스를 하는 남녀 관계였지만 그것이 우선이었던 적은 없다. 어디까지나 동지이며, 우리의 로맨스에 예속 관계는 없었다고 후미코는 주장한 것이리라.

그렇다면 박열은 어떤 마음으로 후미코가 내민 동거 3개 조항을 받아들였을까? 가정(땅바닥)과 이상(책상)의 분리를 달가워하지 않는 여자 따위 보통의 남자에게는 귀찮게 여겨졌으리라. 옛 친구 중 하나가 박열이 후미코에게 그다지 반한 것 같지 않다는 인상을 받았던 것처럼, 후미코의 자서전에도 "별로 자기 이야기를 하지 않는 남자", "그가 한 말은 단편적인 것뿐"이라고 쓰여 있으며 연애하는 남자라기보다는 무뚝뚝한 사람이었던 것 같다.

박열은 1902년에 조선의 경상북도 문경군에서 태어났다. 집안은 원래 양반 계급이었으나 박열의 세대에는 몰락하여 소작 경영을 하는 농가가 되었다. 그럼에도 박열의 유년 시절에는 아직 유복했기 때문에 그는 일곱 살부터 아홉 살까지 서당에 다녔다. 열 살 때는 공립보통소학교에 들어갔고, 이후 관립경성고등보통학교(4년제 중학교) 사범과를 관비 입학했다. 관비 입학은 선발된 사람에게만 허락되었으니 우수한 학생이었으리라.

중학교 때 박열은 교육에 대해 여러 가지 의문을 품게 되었다. 먼저, 교육을 통한 우민화 정책에 대해서였다. 박열이 다니던 학교는 교육 수준이 일본인이 다니는 중학교보다 훨씬 낮았으며 영어 수업은 금지되어 있었다. 영어 강의록을 읽는 것조차 허락되지 않았다. 중요 과목은 일본어였고, 일본과 조선은 같은 나라이므로 일본의 천황을 숭상하라고 가르쳤다. 박열은 차별적인 교육과 그 이면의 정책이 교묘히 연결된다는 것을 이해하면서 일본의 조선 지배를 증오하게 되었다. 그리고 조선 민족은 기필코 독립해야 한다고 굳게 믿었다. 이 학교에서 그는 일본인 교사에게서 고토쿠 슈스이의 이야기를 듣고 감명을 받은 적도 있었던 모양이다.

그리고 그가 그 학교에 재학 중일 때 3·1운동이 일어났다. 박열도 친구들과 함께 3·1운동에 참가하여 격문을 써서 뿌리고 다녔다. 그는 체포되지 않았지만 많은 친구들이 일본의 관헌에게 체포되어 가혹한 고문을 받았다. 뒤에 신문 조서에서 그는 친구에게 들은 이야기라며 "3월 1일의 소동 사건이 일어났을 때 잡혀갔던 친구에 따르면 경찰이 혐의자를 거꾸로 매달아 코에 증기를 넣고 혀를 자르고 전기 고문을 하고……"라고 처참한 고문에 관해 진술했다.[35]

3·1운동 참가자에 대한 탄압과 수색은 점점 더 심해졌다. 식민지에 머물러 있어도 운신이 힘들어 더 이상 독립운동을 할 수 없었기 때문에 그럴 바에는 차라리 일본으로 건너가

는 편이 낫지 않겠나, 박열은 이렇게 생각하게 된다. 그는 같은 해 10월 학교를 중퇴하고 현해탄을 건너 일본으로 왔다. 신기하게도 후미코가 조선에서 일본으로 돌아온 것도 같은 해였다.

조선을 떠나올 즈음의 박열은 이미 단순한 민족독립주의자가 아니었던 것 같다. "서로 다른 인종 간에는 물론 같은 인종의 사람들 간에도 절대적으로 자유롭고 평등해야 한다"는 사회주의 사상을 품고 있었다.[36] 하지만 박열은 러시아의 모습을 보고 사회주의와 공산주의에 환멸을 느꼈고, 자기가 찾던 것을 무정부주의에서 발견했다. 그리고 최종적으로 허무주의에 경도된 이유를 일본 사회 운동 내부의 추악함이었다고 솔직히 말했다.

동지를 배신하고 변절하는 일이 자주 있었다. 이들 운동가는 많은 경우 부르주아의 생활을 공격하면서 뒤로는 사치스러운 생활을 하며, 이론만 중시하고 자신의 주장을 생활에서 실천하려 하지 않는다.[37]

여성 운동가가 후미코의 기모노를 멋대로 전당포에 맡기고는 찾아오지 않아 영영 잃어버렸을 때 후미코가 느낀 환멸을 박열도 도쿄에 사는 동안 느꼈던 것이다. 땅바닥과 책상 위를 분리하지 말라는 후미코의 신념은 박열의 신념이기도 했다.

그렇다면 둘의 관계 역시 이들의 사상과 무관하게 존재하지는 않았을 것이다. 예속 없는 로맨스. 그것은 어떤 의미에서는 달콤한 정담을 속삭이는 연애보다 훨씬 더 로맨틱한, 높디높은 이상이다.

"실로 담백하고 무관심해 보였다"는 후미코와 박열의 관계는 성적인 로맨스가 아니라 **이상적인 로망**으로, 머리와 마음의 더 깊은 곳에서 이어질 것이었다.

높이 솟아오르는 로맨틱한 사상은 현실이 되지 않는다.

하지만 역사에는 목숨을 걸고 이를 실현하려는 무모한 사람들이 종종 등장한다. 바로 그들이 1916년의 부활절 봉기를 일으켰다.

봉기에 참가한 사람들이 품은 사상은 아일랜드 민족이 부당하게 빼앗긴 주권을 되찾고, 지금과는 다른 대안적인 사회를 건설할 권리를 쟁취하는 것이었다. 부활절 봉기의 주모자들이 목표로 삼았던 것은 단지 민족의 독립만이 아니었다. 그들은 영국 통치 아래의 아일랜드와는 다른 평등하고 진보적인 사회를 실현하기를 바랐다.

부활절 봉기 첫날, 봉기군은 더블린 시내 중심부에 있는 중앙 우편국을 점거하고 사령 본부로 삼았다. 유서 깊은 건축물인 우편국 지붕에는 녹색, 흰색, 주황색 삼색의 아일랜드 국기와 '아일랜드공화국'이라는 로고가 들어간 녹색 깃발이 걸렸다. 공화국 임시정부 대통령인 패트릭 피어스가 우편국 바깥으로 나가 그 유명한 공화국 선언을 했다.

> 아일랜드공화국 임시정부가 아일랜드 국민에게 선포함.
> 아일랜드 남성들과 아일랜드 여성들이여: 하느님의 이름과
> 민족 정통성의 오랜 전통을 물려받은 선조들의 이름으로, 아
> 일랜드는 우리를 통하여 후손들을 깃발 아래로 부르고 조국의
> 자유를 위하여 싸운다.[38]

이렇게 시작하는 공화국 선언은 기회 균등과 평등의 개념
에서 시대를 앞서 나갔다.

> 공화국은 모든 시민에게 종교의 자유와 시민적 자유, 평등한
> 권리와 평등한 기회를 보장한다. …… 국가의 모든 어린이를
> 평등하게 여기며, 과거 외래 정부가 다수에서 소수를 분리
> 해내며 치밀하게 조성해온 차별을 완벽하게 잊을 수 있도록,
> 국가 전체와 그 안의 모든 지역이 행복과 번영을 추구하기로
> 선언한다.
> 우리가 무장 투쟁을 전개한 결과로 아일랜드의 모든 남녀가
> 참정권을 가지고 선출한 전 인민의 대표들이 항구적인 국가를
> 수립하는 적절한 시기가 될 때까지 임시정부가 인민의 신의를

영국의 서프러제트가 여성 참정권을 얻기 위해 싸우던 시대에 아일랜드공화국 임시정부는 모든 성인 남녀의 참정권을 약속했다. 같은 민족(독립을 거부하고 영국에 남은 북아일랜드를 말한다—옮긴이)이면서 영국 정부에 의해 교묘하게 분단 통치된 역사를 넘어서겠다고도 선언했다. 이는 오늘날 EU 이탈 여부를 두고 또다시 부상한 북아일랜드의 국경 문제를 생각하면 실로 심오하다 하겠다.

봉기군은 면밀하게 '소수 대 압도적 다수'의 시가전 전략을 짰다. 제이콥스 비스킷 공장, 볼랜드 베이커리 공장, 하코트 스트리트 역, 더 포 코트The Four Courts(아일랜드 최고 법정) 등 점거해야 할 거점을 주의 깊게 선정하고, 적은 수의 병사로도 영국군의 공격에 대항할 수 있도록 계획을 세웠다.

예를 들어 역을 점거하면 영국군이 더블린에 집결할 때 공격할 수 있다. 봉기군은 더블린을 고립시키는 작전을 고안하여 전신선telegraph line과 전화선을 사전에 끊어놓도록 했다. 하지만 오언 맥닐의 갑작스러운 봉기 중지 명령 탓에 의용군 병사의 수가 3분의 1로 줄었기 때문에 작전을 완벽하게 실행하는 것은 불가능했다. 이 일은 원래부터 의용군 담당이라 그들만 맞춤 훈련을 받아 준비해왔던 것이다.

마담, 즉 마키에비치 백작 부인과 마거릿 스키니더는 아일랜드 시민군의 마이클 말린Michael Mallin이 이끄는 약 100명의 분대에 합류하여 시내 중심지에 있는 세인트 스티븐 그린 공원을 점거하는 그룹에 배치되었다. 그들은 그곳에 참호를 파고 공원을 가로지르는 차와 트럭을 강제로 세워 빼앗은 차량으로 바리케이드를 쌓았다.

마거릿이 맡은 역할은 전령이었다. 세인트 스티븐 그린 공원과 사령 본부인 중앙 우편국 사이를 자전거로 왔다 갔다 하면서 정보를 전달하는 일이었다. 처음 중앙 우편국에 배치되었을 때, 마거릿은 피어스가 공화국 선언을 읽는 모습을 보았다. 그러나 곧 영국군 부대가 도착했기 때문에 피어스와 다른 사람들은 건물 안으로 들어갔고, 모였던 청중도 해산했다.

봉기군은 건물 안에서 총격을 시작했고, 마거릿은 영국군 병사들이 말에서 차례로 떨어지는 모습을 보았다. 그 뒤에도 자전거로 그들의 시체 곁을 몇 번이나 지나갔다. 마거릿은 사람보다도 말이 쓰러져 죽은 모습이 안타까워 그 눈을 똑바로 쳐다볼 수 없었다고 썼다.

세인트 스티븐 그린 공원에 배치된 여성들은 부상당한 병사들에게 응급 처치를 할 수 있는 장소를 마련해 바쁘게 일했다. 부활절 봉기에는 많은 여성이 참가했는데, 그들이 맡은 역할은 부상자를 응급 처치하는 일이었다. 신사적인 지휘관들은 여성에게 위험한 전투를 시킬 수는 없다고 생각했다.

하지만 마담은 달랐다. 녹색 아일랜드 군복을 입고 날개 달린 검은 모자를 쓴 마담은 세인트 스티븐 그린 공원에 있는 부대의 부사령관이었다. 시민군 지도자 가운데 한 사람이었으며, 의용군의 상관 대리 역할도 겸하고 있었다.

자전거를 타고 중앙 우편국에서 돌아왔을 때, 마거릿은 세인트 스티븐 그린 공원에서 뛰어나온 마담과 병사 하나가 거리를 행진해 오던 영국군 소대에 총을 쏴서 두 사람을 사살하는 현장을 보았다. 영국군 병사들은 응전하기는커녕 뿔뿔이 흩어져 도망갔다고 한다. 그들도 설마 여자가 아무렇지도 않은 얼굴로 자신들을 향해 총을 쏠 줄은 몰랐으리라.

마담은 이날 아침 시민군의 존 코널리John Connolly가 이끄는 파견대에 합류하여 더블린 성 입성을 시도했다. 아일랜드공화국 깃발을 지붕에 걸려고 했지만 남아 있던 영국군과 총격전이 벌어져 코널리가 사살되고 말았고 그는 봉기군 최초의 전사자가 되었다(존 코널리는 배우로도 활약한 청년으로, 제임스 코널리가 부활절 봉기 결행의 암호로 쓴 희곡 「어느 깃발 아래에?」를 무대에 올렸을 때 주인공을 연기했다).

더블린 성에서 세인트 스티븐 그린 공원으로 돌아온 마담은 공원 서쪽에 위치한 왕립외과의학원을 단독으로 점거했다. 공원 주위에 있는 주요 건물을 점거하는 것이 봉기군의 작전이었기 때문이다. 일껏 공원 안에 참호를 파놓아도 주변 건물의 옥상에서 영국군이 기관총으로 공격을 하면 다 소용없어지니, 주위의 높은 건물을 전부 점거해둘 필요가 있었다.

하지만 봉기군은 숫자가 적었기 때문에 첫날에 점거하지 못한 곳이 있었다. 공원을 내려다보는 위치에 있는 셸번호텔이다. 봉기 이튿날 이른 아침 4시부터 영국군이 호텔 옥상에서 기관총으로 공원을 공격하기 시작했다.

봉기군은 즉시 왕립외과의학원 안으로 피신했다. 마거릿은 원군 병사들을 데려오기 위해 자전거를 타고 나갔다가 처음으로 시가전의 공포를 체험했다. 호텔 옥상에서 영국군 병사가 마거릿을 향해 총을 발사했고, 총탄은 자전거에 맞았다. 마거릿은 필사적으로 자전거 페달을 밟아 도망쳤다. 다행히 뒷길을 찾아 원군 병사들과 함께 왕립외과의학원으로 돌아왔다.

진정으로 이들을 이끌어준 것은 더블린 시민들이었다.

"이쪽 길이 안전하니까 이쪽을 통해 가세요"라고 알려준 남성들과 "총 떨어져"라고 민가의 창문에서 소리쳐준 여성들이 있었다. 마거릿은 군복을 입고 있지는 않았지만 자기 방어를 위해 권총을 지급받았는데, 그 권총이 찢어진 상의 주머니에서 떨어지려 했던 것이다.

자전거로 시가지를 달리던 마거릿은 시민들의 심정 변화를 피부로 느꼈다. 오늘날과 같은 텔레비전이나 인터넷이 없던 시대였다. 시내의 몇몇 장소에서 일어난 봉기군과 영국군의 총격전 같은 일은 처음 하루, 이틀은 모르는 사람도 많았다. 차차 도시 곳곳에 소식이 전해지자 처음에는 봉기군이 '치안을 위협하는 테러리스트'라며 격노하는 사람들이 많았다. 그러나 가난한 사람들을 중심으로 그런 반감이 점점 반대 방향으로 굴러가기 시작했다. "어차피 다 이런 거야"라며 포기하고 살아가던 사람들의 영혼이 중요한 것을 깨닫기 시작한 듯 보였다.

봉기 사흘째인 수요일, 마거릿은 전령으로 한 번밖에 나가지 못했다. 바쁘게 움직이는 병사들을 보고 있노라니 마음이 초조했다.

왜 나는 그저 방관하고 있어야 하는가. 공화국 선언은 남녀평등을 외치고 있다. 그런데 왜 여자는 아일랜드를 위해 목숨을 걸 수 없는가.

마담에게는 그런 마거릿의 마음이 손바닥 보듯 훤히 보였다. 그래서 마담은 사령관인 마이클 말린에게 저격의 명수인 마거릿을 병사로 써줄 것을 건의해 승낙을 얻어냈다.

마담은 마거릿을 위해 자신의 것과 똑같은 녹색 군복을 만들었다. 그런데 여기서 정말 마담다웠던 면모는 자신의 군복보다 마거릿의 군복을 훨씬 좋은 직물로 만들었다는 것이다. 마담의 상냥한 마음에 마거릿은 기뻤다.

마담에게 받은 군복으로 갈아입고 왕립외과의학원 지붕 아래까지 건물을 타고 올라간 마거릿은 두 다리를 벌려 서까래를 끼고 앉았다. 주어진 임무는 총안(몸을 지키며 사격을 할 수 있도록 성벽이나 보루 등에 뚫어놓은 구멍―옮긴이)을 통해 호텔 옥상에 있는 영국군 병사를 쏘는 것이었다. 머리 위로는 적의 총탄이 지붕에 맞는 소리가 시끄럽게 들려왔다.

마거릿은 총알을 장전하고, 익숙한 손놀림으로 총을 쏘기 시작했다. 총알이 명중하여 영국군 병사가 쓰러지는 모습이 보였다. 내가 쏘는 모든 총탄이 공화국의 독립 선언이다. 마거릿은 그렇게 생각했다.

세인트 스티븐 그린 공원에 면한 두 건물 사이에서 벌어진 총격전 따위는 역사에서는 거론되지도 않을 정도로 작은 일이다. 하지만 마거릿에게는 이보다 위대한 역사적 사건은 없었다.

가난하고 작은 섬나라가 세계에 독립을 선언했다. 마거릿은 자신들의 모습이 아일랜드에 사는 모든 사람의 마음에 불을 붙였다는 사실을 알고 있었다. 텔레비전 생중계 같은 것도 없었고 트위터로 확인할 수도 없었지만 아일랜드의 모든 도시, 농촌과 어촌에서 사람들의 영혼에 그 불이 타오르기 시작했음을 확신했다.

이 불은 번져나가리라. 그리하여 결국 온 나라가 붉은 화염에 휩싸이리라. 더블린에 아일랜드공화국 깃발이 걸려 있는 날이 길면 길수록 이 불은 널리 퍼질 것이다.

마거릿은 총 쏘기를 반복했다. 불태워주지. 보다 붉게, 보다 뜨겁게, 보다 선명하게. 끊임없이 불타오르게 하리라.

마거릿은 불타오르는 **화염의 한가운데를 향하여 끝없이 총탄을** 쏘았다.

총탄, 탄환, 포탄, 폭탄.

혁명에는 타는 듯한 화염 냄새를 발산하는 이런 말들이 따라다니기 마련이다. 그런데 이 '탄彈'이라는 말에는 '대포알' 외에도 '죄를 폭로하고 책임을 묻는다', '뒤집다, 튀다'라는 의미도 있다.

마거릿은 혁명의 불을 온 땅에 퍼뜨리기 위해 쉼 없이 총탄을 쏘았지만, 도쿄의 박열은 몰래 폭탄을 입수하려다 거듭 실패했다. 박열은 '탄'으로 어떤 죄를 폭로하고 무엇을 뒤집고 싶었던 것일까?

1919년 가을 일본에 온 박열은 1920년에 조선인 학생 15~16명과 혈거단이라는 조직을 결성했다. 이들은 친일파 조선인과 일본인 차별주의자들을 처단하는 활동을 했으나 반년 만에 해산했다.

1920년부터 1921년에 걸쳐 3·1운동 뒤에 국외로 도망 나온 조선인 청년들이 다시 한번 조선으로 돌아가 일제의 경찰서 등에 폭탄 공격을 하거나, 도쿄에서 친일파 신문사 사장을 칼로 찔러 죽이거나 하는 등의 테러 사건이 일어났다.

이러한 움직임이 일던 시기에 박열은 일본에서 무정부주의자와 조선인 학생 사회주의자, 노동자로 구성된 의거단에 가입하고 1921년 11월에는 흑도회를 조직했다. 회원은 약 30명. 이 조선인 청년들의 움직임은 경찰의 철저한 감시를 받았다. 특히 박열은 가장 위험한 인물로 간주되었다.

박열이 폭탄을 입수하려는 계획을 처음 세운 것도 이즈음이었다. 그는 스기모토杉本라는 선원에게 해외에서 폭탄을 입수해달라고 의뢰했는데, 일본에서 혁명을 일으키기 위해서는 폭탄이 필요하다고 말했다고 한다.

두 번째로 폭탄을 입수하려 한 때는 다음 해 2월에서 3월경. 상하이 임시정부의 최혁진과 밀회하여 상하이에서 폭탄을 입수, 도쿄와 경성에서 사용할 계획을 세웠다. 이때가 바로 박열이 후미코를 만났을 무렵이다. 둘은 바로 동거를 시작하지만, 그 직후인 4월 12일부터 박열은 영국 황태자의 방일 예방 검속으로 16일 동안이나 요도바시 경찰서 유치장에 갇히게 된다.

항상 경찰의 감시를 당하는 운동가와 동거를 시작한 후미코는 인삼 행상 등으로 생활을 꾸려나갔다.

같은 해 7월 10일자로 후미코와 박열은 『흑도黑濤』를 창간했다. 『흑도』의 창간호와 제2호에서는 간행 취지를 이렇게 선언하고 있다.

우리에게는 아무런 고정된 주의가 없다. 인간은 일정한 틀에 갇혔을 때 타락하고 사멸한다. 마르크스와 레닌이 뭐라 하든 크로포트킨이 뭐라고 말하든, 그런 것은 우리에게는 소용없다. 우리에게는 우리로서의 존엄한 체험이 있고, 하고 싶은 말이 있으며, 방침이 있고, 또 끓어오르는 뜨거운 피가 있다.[39]

같은 해 9월 박열은 니가타현 나카쓰가와 조선인 학살 사건의 조사 결과에 관해 연설하기 위해서 서울에 갔다. 여기서 세 번째 폭탄 입수를 기획한다. 의열단의 폭탄을 나눠 받으려는 계산이었는데 이 또한 실패로 돌아갔다.

11월에는 흑도회가 분열한다. 흑도회는 사회주의자, 무정부주의자, 민족주의자 등이 모인 말하자면 잡탕 같은 단체였는데, 볼셰비키 사상에 공감하는 사람들은 북성회北星會를, 박열 등 무정부주의자들은 흑우회黑友會를 세운다. 다이쇼 시대의 아나 볼 투쟁(일반적으로 아나 볼 논쟁이라고 알려져 있다. 아나르코신디칼리즘anarcho-syndicalism, 즉 무정부조합주의파와 볼셰비즘파, 즉 레닌주의자 간에 일어난 사상적·운동적 논쟁과 대립을 말한다―옮긴이)이 후미코와 박열의 단체 안에서도 대두된 것이다.

후미코와 박열은 11월에는 흑우회의 기관지 『후테이센진太い鮮人』(뻔뻔한 조선인이라는 뜻―옮긴이)을 창간한다. 『후테이센진不逞鮮人』(불령한 조선인이라는 뜻의 차별어―옮긴이)이라는 이름을 짓고 싶었으나 경찰이 승인해주지 않았기 때문에 '不逞(후테이, 불령한)'을 '太い('굵은, 큰, 뻔뻔한'이라는 뜻으로 본래 후토이라고 발음하나 후테이라고 상스럽게 발음하기도 한다―옮긴이)'로 바꾼 것이다. 하지만 『후테이센진』에 광고를 내주는 기업이나 개인이 없었기 때문에 1923년 3월에 발행한 3호부터는 『현사회現社會』로 이름을 바꾼다. 같은 달에 후미코와 박열은 요요기 도미가야의 이층집을 빌려 이사를 하고 4월에 불령사不逞社를 세웠다.

흑우회가 있었는데도 불령사를 따로 설립한 데는 동지들이 모일 수 있는 큰 집으로 이사했으니 심기일전하자는 뜻이 있었을 것이다. 그 밖에 이미 세련된 사상을 가진 인텔리겐치아 집단이었던 흑우회보다 더 폭넓은 풀뿌리 조직을 결성하고 싶다는 마음도 있었던 모양이다. 불령사 설립 회합에서 박열은 "사회 운동은 반드시 민중적이어야 한다. 대중적으로 행동해야 한다"고 말했다.[40] 23명의 동인 모두가 20대였다. 무정부주의자가 중심이었으나 불교도나 기독교도도 있었으며, 잡다한 젊은이들의 집단이었던 것 같다.

후미코와 박열의 사랑의 둥지라기보다는 동인들이 모이는 곳이었던 새집에는 '불령사'라는 표찰이 당당하게 내걸렸다. 2층 벽에는 만화가 오가와 다케시小川武가 커다랗고 빨간 하트를 그리고 그 안에 먹으로 '반역反逆'이라고 썼으며, 책상 위의 작은 액자에도 무언가에 찔려 피를 흘리는 하트 그림이 있었다고 한다. 현대의 록 음악 라이브 공연 관객의 가죽 재킷 등에 그려져 있을 법한 그림이다. 벽에 뻔뻔하게 쓰인 '반역'이라는 글자는 밖에서도 보일 정도라 이웃에 '수상한 집'이라고 소문이 났다.

이즈음 촬영된 박열과 후미코의 사진 가운데 박열이 당시 좌익 청년들 사이에서 유행하던 루바시카rubashka(러시아 사람들이 입는 앞이 터지지 않은 상의—옮긴이)를 입고 있는 것이 있는데, 숱이 많은 머리카락을 부스스하게 띄우고 선글라스 같은 로이드 안경(둥글고 굵은 셀룰로이드 테 안경. 미국의 희극 배우 해럴드 로이드Harold Lloyd가 영화에서 쓰고 나온 데서 유래했다—옮긴이)을 낀 모습은 기타리스트 지미 헨드릭스Jimi Hendrix가 떠오를 만큼 펑키했다. 후미코의 어머니는 그즈음의 후미코에 관해 단발에 한복을 입고 남자 가방을 든 채 걸어다녔으며 전혀 여성스럽지 않았다고 증언했다. 둘은 겉모습만으로도 눈에 띄는 커플이었음이 틀림없다.

그리고 1923년 5월이 되자 박열은 불령사의 일원인 김중한에게 폭탄을 구해 오라고 의뢰한다. 네 번째 폭탄 입수 계획이었다.

조선에서 운동가를 통해 박열을 소개받은 김중한은 그에게 무정부주의를 배우기 위해 일본에 온 지 얼마 되지 않은 때였다. 박열은 자신은 우주의 존재를 부정적으로 보기 때문에 그 존재를 멸망시키는 것이 대자연에 대한 자비이며, 따라서 살인도 자비라면서 김중한에게 테러리스트가 되기를 권했지만 김중한은 당연히 거절했다. 그러자 박열은 상하이의 독립당을 통해 폭탄을 입수하고 싶으니 그 일을 도와달라고 부탁했다. 김중한도 그 정도라면 해줄 수 있다며 승낙한다. 박열은 세 살 어린 김중한에게 마음을 터놓았던 모양으로 폭탄의 목표물이나 공격 기회에 관해서도 숨김없이 이야기했다.

황태자의 성혼식이 좋겠다, 메이데이에 하자, 외국 대사관이 좋을까, 미쓰코시백화점이나 경찰서는 어떨까, 의회에서 폭탄을 던지면 멋질까 등 둘이서 나눈 대화 내용이 재판 기록에 김중한의 증언으로 남아 있는데, 솔직히 말해서 소년들이 장래 꿈에 대해서 이야기하는 느낌이랄까. 혹은 주정꾼의 몽상처럼 애매모호하여 도저히 구체적이라 할 수 없다. 박열과 후미코의 신혼집 2층 벽에 그려진 진홍색 하트와 '반역'이라는 문자처럼, 지미 헨드릭스의 옷차림을 한 박열의 '혁명 청년' 사진처럼 테러에 대한 동경이랄까, 젊은이들에게 자주 보이는 '반골 정신'에 대한 감상적인 태도가 농후하게 느껴진다.

얼마 안 있어 김중한은 후미코의 친구이자 불령사의 일원인 니야마 하쓰요와 연인 사이가 된다. 이로 인해 박열의 폭탄 입수 계획은 하쓰요에게도 새어 나갔다. 김중한과 박열의 사이가 점점 틀어지면서 하쓰요도 박열에게 악감정을 품게 되었다. 그리하여 뒤에 검찰은 대역사건을 날조할 때 하쓰요에게서 유리한 증언을 끌어낼 수 있었다.

후미코가 박열의 폭탄 입수 계획을 알게 된 것은 박열이 서울에서 폭탄을 입수할 방법을 알아냈을 때였다. 박열의 교섭 상대였던 운동가가 다른 폭탄 사건에 연루되어 검거되면서 신문에 그 사실이 보도되었을 때 후미코는 무언가 커다란 위화감 같은 것을 느꼈다고 말했다. 검거된 인물의 사진을 신문에서 본 후미코는 "나는 권력에 반역한다는 기분 좋은 상상에 현혹되었던 것 아닐까?" "나는 그 신문을 책상 위에 올려놓고 스스로를 의심하기 시작했다"고 1926년 제1회 대심원 공판에서 증언했다.[41]

후미코는 박열과 자신의 반역 사상이 미묘하게 달랐음을 냉철하게 느끼기 시작했던 것 아닐까. 박열은 후미코에게 자신은 민족주의자가 아니라고 했다. 실제로 무정부주의자를 자임하는 사람이라면 본래는 국가와 민족 같은 것은 어떻게 되든 상관없을 터이다. 최종적으로는 하나도 남김없이 다 부숴버리고 싶다, 우주 전체를 파괴하고 싶다는 바람을 박열은 다른 사람에게도 이야기한 적이 있다.

하지만 조선의 독립을 원하느냐고 물어보면, "가령 시모노세키에 가는 사람과 오사카까지 가는 사람이 있다고 할 때, 이 둘이 오사카까지는 함께 갈 수 있는 것과 같은 이치"[42]라고 대답했다. 박열 자신이 조선인이며 같은 조선인이 대일본제국이라는 지배자에게 비인도적 취급을 받는 이상, 박열의 아나키즘과 니힐리즘에는 민족주의가 섞여 들어가지 않을 수 없었던 것이다.

한편 후미코에게는 우리 민족을 커다란 악에서 해방한다는 '잘못된 것을 바로잡는 정의'라는 기반은 없었다. 그래서 후미코는 더욱 박열에게 "그를 그렇게 강하게 하는 것은 무엇일까? 나는 그것을 찾아내고 싶었다"라며 자신이 갖지 못한 무언가를 느꼈던 것 아닐까?

후미코는 '우리'가 아니었기 때문에 항상 '나'였다. 애초에 무적자로서 국가의 틀에서 벗어난 채 자랐고 집에도, 학교에도, 직장에도 제대로 소속된 적이 없었다.

'나'라는 개인은 변하기 쉽고, 기댈 곳이 없으며, 거기에 절대적인 정의 같은 것은 존재하지 않는다. 따라서 거악에 대항하는 '우리'라는 '반골 정신'을 향한 순진한 동경도 후미코에게는 미약했다. 말괄량이 같은 면이 있어 호통은 치지만, 주먹을 날리며 싸우거나 수면 위에서 물을 튀기는 박열과는 대조적으로 후미코는 혼자 깊은 물속으로 잠긴다. 잠긴 채 수면을 올려다보면서 차가워진 머리로 생각한다. 이 열광은 내가 나를 살아가는 것과 본질적으로 어떤 관계일까?

후미코가 생각하는 '나 자신의 일'은 권력 타도나 하나도 남김없이 다 부순다는 사정射精적인 혹은 오르가슴적인 순간을 얻기 위한 것이 아니었다. 아마도 죽음의 순간까지 후미코는 '나 자신의 일'과 자신을 부르는 것의 정체가 무엇인지 생각했을 것이다. 이 젊은 여성은 운동가가 아니라 철학자였다.

이런 점에서 후미코의 인생을 생각할 때, 국가와 가부장
제 안에서 철저하게 어디까지나 '나'이려 했던 후미코가 민
족이라는 '우리'의 투쟁에 말려드는 모습은 어딘가 아이러
니하다.

　　후미코의 생애를 결정지은, 그리고 식민지에서 온 박열의
피가 펄펄 끓어오르는 사건이 일상의 틈새를 찢고 지금 바
로 땅에서 분출하려 했다.

일상의 **틈새에서 분출**하는 것을 비일상이라 부른다.

에밀리 데이비슨은 이제 비일상의 틈새에서 가끔 일상이 드러나는 날들을 살고 있었다.

폭력, 방화, 체포, 재판, 투옥, 단식 투쟁, 강제 음식 주입……. 드디어 여기에 자살 미수까지 더해져 이 비일상의 순환이 한 바퀴, 두 바퀴 도는 사이에 짧지만 온화한 자기 자신의 일상이 끼어 있었다.

홀러웨이 교도소 내부에서 투신자살을 기도해 전신에 부상을 입은 에밀리는 출소 후 노섬벌랜드 주에 있는 어머니 집에서 요양을 했다. 처음에는 친구 집에서 신세를 졌으나 행동이 너무 과격하다는 이유로 WSPU 사무소에서 해고를 당하고, 팽크허스트 모녀에게는 냉대를 받았다. 자립할 수 있는 경제력도 없었지만 언제까지고 친구 집에서 신세를 질 수는 없었다.

에밀리는 어머니에게 서프러제트 활동에 관해 이야기하

지 않았다. 그것은 두 사람 사이의 암묵적인 규칙이었다. 어머니가 여성 참정권 운동에 반대했기 때문은 아니었다. 그저 어머니는 집에 돌아올 때마다 몸은 야위고 상처투성이인 딸에게서 생명을 갉아먹는 교도소에 관한 일이나 무력 투쟁파의 계획 따위는 듣고 싶지 않았다. 에밀리가 어머니 집에 머무르는 동안은 휴양 기간이며, 운동 이야기는 하지 않는다는 것이 함께 살기 위한 모녀간의 규칙이었다.

의사는 에밀리가 아무리 튼튼한 몸을 가졌다 해도 이런 생활을 오래 견딜 수는 없을 거라고 경고했다. 특히 홀러웨이에서 벌인 자살 미수 소동 이후로는 회복된 뒤에도 목과 어깨에 통증이 가신 적이 없었다.

그러나 조금이라도 몸 상태가 좋아지면 WSPU의 풀뿌리 활동가들 앞에서 강연을 하거나 집필 활동을 하는 등 에밀리는 잠시도 가만히 있지 않았다. 무언가를 쓰거나 이야기하는 것은 에밀리에게 치료 요법 같은 것이었다.

에밀리는 지방 신문뿐만 아니라 캐나다의 신문에도 편지를 기고하여 여성의 가사 노동에 임금을 주어야 한다고 주장했다. 특히 당시의 노동자 계급 가정의 여성 문제에 관해 여러 차례 이야기했다. 또 에밀리는 이 시대에 남녀 동일 임금의 실현은 당연한 일이며, 기혼 여성과 기혼 남성의 고용

대우가 동일하지 않은 것은 공정하지 않다고 주장했다.

에밀리는 무력 투쟁 신봉자이자 과격파로 유명했지만, 다른 한편으로는 평화적으로 여성 참정권을 요구하는 서프러지스트suffragist(1860년대에 등장한 영국의 여성 참정권 운동가들. 방화, 단식, 폭력 등 과격한 투쟁을 하던 서프러제트와 달리 집회나 서명 등을 통한 온건한 운동을 펼쳤다—옮긴이) 운동 또한 부정하지 않았다. 무력 투쟁과 평화적인 방법 양쪽 모두 서로에게 없는 부분을 보완하면서 앞으로 나아가는 것이 최선이라고 에밀리는 생각했던 것 같다. WSPU 관계자 가운데 가장 사납고 위험한 직접행동주의자라 여겨지던 에밀리가 실은 다른 방식의 운동도 인정하고 있었다는 사실은 특별히 강조할 만하다. 자신이 다른 방법론을 부정하지 않았던 만큼 다른 사람이 자신의 방식을 무턱대고 부정하면 에밀리는 마치 타오르는 불처럼 응전했다.

어떤 여성이 『뉴캐슬 크로니클』에 보낸 "무력 투쟁파 서프러제트 때문에 내가 여성 참정권 운동을 지지한다고 말하기 어려운 세상이 되었다"는 편지가 게재되었을 때도 에밀리는 "무력 투쟁은 개인의 희생 위에 성립한다"라는 항의 편지를 썼다. 언론이 무력 투쟁을 선정적으로 보도하는 바람에 서프러제트는 사생활이 현저히 위축되는 희생을 치르며 싸운다는 반론이었다. 에밀리의 삶도 그랬다. 이제는 '저항'과 '교도소'밖에 남지 않은 삶.

독신으로 살면서 출산도 하지 않았던 에밀리의 생애에는 남성과 로맨스를 나눈 흔적이 전혀 없다. 신앙심이 두터운 기독교인이었기 때문이라고도 하고, 무성애자였다거나 동성애자였다는 설도 있다. 서프러제트의 동지애에 동성애적 요소가 있었다는 것은 당시에도 지금도 많이 언급되지만, 목숨을 걸고 같은 목적을 위해 일하는 동료들이 강한 감정으로 연결되는 것은 이상한 일이 아니다.

그것이 육체적인 관계로까지 발전했는지는 제쳐두고도 WSPU의 무력 투쟁파로 알려진 메리 리Mary Leigh와 에밀리 사이에도 특별한 유대감이 생겨났다. 에밀리보다 여덟 살 어린 메리는 이미 결혼을 했고, 결혼 전에는 학교에서 교편을 잡기도 했다.

서프러제트의 방화 공격은 에밀리가 시작했지만, 메리도 애스퀴스 총리가 아일랜드 더블린의 한 극장을 방문했을 때 커튼에 불을 붙여서 사람들을 공황 상태에 빠뜨렸다. 이 사건이 크게 보도되는 바람에 WSPU는 메리의 행위를 좋게 보지 않았다. 하지만 메리는 팽크허스트 모녀의 조직을 떠나지 않고 WSPU에 남았다.

에밀리가 메리의 죄를 대신해 교도소에 수감된 적이 있다는 설도 있다. 1912년 11월, 로이드 조지 재무장관과 많이 닮은 목사가 애버딘 역에서 한 여성에게 채찍질을 당하는 사건이 있었다. 이 여성은 목사를 로이드 조지 장관이라 완전히 착각하고, 그에게 달려들어 개 훈련용 채찍으로 마구 때렸다. 경찰은 '메리 브라운'이라는 이름을 댄 이 여성이 에밀리였다고 단정했기 때문에 이 사건은 재판소에서 유죄 판결을 받았지만, 에밀리의 전기를 쓴 복수의 저자가 이 일은 메리 리가 한 짓이었으리라 추측했다.

에밀리는 방화와 폭탄 공격은 주저하지 않았지만, 신경질적으로 통행인을 습격하는 성격은 아니었기 때문이다. 장관에게 채찍으로 벌을 주는 무용담은 몹시 에밀리답다는 연구자도 있어서 실상은 알 수 없지만, 에밀리는 이 사건으로 다시 교도소에 수감되었다가 단식 투쟁으로 4일 뒤 석방되었다.

1913년 2월에는 서리 주에 있는 로이드 조지 재무장관의 별장에서 폭발 사건이 일어났다. 저택의 반이 건축 중이었는데, 폭탄이 설치되었을 때는 아무도 없었다. 실비아 팽크허스트는 1931년에 쓴 회고록에서 이 폭탄을 설치한 사람이 에밀리였다고 썼지만 진위는 알 수 없다.

이처럼 언론을 떠들썩하게 한 사건 하나하나에 다 에밀

리가 관여했다고는 하나 실제로 에밀리가 열중한 것은 구직 활동이었다. 일자리가 없어 돈이 궁했기 때문이다. 1913년 봄 에밀리는 『맨체스터 가디언』을 비롯해 복수의 신문사와 출판사를 상대로 구직 활동을 했다. 하지만 어디에도 고용되지 못한 채 고독한 집필을 이어갔다.

에밀리가 마지막으로 쓴 글이라고 알려진, 같은 해 5월 8일 『데일리 스케치』에 게재된 기사에는 다음과 같은 내용이 있다.

참된 서프러제트란 자신의 영혼을 가지려 하는 여성의 결의를 체현하는 자다.

신의 말씀은 영원토록 진실이다.

"사람이 혹 온 세상을 손에 넣을 수는 있어도 자신의 영혼을 잃는다면 무슨 이득이 있을까?"

이 이념을 실현하기 위해 가장 진보적인 페미니스트들은 오늘 모든 희생을 지불하고서라도 철저하게 저항하는 데 이르렀다.[43]

이 글은 에밀리의 신념 그 자체다. 만약 부와 행복과 건강을 손에 넣더라도 내 영혼을 잃어버린다면 나는 아무것도 가지지 않은 것이다. 나 자신의 영혼이 없다면 나는 살아 있지 않은 것이다.

하지만 얼마나 많은 여성이 경제적, 사회적으로 남성의 보호를 받으며 살아가기 위해 자신을 버리거나, 보호받으며 사는 것이 행복이라 믿고 살아가는지…… 이는 살아 있는 것이 아니다. 살아 있는 듯 보이지만 죽은 것이다. 에밀리는 그런 죽은 자의 삶을 살아갈 수 없었다.

그래서 에밀리는 불을 지르고 돌을 던지며 저항했다. 당신들은 죽어 있다. 언제까지고 그런 상태로 있다. 얼른 눈을 뜨라고 에밀리는 날뛰었다. 그러나 여성들은 일어나지 않았다. 사회는 잠에서 깨어나기를 거부했다.

아니, 잠에서 깨기는커녕 살아 있으려 하는 얼마 안 되는 여성들을 죽이려 했다. 진심으로 부숴버리려 했다. 경찰관의 완력에 쓰러지고 붙잡히고 투옥되고 몸속에 관이 꽂혀 강간당하듯 음식을 주입당하고는 침대 위에 내던져졌다. 깨달을 때까지 반복해주지, 라고 그들은 말하는 것이다. 너희 안의 각성된 것, 살고 싶어 하는 그것을 죽이라고. 그것이 죽지 않으면 이 사회에서는 살아갈 수 없다고.

하지만 이것을 뒤집으면 어떻게 될까? 진짜로 죽으면 오히려 살 수 있지 않을까? 정말로 죽으면 역으로 살릴 수 있는 것 아닐까?

무엇을? 나를. 그리고 여자들을.

더비에서 국왕의 말 앞으로 몸을 던지기 전날인 6월 3일, 켄싱턴의 엠프레스 룸에서 개최된 서프러제트의 여름 이벤트 '올 인 어 가든 페어all in a garden fair'의 첫날 에밀리는 외출을 했다. 이벤트 장소에 도착하자마자 에밀리는 메리 리의 팔을 잡고 잔 다르크의 조각상을 보러 갔다. 잔 다르크는 WSPU의 수호성인이자 에밀리가 숭배하는 영웅이기도 했다. 둘은 조각상 앞에 나란히 서서 거기 새겨진 비문을 읽었다.

"계속 싸우라, 그러면 신은 승리를 주실 것이니."

에밀리는 그날 게임을 하거나 책을 파는 노점을 돌아다니며 즐겁게 보냈다고 한다. 그리고 메리에게 가능하면 매일 축제에 오고 싶지만 다음 날은 못 올 것 같다고 말했다.

"내일은 안 돼. 내일은 더비에 가거든."

내일 더비에 가는 게 왜 그렇게 중요하냐고 메리가 묻자, 에밀리는 이렇게 대답했다고 한다.

"석간신문을 봐. 거기에 실릴 테니까."

그리고 정말로 **다음 날 석간신문**에 그 내용이 실렸다.

**신문의 헤드라인**은 다음과 같았다.

제도의 중심, 간토의 천재지변, 지진 뒤 쓰나미, 열차 화재 참
사, 대혼란 말로 표현 못해

간토대지진이 발생한 다음 날 아침에 배포된, 1923년 9월
2일자 『오사카 아사히신문』 조간의 1면 표제였다. 지진은
오전 11시 58분에 발생했다. 오후에는 '조선인 폭동'이라는
유언비어가 퍼졌고 밤이 되자 일부에서 조선인 박해가 시작
되었다. "사회주의자와 조선인이 방화를 하고 있다", "조선
인 약 3000명이 다마강을 건너 습격", "조선인이 우물에 독
을 풀었다" 같은 유언비어가 빠르게 퍼져 나가 다음 날이 되
자 각지에 자경단이 조직되고 조선인 학살이 확대되었다.

가토 나오키加藤直樹의 『구월, 도쿄의 거리에서 – 1923년
간토대지진 제노사이드의 잔향』[44]에는 지진이 일어난 날부

터 반년 동안 쓴 당시 아이들의 글이 인용되어 있다.

살해당한 조선인이 있다고 해서 나는 유키짱과 둘이서 보러 갔다. 갓길에 두 사람이 죽어 있었다. 무서웠지만 그래서 더 보고 싶었기 때문에 옆으로 다가가서 보았다. 머리는 퉁퉁 부어서 피투성이였고 셔츠는 피로 물들어 있었다. 모두가 죽창으로 머리를 찌르면서 "나쁜 놈이다. 이놈이 밤에 날뛴 놈이다"라고 아주 미워죽겠다는 듯이 침을 뱉고 갔다. ─ 요코하마시 고등소학교 1학년(현재의 중학교 1학년) 여학생

**영화감독 구로사와 아키라**黒澤明**도 이렇게 썼다.**

간토대지진 때 일어난 조선인 학살 사건은 이 어둠에 질린 인간을 교묘하게 이용한 데마고그(선동가─옮긴이)의 짓이다.
나는 머리를 기른 남자가 저기다, 아니 이쪽이다, 라고 손가락으로 가리키며 뛰어간 뒤를 성난 어른들이 눈사태처럼 몰려다니며 우왕좌왕하는 모습을 내 눈으로 보았다.
친척 집에 불이 났다고 해서 우에노에 갔을 때, 아버지가 그저 머리를 길게 기르고 있다는 이유만으로 조선인이라며 막대기를 든 사람들에게 둘러싸였다.[45]

시가 나오야志賀直哉도 이렇게 썼다.

가루이자와, 해 저물녘. 역에서는 승객에게 얼음을 대접하고
있었다. 도쿄에서는 조선인이 폭탄을 가지고 소동을 일으키
고 있다는 소문을 들었다. 하지만 나는 믿지 않았다.
마쓰이다에서 병사 23인에, 구경꾼 10명 남짓이 조선인 하나
를 쫓아가는 것을 보았다. 바로 돌아온 한 사람이 차창 아래에
서 이렇게 말했다. "죽었다." 너무나 쉬웠다.[46]

눈덩이처럼 커지는 집단 광기에 휘말린 것은 자경단과 구
경꾼만이 아니었다. 정부 또한 혼란을 틈타 반정부 사상을
가진 사회주의자와 무정부주의자, 노동 운동가들을 검거하
고 탄압했으며 살해했다. 지진이 일어나고 보름이 지난 9월
16일에는 오스기 사카에 학살 사건이 일어났다. 오스기 사
카에와 이토 노에伊藤野枝, 그리고 아직 여섯 살이던 오스기
의 조카 소이치橘宗一가 헌병에게 살해당했다(간토대지진 직후
인 1923년 9월 16일 무정부주의자 오스기 사카에와 여성 해방 운동가
이자 내연의 처인 이토 노에, 오스기의 조카 다치바나 소이치를 헌병
대가 연행하여 헌병대 사령부에서 살해하고 사체를 우물에 유기한 사
건—옮긴이).

박열과 후미코가 검속된 것은 대지진 발생 이틀 뒤인 9월 3일 밤이었다. 박열을 연행한 이유는 만취자 등에 대한 보호 검속이었다. 후미코를 연행한 이유는 밝혀지지 않았다. 불령사의 기관지『후테이센진』, 선전 전단 다발 등과 함께 후미코의 신병도 경찰에 '압수'되었다.

대지진 이전부터 경찰은 불령사가 뭔가 일을 저지르지 않을까 싶어 경계를 하며 정찰하고 있었다. 지진 직후 조선인들이 폭동을 일으킨다는 유언비어에 관해서 마쓰모토 세이초松本清張(사회문제를 다룬 소설을 많이 쓴 쇼와 시대를 대표하는 작가—옮긴이)는 "뭐가 어떻든 이 유언비어의 근원은 정부가 의식적으로 만든 것이라고 생각하게 하는 부분이 있다"라고 썼다.[47] 마쓰모토 세이초가 말하기를 요시노 사쿠조吉野作造가 "…… 아무튼 민중은 자경단이라 칭하며 조선인 학살을 감행한 것에 관해서는 불문하고 ×××라는 것이므로 거짓일 리 없다며 일시적으로 조선인의 조직적인 폭행을 믿었던 것은 명백한 사실이다"라는 내용을『중앙공론』(다이쇼 12년 11월)에 썼다고 한다.

그렇다면 정부는 무슨 이유로 그런 유언비어를 흘린 것일까? 그 이유는 당시의 내무대신 미즈노 렌타로水野錬太郎와 고토 신페이後藤新平가 쌀 소동(1918년의 쌀 가격 급등에 뒤따랐던 폭동 사건―옮긴이)을 경험한 관리들이었기 때문이라는 설이 있다. 미즈노와 고토는 밥을 못 먹을지도 모르는 아슬아슬한 시점에 일어난 민중 폭동의 무서움을 알고 있었기 때문에 지진으로 식료품 폭동이 일어나 정부를 향한 반란이 발발하면 큰일 난다, 백성의 분노를 돌릴 대상이 필요하다는 이유에서 조선인을 향한 혐오를 부채질했다는 것이다.

하지만 정부의 예상보다 국민들이 훨씬 더 폭주하는 바람에 조선인 학살은 점점 더 과격해졌다. "백주 대낮의 살인"이라고 말하는 시민도 있었고, 조선인을 살해한 공로로 포상을 받고 싶어 경찰서에 출두한 마을 사람도 있었다고 하니 지진이 일어난 뒤 곧장 검속된 박열은 오히려 안전한 상황이었다고도 하겠다.

다른 한편으로 학살에 책임지라는 국제 사회의 추궁에 곤란해진 정부의 입장에서 박열은 면죄부로 사용하기 좋은 존재였다. '불령선인(후테이센진)의 폭동'을 선동한 가상의 조선인을 만들어내려던 차에 말 그대로 『후테이센진』이라는 잡지를 내던 무정부주의자만큼이나 적당한 인물은 없었을 테니까.

질문: 피고의 연령은?

답변: 그런 건 아무래도 좋지 않은가.

질문: 피고의 호적등본에 따르면 피고는 메이지 35년 2월 3일 생이라는데, 맞나?

답변: 아마도 그럴 것이다. 자기가 태어난 날을 아는 사람이 있겠나.

질문: 직업은 잡지 발행인인가?

답변: 나는 직업이라는 것을 인정하지 않는다. 굳이 말하자면 직업은 불령업 정도이려나.[48]


사람을 깔보는 듯한 태도로 뻔뻔스럽게 구는 박열 앞에서 "이 녀석은 아주 위험한 짓을 저지르려 했다(했다면 좋겠다)"라는 당국의 비틀린 기대가 커졌다. 그런 그들에게 돌파구를 제공한 것이 누구였느냐 하면, 바로 후미코의 친구 니야마 하쓰요였다.


언제 어디서였는지는 기억할 수 없지만, 혁명의 방법으로 수도전기의 원천에 폭탄을 던져 도쿄를 혼란에 빠뜨리고 빈민굴에 방화를 하면 된다는 말을 한 적이 있습니다. 박열의 입에서 이번 가을 황태자의 경삿날이 있다는 말을 들은 기억도 분명히 있습니다.[49]

불령사 관계자에 대한 탄압이 계속되는 가운데 하쓰요도 9월 24일에 검속되었다. 하쓰요는 경찰에 폭탄 입수 계획을 발설해버렸다. 또 10월 14일의 검사 청취에서도 "이번 가을이 혁명을 하기에 좋은 시기라는 말을 박열에게서 듣고, 이번 가을이란 경삿날을 뜻한다는 것을 직감했습니다"라고 했으며, 자신과 연인 관계인 김중한이 상하이에 갔을 때도 이번 가을 혁명에 필요한 폭탄을 입수할 목적이었을 것이라 "해석했다"고 말했다. 물론 하쓰요는 개인적인 '직감', '해석'을 서술한 것일 뿐 어떤 증거도 보여주지 않았다. 하지만 후미코도 이런 계획을 알고 있었음을 암시하는 발언을 했다.

하쓰요는 박열을 싫어했다. 김중한과 하쓰요에게 폭탄 공격을 실행하게 하고, 박열 자신은 도망갈 것이라 생각했기 때문이다. 후미코는 그렇지 않다고 하쓰요를 설득했다. 조선에서 박열 앞으로 폭탄에 관한 편지가 왔는데 김중한에게는 폭탄을 입수하는 일만 부탁한 것으로, 박열은 어디까지나 자기가 폭탄을 사용할 생각이라고 했다. 하쓰요는 이때 들은 이야기를 경찰에게 말해버린 것이다.

하쓰요는 처음부터 '구슬려서 자백을 받아내기 좋은' 표적으로 찍혀 있었다. 허무주의적인 문학소녀였던 하쓰요는 사상에 관한 지식이 있을 뿐 교묘하게 생존하는 땅바닥 운동가의 들개 같은 면은 없었다. 애초에 불령사에 참가한 것도 후미코의 친구였기 때문이지 박열처럼 날뛰는 무정부주의에 공감해서가 아니었다.

게다가 병약했던 하쓰요는 검속된 지 두 달째인 12월에 결핵으로 세상을 떴다. 이미 육체적으로도 몹시 쇠약해져 있던 젊은 여인의 허무함을 당국은 파고든 것이다.

하쓰요가 발설해버린 탓에 후미코도 경찰에 폭탄 입수 계획에 관해 이야기할 수밖에 없었다. 박열도 마찬가지였다. 둘은 다른 불령사 회원들에게도 혐의가 확대되는 것을 무엇보다 두려워했다. 박열은 폭탄 입수 계획은 자기 혼자서 세웠다고 주장했지만 10월 20일에 불령사 회원 16명이 기소되었다.

묘하게도 이날 조선인 학살 사건에 관한 신문 기사가 해금되었다. 학살을 정당화하기 위해서는 '불령선인'이 지진의 혼란을 틈타 엄청난 일을 저지르려 했다는 뉴스야말로 정말 안성맞춤이지 않은가. 당국은 고의로 이날을 택해 기소했을 것이다. 불을 향해 날아드는 아나키스트. 그것이 불령사였다.

"이름은 가네코 후미코. 나이는 호적에는 22세라고 되어 있는데 사실은 20세입니다. 신분은 평민. 직업은 인삼 행상."

후미코는 10월 25일 예비 신문에서 자신을 이렇게 소개했다. 박열의 부인인지를 묻는 말에는 "그렇습니다"라고 대답했다. 이어서 판사는 후미코의 사상에 관해 질문을 시작했다.

"정치 사회 문제에 대한 피고의 사상은?"

"나의 사상은 한마디로 말하자면 허무주의입니다."

"박열의 주의와 사상은?"

"박열의 사상도 저의 사상과 같습니다."

불령사에 관해 질문을 받은 후미코는 자신과 박열이 조직한 단체임을 인정했다.

"왜 불령사를 조직했는가?"

"불령사라는 이름대로, 불령한 무리가 친목을 다지려 조직했습니다."

"불령한 무리란?"

"권력에 반역하는 허무주의와 무정부주의를 품은 자들의 모임입니다."

불령사의 목적에 관한 질문에 후미코는 두려움 없이 이렇게 답했다.

"불령한 무리가 모여들어 기염을 토하면 그 튀어나오는 것들을 가져가는 것입니다. 동지 가운데 마음이 맞는 자가 자유롭게 직접 행동에 나섭니다. 그러면 당신 같은 관리들이 귀찮아지는 것이지요."

당국이 후미코의 이런 발언을 기록하면서 히죽히죽하는 장면이 상상이 된다.

다음 해인 1924년 1월 17일의 두 번째 피고인 신문에서 후미코는 자신이 어떻게 자라났는지에 관한 질문을 받고, 어린 시절의 복잡한 가정환경과 학대 경험을 솔직하게 이야기했다. 박열과의 동거를 부친에게 알렸을 때 "천한 조선인과 동거한다는 것은 빛나는 사에키 집안의 가계를 더럽히는 짓이다"라며 의절을 당했다고 한다.

다음 세 번째 신문에서는 도쿄에 나와서 기독교인과 사회주의자들을 만났으나 차례로 실망을 느꼈고 "고통 가운데서 고통을 느끼지 못한 채 잠자고 있는 농민"과 "뼛속까지 착취당하면서 일하는 노동자"들의 무지에도 질렸으며, 무지에서 계몽되지 못한 채 내버려두는 것이 차라리 그들에게는 행복일지도 모르겠다고 생각한 끝에 허무주의에 도달하게 되었다고 설명했다.

같은 신문에서 일본 사회의 계급은 "제1계급은 황족", "제2계급은 정치 실권자", "제3계급은 일반 민중" 이렇게 셋으로 나뉜다(영어로 말하자면 monarchy, establishment, people이 될 것이다)면서 황족에 관하여 "우리에 갇혀 생활하는 불쌍한 희생자", "정치 실권자인 제2계급이 무지한 민중을 기만하기 위해 조종하고 있는 불쌍한 괴뢰이자 꼭두각시"라고 말했다.

예심에서 후미코가 폭탄 입수 계획에 관한 질문을 받은 것은 1월 25일 제6회 신문이었다.

"박열은 김중한에게 폭탄을 입수하라고 부탁한 적이 있는가?"라는 질문을 받은 후미코는 "있습니다"라고 대답했다. 그리고 폭탄 입수의 목적은 "제1계급, 제2계급을 한꺼번에 폭파해 없애버리기 위해서"라고 분명하게 말했다. "당신들은 황족에 대해 평소 존칭을 사용했는가?"라는 질문에 "아니오. 천황 폐하를 환자라고 불렀습니다"라고 했다. 황태자는 "도련님", 그리고 다른 황족은 "안중에 없습니다". 대신 등 다른 관료들은 "유상무상有象無象(어중이떠중이 ― 옮긴이)", 경시청의 관료는 부르주아의 충견이므로 "불독" 혹은 "개새끼"였다며 후미코는 두려움 없이 이야기했다.

박열은 도쿄의 땅바닥을 기어 다니듯 생활하는 자신에 관해 자작시에서 "개새끼"라고 표현했는데, 이는 자신에 대한 자부심이 없었다면 할 수 없는 말이다.

나는 밑바닥의 개새끼 같은 취급을 받아도 위에서 소변을 퍼부으면 똑같이 소변을 갈기겠다는 의지를 가진 채 살고 있다. 위에서 시키면 시키는 대로 하는 충견처럼 꼬리를 흔들며 아무 의문도 없이 하층민을 괴롭히며 사는 너희는 뭐냐, 진짜 빌어먹을 개새끼는 누구냐, 라며 '관견/관헌'(일본어에서는 관견官犬과 관헌官憲의 발음이 같다―옮긴이)에 통렬한 비판을 퍼붓는 시로도 보인다.

실제로 이 시대의 일본은 결코 법치국가라 부를 수 없었다. 경찰과 재판소가 천황제 국가의 권력에 조종당하고 있었기 때문이다. 백주 대낮에 당당하게 학살이 벌어지는데, 경찰 안에는 그것을 저지하자고 분연히 일어나 정권에 반란을 일으키는 세력이 없었고 국가의 책임을 추궁하는 사법관도 없었다.

후미코와 박열의 체포에 관해서도 그렇다. 맨 처음 박열은 만취자에게 적용되는 보호 검속으로 연행되었다(반복해서 말하지만 후미코를 검속한 이유는 분명하지 않다). 그러니까 검속이 허가되는 기간은 24시간이었다. 하지만 그 뒤 경찰은 멋대로 박열과 후미코 집의 임대 계약을 해지해버렸다. 그 결과 둘은 부랑자 취급을 받게 되었고, 거기에 경찰범처벌례 제1조 3항을 적용해 구류 기간이 29일로 연장되었다. 이 기한이 끝나고도 구류가 이어졌는데, 기소될 때까지 도대체 어떤 법에 근거하여 그들을 잡아두었는지 전혀 알 수 없다.

분명하게 말하지만 무정부주의자보다 국가가 더 무법자

였다. 문자 그대로 무정부주의적 무법국가를 만들어낸 것은 무정부주의자가 아니라, 오히려 정부의 개가 되어 윗사람의 얼굴색을 살피기 위해서라면 법이든 뭐든 일절 무시하는 조용한 관견, 즉 노예견들이었다.

이를 비웃듯이 후미코는 이렇게 말했다

"어느 날 박열은 자신이 이전에 우편배달부를 한 적이 있으니 도련님이 행차할 때 배달부 복장을 하고 '불독'의 눈을 속여 도련님에게 폭탄을 던져버릴까 한 적이 있습니다."

꺅! 대신님! 좋은 진술! 드디어 받아냈습니다! 꼬리를 세차게 흔들며 기뻐하는 관견들의 모습이 눈에 선하다.

후미코는 서늘한 눈동자로 그 모습을 지켜보았다. 바로 토가 나올 듯 역겨워져 공중으로 시선을 옮겼다. 후미코가 거기서 본 것은 썩은 피라미드의 정점에 앉은 자에게 폭탄을 투척하는 자신의 모습이었을지도 모른다.

그렇다면 **폭탄을 투척합시다.** 이렇게 제안한 사람은 마거릿이었다.

셸번호텔 옥상의 영국군을 한 번에 제압하려면 이쪽도 왕립외과의학원 위에서 총만 쏴서는 안 될 것 같아서였다.

"병사 한 사람을 내게 붙여주면 8초짜리 도화선이 있는 폭탄을 호텔 창 안으로 넣고 돌아오겠습니다."

마거릿은 사령관 마이클 말린에게 제안했다. 자전거를 타고 호텔로 가서 폭탄을 창으로 던져 넣은 다음 전속력으로 페달을 밟아 도망치면 된다. 영국군이 옥상에서 그렇게 총을 쏘는데도 자신이 전령 역할을 수행할 수 있었던 것은 자전거 타는 속도가 엄청나게 빠르기 때문이라고 마거릿은 주장했다.

말린은 그 계획의 유효성은 인정하지만, 마거릿에게 그런 위험한 일을 시킬 수는 없다고 생각해서 주저했다. 또 한 번 "여자니까 보호해야 한다"는 신사적 사고의 관습에 사로잡

했던 것이다. 당신이 여전히 그렇게 말한다면, 우리의 남녀평등 원칙은 책상 위의 이상에 지나지 않는 것 아니냐고 마거릿은 물고 늘어졌다. 말린 사령관은 호텔에 폭탄을 던지기 전에 해야 할 일이 남아 있다고 했다.

뉴먼대학 교회에 모인 영국군 병사들을 고립시키기 위해 두 개의 건물에 불을 질러야 한다고 했다. 이 교회를 영국군이 점령하는 바람에 말린과 마거릿이 있는 왕립외과의학원은 다른 봉기군과 연락을 취하지 못한 채 고립되어 있었다. 이 상황을 돌파하기 위해서는 교회 주위에 있는 두 건물에 불을 질러 역으로 그들을 교회 안에 봉쇄시키는 수밖에 없었다.

마거릿이 자신을 그 작전에 넣어달라고 조르자 말린 사령관은 결국 마음을 바꿔 4명의 병사를 인솔해 건물 하나에 방화하러 가는 것을 허락했다. 중요한 임무를 맡게 된 마거릿은 바로 기분이 좋아졌다. 곧 의기양양하게 남자들을 데리고 불을 지르러 나갔다.

몇 분 정도 걸어서 목표 건물에 도착했다. 병사 한 사람이 1층 점포의 유리문을 소총 뒷부분으로 쳐서 깨뜨렸다. 마거릿은 먼저 안으로 들어가 다른 병사들도 들어오라고 불렀다. 그 순간, 뒤에서 총성이 울리더니 마거릿의 몸이 무너져

내렸다.

"아아, 이걸로 끝인가"라고 마거릿은 무심코 중얼거렸다.

'어, 그런데 아직 죽지 않은 모양인데?' 정신을 차리고 보니 병사 한 사람이 마거릿을 안아 올려 건물 밖으로 나오는 중이었다. 건물 옆에는 마거릿 부대에 지원한 17세 소년병이 쓰러져 있었다. 주변은 피바다였다.

마거릿은 "데려가야 해"라고 말했지만, 소년이 이미 숨진 것은 누가 보아도 분명했다.

병사들에게 안겨 왕립외과의학원으로 돌아가 보니, 마거릿과 함께 호텔에 폭탄을 던지러 갈 예정이었던 청년이 자전거에 앉아 마거릿이 돌아오기를 기다리고 있었다. 그와 함께 호텔을 폭파시킬 수 없게 되다니, 마거릿은 그것이 무엇보다 안타까웠다.

마거릿은 커다란 탁자 위에 눕혀졌다. 군복이 찢어졌다. 총에 맞은 상처보다 마담에게 받은 군복이 찢어진 것이 더 견디기 힘들었다. 몸통 오른쪽 겨드랑이, 오른팔, 오른편 등 이렇게 세 곳에 총상이 있었다. 점포 안으로 들어갔을 때 동료들을 부르기 위해 몸을 돌리지 않았다면 세 개의 총탄이 제대로 등에 맞아 폐를 관통하여 죽음에 이르렀을 것이다.

마담이 탁자 옆에 선 채 마거릿의 손을 계속 잡고 있었다.

상처는 그렇게까지 아프지 않았지만 계획했던 호텔 폭파를 수행할 수 없게 된 것이 안타까웠고, 자신이 한심하게 여겨졌다. 왜, 지금, 어찌하여 이런 중요한 국면에 부상을 입는 멍청한 짓을 했을까?

마거릿이 이런 생각에 잠겨 있는 동안, 마담은 어느새 방에서 모습을 감추었다. 병사 한 사람을 데리고 마거릿이 총을 맞은 현장으로 간 것이다.

마담과 동행한 병사는 방화 목표물이었던 건물 옆에 죽어 있는 17세 소년의 사체를 일부러 안아 올렸다. 적의 관심을 끌기 위해서였다. 그러자 생각대로 영국군 병사가 총을 쏘기 시작했다. 저격수는 2명이었다. 마담은 그들의 모습을 확인하고 두 발의 총탄으로 두 사람 다 사살했다.

"원수를 갚고 왔어."

마거릿의 침대 옆으로 돌아온 마담은 상냥하게 말했다.

사령부는 마거릿을 병원에 데려가기로 결정했지만 본인이 거부했다. 그날 밤 바로 의사를 부르는 것은 불가능했기 때문에 병사들이 간이침대를 가져와 마거릿의 상처에 응급처치를 했다.

하지만 마거릿이 정말로 참기 힘들었던 것은 상처의 아픔보다 멈추지 않는 기침과 가슴 부근의 미묘한 통증이었다.

기침을 참으면 목구멍에서 휴우 하는 이상한 소리가 났다. "이거 죽기 직전에 나는 소리 아니야, 나 아직 괜찮아"라고 침대에서 농담을 할 때마다 모두 웃었다.

다음 날 마거릿은 하루 종일 고열로 헛소리를 하고 신음을 했다. 폐렴에 걸린 것이다. 마거릿을 더욱 힘들게 한 것은 상처를 치료하러 온 의사가 잘못해서 승홍(수은이 들어간 소독약—옮긴이)을 너무 많이 바르는 바람에 오른쪽 겨드랑이와 등의 피부가 완전히 벗겨진 일이었다. 극심한 통증은 어떤 고문보다도 견디기 힘들었으리라.

이 수난을 겪는 동안 옆에서 줄곧 마거릿을 격려해준 사람은 마담이었다. 마담은 누구보다 대담하고 사나운 병사이자 솜씨 좋은 저격수인 동시에 훌륭한 간호사이기도 했다. 피어너 에런의 상처 입은 소년이든, 공연을 앞두고 긴장으로 떨고 있는 무대 위의 여성 배우든 마담은 약한 사람들을 상냥하게 보살피는 일에서는 프로였다.

병상에 누운 마거릿의 귀에도 전쟁 상황이 단편적으로 들려왔다. 방에 들어오는 모든 사람이 봉기군은 잘 싸우고 있다고 말했다. 마거릿이 낙담하지 않게 하려고 일부러 그렇게 말한 것이 아니라 이때는 정말로 모두가 그렇게 생각했다. 봉기군 부대는 다른 부대와 연락이 완전히 차단되어 중앙 우편국의 본부조차 전체 상황을 파악할 수 없는 상태였다.

더블린 교외에서 드디어 아일랜드 의용군이 정식으로 봉기에 참가했다든가, 봉기군이 우세하다는 소식을 들은 독일군이 잠수함을 타고 와 해상에서 영국군과 싸우고 있다든가 하는 다양한 소문이 들려왔다. 왕립외과의학원 안에 있던 봉기군 병사들은 그 소문을 믿으며 의지하고 있었다. 그런데…….

봉기 6일째인 4월 29일 토요일, 최고 사령관 패트릭 피어스가 영국군에 무조건 항복을 했다. 다음 날인 일요일 아침, 봉기군 전령이 영국군에게 끌려와서 피어스가 항복 선언을 했다고 전했다. 그때 말린 사령관과 마담은 마거릿의 방에 와 있었다. 여성 전령병에게서 본부의 전면 항복을 보고받은 마담은 "항복을 했다고요?"라고 소리쳤다.

"우리는 절대로 항복하지 않을 거야!"

마담은 말린 사령관에게 우리 부대만이라도 계속해서 싸우자고 말했다. 항복하는 것보다 죽는 것이 낫다고 세차게 주장했다. 마거릿도 같은 기분으로 듣고 있었다.

그들을 안심시키기 위해서였을까. 말린 사령관은 "강요당하기 전까지는 항복하지 않겠다"라며 애매모호한 말을 흘렸다. 하지만 이 시점에 그는 항복 결단을 내린 것이 틀림

없다. 그로부터 한 시간 뒤 마거릿이 병원으로 이송되었기 때문이다. 마거릿의 이송은 사실상 말린 사령관의 부대가 항복 과정에 착수했음을 의미했다. 마거릿이 아래쪽으로 옮겨질 때 병사들이 차례로 나와 악수를 했다.

"항복하지 말고 최후까지 싸워줘."

마거릿이 말했다. 마거릿은 말린 사령관에게 작별을 고하며 이제 다시는 그를 만날 수 없으리라 직감했다. 왜 그런 기분이 들었는지는 알 수 없었다. 마담과 작별을 고할 때는 그렇지 않았기 때문이다.

세인트 빈센트 병원으로 실려 간 뒤의 2주일은 마거릿 인생에서 가장 어두운 암흑기였다. 마거릿은 폐렴으로 인한 고열로 땀에 축축하게 젖은 채 오한에 시달렸다. 총에 맞은 상처나 소독약 때문에 피부가 벗겨진 겨드랑이와 등의 통증도 괴로웠지만, 그보다 견디기 어려웠던 것은 봉기군 동지들과 완전히 떨어져 있다는 점이었다.

마거릿은 스코틀랜드에 있는 어머니에게도 자신의 생존을 알려야 한다고 생각했다. 어머니는 분명히 당신의 딸이 죽었다고 생각하며 비탄에 잠겨 있을 테니까. 실제로 스코틀랜드의 아일랜드인 커뮤니티에서는 총에 맞은 마거릿의 시체가 이틀 동안이나 더블린 거리에 버려져 있었다든가,

마거릿이 죽지는 않았으나 전신불수가 되었다든가 하는 헛소문이 기정사실이 되어 떠돌았다.

그러던 어느 날, 병실에 고독하게 누워 있던 마거릿에게 믿을 수 없는 소식이 들려왔다. 처형이다. 영국이 봉기군 지도자들을 처형하기 시작했다.

뭔가 잘못되었다고 생각했다. 아무리 영국이라도 전쟁 포로를 학살할 리가 없었다. 하지만 그것은 진실이었다. 봉기군은 전쟁의 규칙에 따라 항복했다. 그런데 어째서 영국은 포로를 보호하지 않고 야만적인 처형을 시작한 것일까? 나의 동지들은 전쟁 포로가 아니라는 말인가?

죽음. 죽음. 죽음. 죽음. 죽음. 병상에 누운 마거릿에게 들어온 모든 정보는 죽음이었다.

5월 3일에는 패트릭 피어스와 토머스 맥도나, 톰 클라크Tom Clarke가 총살되었다. 다음 날에는 조지프 플런케트Joseph Plunkett와 패트릭 피어스의 형 윌리엄 피어스William Pearse, 그리고 다른 두 사령관, 셋째 날은 존 맥브라이드John MacBride가 총살당했다.

5월 8일에 총살당한 네 사람 가운데는 마거릿의 상관인 마이클 말린 사령관도 포함되어 있었다. 마거릿이 총을 맞고 돌아왔을 때 이런 위험한 일을 시킨 자신을 죽을 때까지

용서하지 않겠다고 후회했던 말린 사령관. 그는 그때 자기 삶이 이렇게 빨리 끝나리라는 것을 알았을까? 항복을 결의 했을 때 가장 먼저 아픈 마거릿을 병원으로 옮긴 말린 사령 관. 이는 상처 입은 마거릿이 영국군에 구속되어 투옥되지 않도록 한 그 나름의 배려였다.

그리고 5월 12일. 마침내 제임스 코널리마저 처형되었다. 동지로서 마담과 강한 유대로 연결되어 있던 코널리. 저격 수로서 마거릿이 지닌 능력을 높이 샀으며, 여성이라고 차 별 대우하지 않았던 코널리. 조용한 편이었지만 긴장감을 늦추지 않고 사람들을 완전히 장악하던 카리스마 있는 지도 자. 그는 이상주의적인 민족주의자가 아니라 땅에 두 발을 굳건히 딛고 선 현실주의자였을 터인데 최후에는 자신의 민 음 때문에 죽어야 했다.

4월 24일에 부활절 봉기가 시작되고, 6일째에 봉기군 최 고 사령관 피어스가 전면 항복을 선언했으며, 7일째에 전 부 대가 항복하여 전투가 종결되었다. 그리고 겨우 2주일 동안 14명이 처형되었다. 봉기 직전 스코틀랜드에서 더블린으로 넘어왔을 무렵 마거릿이 한 달 뒤에 이 남성들이 모두 죽으 리라는 말을 들었다면 아마 믿을 수 없었을 것이다.

가장 먼저 말린 사령관의 아내가 마거릿이 입원한 병원

으로 찾아왔다. 봉기 중에 말린이 늘 기록하던 노트를 가지고서. 말린은 그 노트에 본부로 보내는 메시지를 쓴 다음 그 페이지를 찢어 전령병 마거릿에게 건네주곤 했다. 말린의 아내는 그가 직접 짰다는 작은 아이리시 포플린 천 조각을 마거릿에게 유품으로 건네주었다. 그러면서도 눈물 한 방울 보이지 않는 의연한 태도를 유지했다.

제임스 코널리의 딸들도 마거릿을 만나러 왔다. 그들도 침착하고 냉정한 태도로 아버지의 최후를 마거릿에게 이야기해주었다. 평정을 잃는 일은 없었다. 패트릭 피어스와 그의 형이라는 이유만으로 처형당한 윌리엄의 어머니도 마찬가지였다. 남겨진 이들은 그것이 분노와 슬픔을 표현하는 유일한 방법이라는 듯 태연하게, 그리고 맑고 차가운 물처럼 씩씩하게 서 있었다.

그들이 그렇게 할 수 있었던 것은 자부심 때문이다. 마거릿은 그렇게 생각했다.

대영제국 때문에 막대한 피를 흘리고 엄청난 눈물을 흘려온 작은 섬의 자부심이라고 마거릿은 생각했다. 이 자부심이야말로 이 섬의 저항의 근원이다.

어떤 압제도, 착취도, 참혹한 죽음도 아일랜드에서 반역의 혼을 빼앗을 수는 없다.

조선인의 어떤 사상이라도 그 안에서 일본에 대한 반역의 정서를 제거할 수는 없겠지요.

1924년 1월 23일 제4회 피고인 신문에서 후미코는 이렇게 말했다. 또 이런 발언도 했다.

"나는 조선인을 존경하는 마음을 갖지 않았으며, 동시에 인종적 편견도 갖고 있지 않습니다. 따라서 박열과의 생활은 나 자신을 한 단계 높은 곳에 올려둔 동정 결혼이 아닙니다."

정말 후미코다운 말이다. 차별에 반대한다는 이유로 소수자를 위에 두고 다수보다 존경해야 하는 대상으로 대하지도 않고, 열등한 대상으로 간주하지도 않는다. 애초에 소수자를 소수자라는 이유만으로 존경한다는 것은 내려다보는 '동정'의 태도이며, 그렇게 다른 사람을 바보 취급하는 행동을 나는 하지 않는다. 우리는 어디까지나 같은 지평에 서 있는 같은 인간이다. 그러니까 내가 박열을 사랑하는 것은 차별을 반대하는 내 입장이나 그의 국적 등과는 아무 관계도 없고, 그 남자의 사고방식과 인간성, 그와의 섹스를 좋아하기 때문이다. 후미코는 분명하게 이렇게 말한 것이다.

"주의主義라는 면에서나 성性이라는 면에서나 동지이자 협력자로서 함께한 것입니다."

후미코의 이런 감각은 오늘날도 흔하지 않다. 다수에 속하는 자신을 낮추지 않으면 소수자의 지위를 올릴 수 없다는 착각은 오늘날에도 꽤 많이 볼 수 있다. 이러한 죄책감에 바탕을 둔 '마이너리티 퍼스트' 사상이랄까, 온정주의적인 배려가 후미코에게는 없었다. 자연아 후미코에게는 거리낄 것이 없었다.

우리는 같은 인간이잖아? 한마디로 너무 단순하기 그지없는, 하지만 실은 철저하게 실천하기란 몹시 어려운 자연스러운 평등사상을 후미코는 가지고 태어났다. 아니, 그것은 너무나 육체적이고 경험적인 실감이었기 때문에 평등 감각 혹은 평등 본능이라고 말하는 편이 좋을지도 모르겠다. 애초에 위라든가 아래라든가, 그런 부자연스러운 관념이 낳은 것이 제도가 되어 인간을 얽매는 것이 이상하다. 이상한 것은 부숴버릴 뿐.

"지난번에도 말씀드린 것처럼, 황태자는 꼭두각시이나 정치의 실세들과 한 몸을 이루고 있으므로 폭탄을 던져서 황태자가 맞으면 그것으로 훌륭하다고 생각했습니다."[50]

　이런 진술을 한 후미코는 박열, 김중한과 함께 폭발물 단속 벌칙 위반 용의자로 추가 기소되었다. 모든 것은 자기 혼자서 기획한 것이라고 일관되게 주장한 박열의 노력이 결실을 맺어 다른 불령사 구성원들은 기소를 면했다. 박열은 후미코도 말려들지 않게 하고 싶었으나, 자신과 함께 재판을 받을지 형벌을 피할지를 선택하는 것은 후미코의 판단에 맡겼다.

　"과거의 사실을 사실대로 진술하는 것이 가네코의 마음을 상하게 할 수도 있다. 혹은 과거의 사실을 부인하고 위장하는 것이 가네코의 마음을 상하게 할 수도 있다. 나는 가네코의 마음을 존중하기 때문에 그 질문에는 대답할 수 없다"라고 예심에서 박열은 말했다.

　경찰 조사에서 폭탄 입수 계획에 관해 이미 이야기를 해버렸기 때문에 후미코는 예심을 자기 사상을 표현하는 장으로 이용할 결의를 했다고 야마다 쇼지는 썼다.

　추가 기소가 되자 후미코는 더 이상 주저하지 않고 자기 사상을 거침없이 말했으며, 그 발언에는 불분명한 구석이 하나도 없었다.

나는 거듭하여 인간의 평등이라는 것을 깊이 생각했습니다. 인간은 인간으로서 평등하지 않으면 안 됩니다. 거기에는 어리석은 자도 똑똑한 자도 없습니다. 강자도 없고 약자도 없습니다. 이 지상에서 자연적 존재인 인간으로서 지니는 가치라는 측면에서 말하자면 모든 인간은 완전히 평등하며, 따라서 인간이라는 단지 그 하나의 자격에 의해 인간으로서 생활할 권리를 완전하게, 그리고 평등하게 향유할 수 있어야 한다고 믿습니다.

구체적으로 말하자면 인간이 예전에 했고, 지금 하고 있으며, 앞으로 할 모든 행동은 완전하게 인간이라는 기초 위에 서 있는 것입니다. 따라서 자연적 존재라는 기초 위에 세워진, 이들 지상에 있는 인간이 행한 모든 행동은 인간이라는 단지 그 하나의 자격에 의해 한결같이 평등하게 인간의 행동으로서 승인되어야 한다고 생각합니다. 그러나 이 자연적인 행위와 자연적인 존재가 인위적인 법률의 이름 아래에서 얼마나 거부되고 좌우되어왔는지. 본래 평등해야 할 인간이 현실 사회에서는 얼마나 그 위치가 불평등한지…… 나는 이 불평등을 저주하고 있습니다.[51]


진지한 다테마쓰 가이세이立松懷清 판사 앞에서 당당하게

이런 말을 하는 20세 남짓한 '아가씨'의 모습을 상상해보기 바란다. '맨스 플레인'이 아니라 '우먼스 플레인'이다. 판사는 이렇게 잘난 척하며 제 사상을 늘어놓는 여성을 본 적이 없었을 것이다. 이 여자 미쳤나? 이렇게 생각하고 정신 감정이 필요하다고 판단했다.

후미코는 다음 해 이치가야 교도소에서 이루어진 제17회 신문 조서 가운데 "자연과학 연구라도 하는 것이 제 마음에 가장 잘 맞는 삶의 방식이겠지요"라고 대답했다. 후미코는 조선에서 자살하려고 했던 때도 매미 울음소리에 정신을 차렸다고 하고, 할머니와 고모에게 괴롭힘을 당하고 학교에서 힘든 일이 있어도 산에 가서 누워 있으면 속이 후련해졌다고 한다. "아아, 자연! 자연에는 거짓이 없구나. 자연은 솔직하고 자유로우며 사람처럼 사람을 일그러뜨리지 않는다"라고 자서전에도 썼다. 고생한 것치고는 구김살 없는 이 성격에서 후미코의 절대평등주의가 나오지 않았나 싶다. 자연계라는 관점에서 보면 인간은 새와 소, 곤충과 다른 '인간'이라는 종일 뿐이다. 그러니까 단순히 인간일 뿐이다. 그 이상도 그 이하도 아니다. 그런데 마치 그렇지 않은 자가 있는 것처럼 현혹시켜 진실을 왜곡하는 것이 인간이다. 이 기만이야말로 인간이 본래 누려야 할 자유로운 생활에서 인간을 떼어놓는 것이라고 후미코는 생각했다.

> 그리하여 자연의 존재인 모든 인간이 향유해야 할 지상의 본
> 래 생활은 권력에 봉사하는 사명을 다하여 얻는 것에만 허락
> 되어 있으므로, 지상은 지금 권력이라는 악마에 독점되어 유
> 린되고 있는 것입니다. 그리고 지상의 평등한 인간의 생활을
> 유린하고 있는 권력이라는 악마의 대표자는 천황이며 황태자
> 입니다.[52]

평등을 이야기할 때 사람들은 "소수자를 차별해서는 안
됩니다"라든가 "가난한 사람들을 구제합시다"라고 말하면
서 사람 아래에 사람이 있는 상태는 옳지 않다고 설득한다.
그런데 언제까지고 사람 아래에 사람이 있다. 왜일까?

바로 사람 위에 사람이 있기 때문이다.

태어나면서부터 업신여겨도 되는 사람이 존재하지 않는
다면 태어나면서부터 숭상을 받는 사람도 존재할 리 없다.

"태어나면서부터 고귀한 사람"이라고 날조한 이들이 사
회를 통치하려 하기 때문에 이와 완전히 같은 논리로 민중
을 지배하기 위해 "태어나면서부터 업신여겨도 되는 사람"
을 설정하고 희생양으로 이용해왔다. 천황이 있는 사회는

차별로 통치하는 사회다. 이는 명백한 사실이다.

업신여김을 당하고 괴롭힘을 당하고 무호적자에 하층민으로 학대받아온 후미코였기에 그 구조가 더욱 선명하게 보였다. "그건 그거고 이건 이거"라고 대충 얼버무려 유지되는 불평등의 원흉이 어디에 있는지가 잘 보였다. 내가 있는 것은 당신이 있기 때문이다. 죽어줘야겠어.

우리는 결국 가까운 시일 안에 폭탄을 투척하여 지상의 생을 끊으려고 생각했습니다. …… 나의 계획을 곰곰이 생각해보면 소극적으로는 나 한 사람의 삶을 부인하는 것이며, 적극적으로는 지상에 있는 권력을 파괴하는 것이 궁극의 목적이자 이 계획의 정수였습니다.

내가 도련님을 노린 것은 이런 이유 때문입니다.[53]

한편 박열은 왜 황태자를 폭탄 투척의 대상 가운데 하나로 삼았느냐는 다테마쓰 판사의 물음에 이렇게 대답했다.

나는 일본의 천황, 황태자 개인에 대해서 어떤 은혜도, 원망도 갖고 있지 않다. 하지만 내가 일본의 황실, 즉 일본의 천황과 황태자를 가장 중요한 존재 가운데 하나로 꼽은 이유로 첫째,

일본 민중에게는 일본 황실이 얼마나 그들의 고혈을 착취하는 권력자의 간판인지, 그리고 일본 민중이 미신적으로 믿는 신성한 존재의 정체가 실은 유령에 지나지 않는다는 것, 바꿔 말해 일본 황실의 진면목을 알려주고 그 신성을 땅으로 끌어내리기 위해서다. 둘째, 조선 민중에게는 동 민족이 일반적으로 일본의 황실이 모든 실권을 가졌다고 생각하고 있어 증오의 표적으로 삼고 있기 때문에 황실을 쓰러뜨려 조선 민중의 혁명적, 독립적 정열을 자극하기 위해서. 셋째로 침체된 듯 보이는 일본 사회주의자에게는 혁명의 기운을 불러일으키기 위해서였다.[54]

불령사의 일원이었던 육홍균은 "내가 보기에 그 대역사건이라는 것은 다테마쓰와 박열과 후미코가 만들어낸 큰 연극, 대大환영극이라고 할까" "그 단계에서는 그런 큰일을 모의하기란 불가능했어. 증거도 불충분하고, 계획 세우기도 힘든 허구의 플랜이었지"라고 뒤에 세토우치 자쿠초에게 말했다.[55]

이제껏 한 진술은 형법 제73조의 대역죄에 해당하는 일이라고 협박당한 후미코는 이렇게 대답했다.

내가 한 일이나 하려고 한 일이 당신들이 멋대로 만들어낸 법률 따위의 제 몇 조에 해당하는지는 내 알 바가 아니지 않습니까? 나는 그저 하고 싶은 일을 솔직하게 하려고 한 것뿐이니까, 당신들도 하고 싶은 것을 멋대로 하면 되겠지요. 여러분은 저에게 가장 무거운 형을 내릴 구실을 찾고 있을 뿐이니까.[56]

다테마쓰 판사가 하고 싶었던 일이 이들을 대역사건으로 기소하기 위한 진술을 끌어내는 것이었다면, 이 시점에서 그는 성공했다고 할 수 있다. 하지만 그 목적을 달성하기 위해 그는 뒤에 자신의 실직을 초래할 일을 저지르며 제 무덤을 팠다.

박열의 신문 가운데 성패를 가른 것은 5월 2일의 신문이었다. 다테마쓰 판사는 예심 법정에서 이례적으로 30분 동안 박열과 후미코 단 둘이 있게 해주었다. 이런 특별대우를 해주겠다고 결단한 이유는 박열이 후미코와 함께 찍은 사진을 고향의 어머니에게 보내고 싶다고 했기 때문이기도 하지만, 동시에 자신이 판사로서 큰 사건을 담당하여 국가를 지킨 일을 기념하고 싶었기 때문이라고 나중에 그는 말했다.

박열은 다테마쓰 판사를 진지한 사람으로서 존경한다고 말한 적이 있는데, 국가에 꼬리를 흔드는 개를 완전히 신뢰하지는 않았다고 해도 마음을 허락한 부분도 있었던 모양이다. 다테마쓰 판사도 아내에게 이렇게 말한 적이 있다. "오늘은 깊이 생각하게 되더라고. 아니, 가네코 후미코가 어떻게 자랐는지 말인데…… 정말 안됐더라고. 듣고 있자니, 그렇게 자랐으면 세상을 저주하고 싶어지는 게 당연하겠더라고."[57]

한편 다테마쓰 판사가 박열과 후미코의 신뢰를 얻어 대역사건의 증거가 될 만한 진술을 이끌어내기 위해 둘의 만남을 허락했다는 설도 있다. 하지만 본인이 대역사건을 담당한 기념이었다고 말한 데다가, 이 시점에는 젊은 커플이 사형에 처해지리라는 인식도 있었을 테니 그들을 측은하게 여겼다고 볼 수도 있겠다.

그렇게 해서 촬영된 것이 '괴사진'으로 유명한, 박열의 무릎에 후미코가 앉아 있는 사진이다. 후미코는 박열의 무릎에 앉아 소녀처럼 앙증맞은 표정으로 책을 읽고 있고, 박열은 통명스러운 표정으로 오른팔로 턱을 괸 채 왼손으로는 후미코의 가슴을 만지는 도발적인 사진인데, 촬영이 끝난 뒤 다테마쓰 판사는 박열과 후미코 둘만 남겨둔 채 방을 나갔다.

뒤에 이 '괴사진'과 그때의 모습을 선정적으로 쓴 '괴문서'가 유출되자 세상은 들끓었다. 대역사건으로 잡힌 용의자들이 어떻게 이런 '야한' 사진을 찍을 수 있었는가. 게다가 예심 법정 밀실에서 공식적으로 밀회를 허락하다니 우리나라 사법 제도는 도대체 어떻게 된 거냐. 사람들은 격앙했다. 이는 제법 큰 스캔들로 발전했고, 와카쓰키若槻 내각 퇴진 운동의 도구로도 이용되었다.

나중에 만들어진 이런 어수선한 정국은 후미코와 박열이 알 바가 아니었다. 주어진 시간을 최대한 아끼고, 사랑하는 사람을 충분히 사랑할 뿐이다. 평등과 성애에 거리낌이란 없다.

다음 날인 5월 3일, 다테마쓰 판사는 박열에게 반성하는 게 어떻겠느냐고 물었다. 하지만 박열은 "반성이 소위 개전改悛을 의미하는 것이라면 그것은 나에게 큰 모욕이다"라며 물리쳤다.[58]

다테마쓰 판사는 5월 14일에 후미코에게도 개심을 권했다. 하지만 후미코도 "나는 개전하지 않으면 안 될 일 따위는 결단코 하지 않았습니다"라며 뿌리쳤다.

만약 두 사람을 전향시킬 수 있었다면 '브라보! 인정파 판사! 일본 최고! 천황 최고!' 같은 미담이 만들어져 영웅이 될 수 있었을 것이다. 다테마쓰 판사에게는 이런 야망이 있었을지도 모른다. 하지만 그런 수법에 박열과 후미코가 넘어갈 리 없었다.

그리고 7월 17일, 둘은 폭발물 단속 벌칙 위반이 더해져 형법 제73조의 죄(대역죄)로 기소되었다.

이해 여름부터 가을에 걸쳐 후미코는 옥중에서 자서전 『무엇이 나를 이렇게 만들었는가』를 집필했다. 벌써 체포된 지 2년이 지났다. 정신 감정을 한 도쿄제국대학 조교수 스기타 나오키杉田直樹에게 후미코는 "형을 받을 날이 곧 다가올 테니 저는 서둘러 쓰고 있습니다"라고 말했다.[59]

또 후미코는 거의 같은 시기에 단가短歌를 쓰기 시작했다. 후미코는 죽을 준비를 시작한 것일까? 죽기 전에 자기 삶의 결말을 짓고 싶어서 옥중에서 집필 활동에 집중한 것일까?

아마도 그렇지는 않을 것이다. "지금 나는 사회와 접촉이 없으니 사회에 관해 생각할 재료가 없습니다. 나 자신밖에 생각할 재료가 없습니다. 그래서 나는 지금 자서전을 쓰는 것입니다"라고 말했기 때문이다.[60]

후미코는 생을 닫으려 한 것이 아니라 더 살고자 했다. 자신의 생애를 연구 재료로 하여 자기 사상을 확장하고 더 앞으로 나아가려 했다.

죽는 것조차 닫혀 있는 것이 아니라 나아가는 것이 될 수 있다. 살아간다는 것, 삶을 연장한다는 것에만 집착하지 않고 얽매이지 않는다면 죽음은 수동적인 것이 아니다.

손발까지 부자유가 되어도
죽는다는, 의지만 있으면
죽음은 자유가 되리니.[61]

**능동적인 죽음**이 반드시 자살—스스로를 죽이는 것—은 아니다.

더비에서 경주마 앞으로 걸어 나온 에밀리 데이비슨의 죽음만큼 도대체 어떤 것이었는지 계속해서 이야기되는 죽음도 없다.

1913년 6월 4일 아침, 노섬벌랜드에 사는 에밀리의 어머니는 집 창가에 까치가 한 마리 앉아 있는 것을 보았다. 창을 열어서 쫓으려 했지만 새는 오히려 방 안으로 들어왔다. 에밀리의 어머니는 나쁜 일이 일어날 징조임을 직감했다.

에밀리는 그날 런던과 엡섬 사이를 오가는 왕복 열차표를 샀다. 이 일은 오랫동안 역사학자와 연구자, 작가들 사이에서 에밀리의 자살 의지를 둘러싼 논쟁의 초점이 되었다.

이 시대의 더비는 커다란 이벤트였다. 당일 아침이면 런던에서 엡섬으로 가는 표를 사려는 사람들이 역에 몰려들었다. 더비라고 하면, 지금은 잘 차려입은 로열패밀리나 유명 인사들이 샴페인을 기울이는 모습을 떠올리지만, 에밀리가 살던 시대에는 이스트 엔드(런던 북동부의 극빈 노동자가 사는 빈민가—옮긴이) 노동자 계급의 가장 큰 오락거리 중 하나였다. 경마장 옆에 이동 유원지가 설치되고 거리의 예술가들, 방물 가게, 먹거리 노점이 늘어서는 휴일의 작은 페스티벌이었다. 다시 말해서, 런던과 엡섬 사이에서 런던 시민의 대이동이 있는 날이기 때문에 경마가 끝난 뒤 작은 엡섬 역이 혼란에 빠지는 일을 막기 위해 역무원이 왕복표밖에 팔지 않았다는 설이 여전히 유력하다.

"왕복이지요?"라고 당연하게 묻는 역무원에게 에밀리는 "아니오, 가는 표만 주세요"라고 굳이 말할 필요가 없다고 여기지 않았을까? 결사의 각오로 뭔가를 하려던 사람이 쓸데없이 왕복표를 사면 돈이 아까우니 어쩌니 하며 작은 일에 주저하고 고민하지는 않았을 것이다.

엡섬 경마장에 도착한 에밀리는 긴 스커트에 외투를 입고 모자를 쓴 채 전혀 눈에 띄지 않는 모습으로 사람들 속에 잠복해 있었다. 6만 명이 넘는 군중 가운데는 소매치기나 치한도 섞여 있었기 때문에 도처에 경찰이 서 있었다. 그리고 귀빈석에는 국왕 조지 5세와 메리 왕비도 앉아 있었다.

병원으로 실려 갔을 때, 에밀리의 소지품 중에는 경마 레이스 카드가 있었다고 한다. 에밀리는 몇 개의 레이스에 돈을 걸었던 모양이다.

오후 3시가 가까워 오자, 메인 레이스에 출장하는 말들이 행렬을 지어 섰다. 선두에서는 국왕의 말이 걸었다. 그 말에는 명기수라는 평판이 자자한 허버트 존스Herbert Jones가 앉아 있었다. 그는 그때까지 더비에서 두 번 우승을 했다.

엡섬 경마장에 온 서프러제트는 에밀리만이 아니었다. 많은 사람이 모이는 더비는 여성 참정권 운동을 선전하기에 좋은 이벤트였기 때문이다. 메리 리처드슨Mary Richardson도 그랬다. 메리는 서프러제트 신문을 가방에서 꺼내 머리 위로 흔들기도 했는데, 그런 행동을 하다가 린치를 당할 위험도 있기 때문에 적당한 타이밍을 보면서 사람들 사이에 조심스럽게 숨어 있었다. 그러다가 에밀리를 목격했다.

몇 번 정도 에밀리를 만난 적이 있어요. 그때 이야기를 나누면서 아주 진지한 사람이라는 인상을 받았기 때문에 에밀리를 보고는 깜짝 놀랐습니다. 경마장에서 오후를 보내는 여성으로는 보이지 않았거든요. 미소를 지었더니 그쪽에서도 멀리서 옅은 미소를 띤 채 나를 바라보는 듯했어요. 에밀리는 혼자서 하얀 페인트칠을 한 난간 옆에 서 있었습니다. 토트넘 코너, 그러니까 딱 커브를 그리는 곳에 있었어요. 무언가에 열중한 듯, 그래서 다른 사람들에게서 멀리 떨어진 곳에 홀로 있는 듯했어요. 주위에서 일어나는 일에 전혀 관심이 없는 듯 보였지요.[62]

에밀리가 서 있던 곳은 토트넘 코너라 불리는 지점으로 다음에 어떤 말이 가까이 오는지가 잘 보이는 장소였다. 경주하는 모습을 촬영하는 세 회사의 카메라가 각자의 앵글로 찍는 지점이기도 했다. 여기보다 영상 기록을 더 확실하게 남길 수 있는 곳은 없었다.

경주가 시작되고 경주마 열다섯 마리가 토트넘 코너로 다가왔을 때, 말들은 이미 선두 그룹과 후방 그룹으로 나뉘어 있었다. 선두 그룹의 말 아홉 마리가 통과하자, 후방 그룹이 도착할 때까지 얼마간 시간이 있었다. 국왕의 말 앤머를 포함한 제2그룹의 말들이 빠른 속도로 다가왔다. 흥분한 사람들이 하얀 난간 바깥쪽으로 몸을 내밀었다. 경찰이 사람들에게 뒤로 물러나라며 소리쳤다.

그때였다. 키 크고 마른 여성이 몸을 굽혀 흰 난간 아래로 빠져나와 코스 안으로 걸어 들어갔다. 이때 에밀리의 모습은 2013년 채널4가 방송한 영상을 통해 100년이 지난 지금도 확인할 수 있다(이 사건을 보도한 세 회사가 서로 다른 앵글로 찍은 영상을 복구, 분석한 이 영상 클립은 유튜브에서도 볼 수 있다). 이 영상을 보고 놀랐던 것은 에밀리가 총총총, 정말로 종종 거리며 코스를 부리나케 걸어갔다는 점이다. 에밀리는 투지로 가득 차 달려 나온 것은 아니었지만 한순간도 경주마의 속도에 몸을 움츠리지 않았고 뒷걸음질 치지도 않았다. 이상할 정도로 냉정하게 경주 코스로 걸어 나와서 마치 달리는 말 따위 거기 없다는 듯이 걸었다.

몇 마리의 말 사이를 스르륵 빠져나간 에밀리는 곧장 국왕의 말을 향해 손을 내밀었다. 그리고 다음 순간 말에 부딪혀 날아가 땅바닥에 쓰러졌다.

에밀리의 갑작스러운 등장에 그를 뛰어넘으려다 충돌한 말도 균형을 잃고 넘어졌고, 기수 허버트 존스도 낙마하여 땅바닥에 내동댕이쳐졌다.

에밀리는 경마 코스로 걸어 나왔을 때 손에 무언가를 들고 있었다. 이는 스카프같이 생긴 좁고 긴 WSPU의 깃발(서프러제트를 상징하는 색인 흰색, 녹색, 보라색으로 이루어진 줄무늬 깃발)로, 에밀리가 그것을 국왕의 말에 달아보려 했다는 설도 있다. 채널4의 영상 분석에서 전문가들은 에밀리가 서 있던 위치에서는 코너를 돌아서 오는 말이 잘 보였을 확률이

높으며, 에밀리가 국왕의 말을 확인하고 코스로 나왔을 가능성이 충분하다고 결론지었다.

에밀리는 더비 전날, 런던의 켄싱턴에서 열린 서프러제트 이벤트에 다녀오는 길에 WSPU 사무실에 들러 스카프 형태의 깃발 두 장을 받아 왔다. 어디에 쓸지 물어보았지만 에밀리는 그저 장난스럽게 웃을 뿐이었다고 한다.

경찰이 발표한 에밀리의 소지품 목록에 따르면, 이때 받은 깃발 두 장은 모두 잘 접힌 채 외투 안쪽에 핀으로 고정되어 있었다고 한다. 한편 에밀리가 넘어졌을 때 떨어뜨린 깃발은 누군가 주웠고, 나중에 그것이 소더비 경매에서 팔려 현재는 영국 의회에 전시되어 있다. 그런데 이 깃발은 경찰이 기록한 깃발과 크기가 다르다. 에밀리가 제3의 깃발을 가지고 있었는지, 아니면 다른 무언가를 쥐고 있었는지는 여전히 알 수 없다.

에밀리는 넘어진 채 움직이지 않았다. 무시무시한 침묵이 몇 분간 이어졌을 것이다. 그리고 갑자기 격노한 사람들이 내지르는 소리, 비명 소리가 들렸고 사람들이 경주 코스로 들어왔다. 내가 무서워서 움직이지 못하고 있으니 한 남성이 내가 쥐고 있던 서프러제트 신문을 빼앗아 그걸로 내 머리를 내리쳤다.[63]

메리 리처드슨은 이렇게 기록했다. 실제로 경마장에 있던 사람들은 에밀리의 몸을 걱정하기보다는 에밀리의 갑작스러운 행동으로 국왕의 말과 기수가 위험에 빠진 것에 분노를 터뜨렸다. "에밀리는 물론 중상을 입었지만, 그렇지 않았다면 군중의 손에 더 험한 꼴을 당했을지도 모른다"라고 『데일리 미러』는 전했다. 군중에게는 "에밀리를 린치하고 싶다는 숨길 수 없는 욕망"이 있었다고 분명하게 썼다.

하지만 이미 의식불명이 된 에밀리는 바로 차에 실려 병원으로 이송되었다. 귀빈석에도 바로 보고가 들어갔다. 국왕 조지 5세는 명기수로 이름 높은 존스가 낙마했다는 보고에 충격을 받아 귀빈석에서 내려와 기수 클럽 테라스로 몸소 행차했다. 좋아하는 기수의 목숨에 지장이 없다는 걸 알고 나서는 경찰 책임자에게 존스의 용태를 자신에게 보고하도록 했다. 메리 왕비의 입에서 나온 첫마디도 "불쌍한 존스"였으며 나중에 요양 중인 그에게 보낸 전보에는 "잔인한 미치광이 여성의 가증스러운 행위로 일어난 슬픈 사고"라고 쓰여 있었다. 그들은 에밀리가 중태임을 알았지만 아무런 동정도 표하지 않았다고 한다.

기수인 존스만이 아니라 국왕의 말 앤머도 다쳤으나 큰 부상은 아니었다. 만약 존스나 말이 죽고 에밀리가 살아남았다면 에밀리에 대한 역사적 평가는 어땠을까? 분명 여성 참정권 운동의 순교자라고 불릴 일은 없었을 테고, 에멀린 팽크허스트 등에게 잔 다르크의 재래再來라고 칭송받는 일도 없었을 것이다. 그보다는 서프러제트의 수치라며 경마장에서 한 행동이 모두 부정되고, 서프러제트와 완전히 연이 끊어지지 않았을까?

병원에 있는 에밀리의 침대 곁에는 "이 편지를 에밀리에게 전해주세요"라고 쓰인 봉투가 있었다. 에밀리의 어머니에게서 온 편지였다.

네가 이런 무시무시한 행동을 했다니 믿어지지 않는구나. 나는 네가 '목적'을 위하여 영혼의 전부를 바칠 수 있다는 것을 알았어. 그래서 한 일이라고는 해도, 그것은 너에게 거의 아무런 보상을 주지 않을 텐데 말이야.

마지막 문장은 계속해서 에밀리를 등한시한 WSPU 간부에 대한 비난이라고도 해석할 수 있다. 신문은 '광기', '광신자', '분간을 못 하는', '발광', '정신이 이상한' 등의 말을 사용하여 에밀리의 행동을 보도했다. 서프러제트 사이에서 '매드 에밀리'라는 애칭으로 통하던 그는 이제 온 나라 사람들에게 "미친 여자"라 불렸다.

병원에는 서프러제트 동료들도 몇 명 다녀갔다. 그 가운데는 에밀리와 특별한 관계였다고 이야기되는 메리 리도 있었다. 많은 친구와 서프러제트에게서 병원으로 문의가 오고, 격려의 편지가 도착했다. 하지만 그 가운데는 모르는 사람들이 보낸 '헤이트 레터hate letter'도 많았다.

더비에서 사고가 일어난 다음 날인 6월 5일자로 우송된 편지에는 이렇게 쓰여 있었다.

"네가 병원에 있다는 것을 듣고 기뻤다. 죽을 때까지 실컷 괴로워해라. 바보."

"네가 한 짓을 생각하면 너는 이 세상에 존재할 가치도 없는 인간이다."

"너를 굶겨서 몸이 너덜너덜해질 때까지 패고 싶다."

"너 같은 녀석은 정신병원에 넣어야 하는데."

트위터에 쓴 글 같은 이 편지를 쓴 사람은 자신을 "한 잉글랜드인 남자"라고 했다.

다른 사람에게서 온 편지에는 이렇게 쓰여 있었다.

"마음 깊이 쾌차를 빕니다, 라는 가능성이 있는 것 자체가 안타깝다. 너의 의식이 완전히 돌아올 때쯤에는 신과 인간의 법을 어긴 미치광이 같은 광신이 너의 빈약한 뇌에서 사라지겠지."[64]

지금이야 에밀리의 죽음이 여성 참정권 운동 투사의 비극적인 최후로 여겨지지만, 당시 사람들에게는 자폭 테러를 기도했다가 실패해 죽음에 이른 광신도라는 인상 정도밖에 없었던 것이다. 에밀리가 입원한 엡섬 코티지 병원에는 화난 시민들로부터 그를 보호하기 위해 경찰이 파견되었다.

여성 참정권에 찬성하는 남성들의 단체 '여성 참정권을 위한 남성연맹Men's League for Women's Suffrage'의 회원이며 에밀리의 서프러제트 동료 이디스 만셀-물린Edith Mansell-Moullin의 남편이기도 한 의사 찰스 만셀-물린Charles Mansell-Moullin이 6월 6일에 에밀리의 두개골 수술을 했다. 하지만 의식은 돌아오지 않았고 6월 8일 오후 4시 50분 두개골 골절과 복수의 내상으로 에밀리는 숨을 거두었다.

"우리는 동지의 죽음을 애도합니다. 애도하는 것이 인간적이니까. 하지만 동시에 우리는 그의 훌륭한 영웅주의에 찬사를 보냅니다"라는 성명을 에멀린 팽크허스트가 발표했다.

이후 WSPU는 에밀리의 죽음을 대대적으로 선전했고, 마치 자살이 서프러제트의 궁극적인 희생인 것처럼 미화하고 신성화했다. 순교자는 어떤 종교와 사상에라도 도움이 되는 것이다.

에밀리에게 가장 어울리는 추도 문구는 서프러제트 동료인 헤르타 에어턴Hertha Ayrton의 말이다.

미쳐? 맞아! 그 신들린 미치광이가 세계를 바꾸어놓았다고.[65]

6월 10일에 엡섬 재판소에서 있었던 에밀리의 사인死因 심문에는 에밀리의 배다른 오빠 헨리Henry Davison가 출석했다. 해군 대령인 헨리는 "에밀리에게 정신적인 이상이 있다고 생각한 적이 있습니까?"라는 질문에 "전혀 없습니다"라고 분명하게 대답했다. "에밀리는 말하고 쓰는 것에 상당한 재능이 있었습니다." 헨리는 에밀리가 더비에서 서프러제트 운동을 선전하려고 한 것이며, 그것은 사고였다고 발언했다. 여동생은 그 일의 위험성을 충분히 인지하고 있었으나, 그럼에도 감수하고 행한 것이며 자신은 죽지 않으리라 여겼음이 분명하다고 그는 믿었다.

배심원들은 에밀리의 사인을 '우발적 사고'로 결론지었다. 에밀리는 경주를 방해할 생각이긴 했지만 어떤 말이 국왕의 것인지 판별할 수 없었을 터이니, 국왕의 말과 충돌한 것이나 그 결과로 숨진 것은 단순한 우연이었다는 데 의견 일치를 보았다.

'우발적 사고'였을까, '자살'이었을까? 에밀리의 죽음을 둘러싼 논쟁은 지금도 이어지고 있다.

당시의 말은 지금의 자동차 같은 것이었으니 그 앞으로 뛰어든다는 것이 무엇을 의미하는지 에밀리가 인식하지 못했을 리가 없다. 또한 외투 안쪽에 WSPU의 깃발을 핀으로 고정해놓았다는 것은 자기 몸에 무슨 일이 일어날지를 에밀리가 충분히 예상하고 있었다는 뜻이다.

에밀리는 만약 자기가 말하지 못하는 몸이 된다 해도 이는 여성의 권리를 위해 싸워온 인간의 몸이라는 것을 자신의 몸을 수습하는 사람에게 알리고 싶었던 것이 아닐까?

죽은 몸이 무언가를 웅변하고 있다면 살아 있을 때보다 더 살아 있기도 하기 때문이다. 반대로 움직이는 몸이라고 해서 다 살아 있다고는 할 수 없다.

나는 대답한다—**살아 있음은 단지 움직이는 것이 아니다.**
자기 의지로 움직이는 것이다. …… 따라서 자기 의지로 움직
였을 때 그것이 육체를 파멸로 이끌 수도 있다. 그것은 생의
부정이 아니다. 긍정이다, 라고.

"왜 전향하지 않는가?"라는 질문에 대답하기 위해 후미
코는 옥중에서 이렇게 썼다. "죽어도 전향은 하지 않습니다.
그것은 사상을 위해서도 이상을 위해서도 아닙니다. 내가
죽는 것을 의미하기 때문입니다. 나는 나 자신으로 살기 위
해서 목숨을 겁니다." 후미코는 이렇게 말했다.

니힐리스트의 최후로서 죽을 채비를 서두르던 박열과 후미
코. 당시 후미코의 아버지와 어머니는 후미코의 유해를 받아
줄 것 같지 않았고, 또 받아줄 수 있는 동지들에게는 교도소
당국이 넘겨주지 않을 것 같았다. 결국 공중에 붕 뜨게 될 후

미코의 유해를 합법적으로 인수할 수 있는 사람을 만들기 위해 둘은 혼인신고를 했다. 참으로 비장하고 처참한 혼인신고였던 것이다.[66]

후미코는 조선에 있는 박열의 가족에게 편지를 몇 번 보냈다. 후미코와 박열이 옥중 결혼을 했을 때 박열의 가족이 어떤 반응을 보였는지를 박열의 조카(형의 아들)가 『여백의 봄 – 가네코 후미코』에서 세토우치 자쿠초에게 이렇게 말했다.

어쩔 수 없는 부분이기도 하고요. 게다가 후미코 씨의 편지를 보고 그가 좋은 사람이라는 것을 알았기 때문에 모두 안심했습니다. 그러니까 후미코 씨가 죽었을 때도 아버지와 어머니는 우리 식구가 죽었다고 생각했습니다. 후미코 씨가 자신이 죽으면 박가의 무덤에 넣어달라고 항상 편지에 썼기 때문에 아버지는 의리를 지켰습니다.

조선에서 자란 어린 시절, 할머니와 고모에게 학대를 당하며 밥도 못 먹고 굶주려 있을 때 "보리밥이라도 괜찮으면 이리 올라오지 않겠습니까?"라며 친절하게 대해준 사람은 조선인 마을의 안주인뿐이었다. 그즈음부터 후미코를 받아들여준 사람은 늘 조선인이었다. 꼭 태어난 나라에서 사랑을 받는다는 법은 없다. 후미코에게 일본은 언제나 조선보다 먼 나라였다.

1926년 2월 26일, 형법 제73조(대역죄)와 폭발물 단속 벌칙 위반 용의로 기소된 박열과 가네코 후미코 두 사람의 대심원 공판이 시작되었다.

박열과 후미코는 직전에 변호사를 통해 재판소에 네 가지를 요구했다. 이 요구는 당시 매체마다 전해지는 내용이 미묘하게 다른데 '조선 예복 착용, 조선어 사용, 피고석과 판사석을 같은 높이로 할 것, 법정에서 자기 선언문 낭독'이었다는 기록도 있고, 법정에서 두 사람을 '피고'로 부르지 않을 것을 요구했다는 기록도 있다. 어쨌든 두 사람이 법정을 자기 사상을 선언하는 퍼포먼스의 무대로 삼았음은 분명하다. 박열은 재판을 민족 투쟁의 장으로 삼을 예정이었다.

한편 조선 예복 착용을 허가해달라는 요구에 관해서도 이견이 있는데 두 사람의 변호사 중 한 사람인 후세 다쓰지布施辰治에 따르면 박열은 익선관과 곤룡포 착용을 허가해달라고 했단다. 하지만 야마다 쇼지는 『가네코 후미코』에서 반권력주의자였던 박열이 왕의 차림을 하려 했다니 믿을 수 없다고 썼다.

박열이 조선 시대에 양반이었던 집안 출신이라 예복을 입고 싶어 했다는 설도 있다. 그러나 박열이 법정에서 낭독한 「나의 선언」에는 민족 차별 문제뿐만 아니라 지배층이나 부자에 의한 민중 지배와 착취에 대한 비판도 있었음을 고려할 때 무정부주의자인 박열이 자기 혈통을 자랑스러워하며 기득권층의 차림을 하고 싶어 했다는 것은 앞뒤가 맞지 않다.

오히려 박열은 거친 천으로 만든 옷을 입고 땅바닥을 기어 다니듯 살아가는 자신을 개새끼라는 비속어(그러니까 '제기랄shit'이나 '나쁜 놈fucker' 같은)로 부를 정도로 스스로 저변의 백성임을 풍자적으로 뽐낼 수 있는 사람이 아니었던가.

말하자면 나는 영화 〈박열〉에서 후미코가 치마저고리를 입고 체호프의 단편집을 손에 든 채 법정에 들어설 때 안경을 과장되게 위로 밀어 올리는 장면이나, 조선 예복을 몸에 두른 채 커다란 관을 쓴 박열을 보고는 웃음을 참지 못하는 동지들에 대한 묘사가 좋았다. 그들은 '불령의 패거리', 어디까지고 불령스러운 녀석들이었다고 생각하고 싶다. 법정이 퍼포먼스의 무대라면 예복은 민족 투쟁을 위해 입은 무대의상, 즉 코스프레였던 것이다.

하지만 그것은 젊은 생명을 건 일생일대의 코스프레이기도 했다. 때로는 유머가 삶과 죽음의 갈림길에서 강한 힘을 발휘한다.

이 선 굵은 유머는 후미코에게도 있었다. 실은 후미코와 박열의 공판은 2월 26일보다 일찍 열릴 예정이었다. 그런데 후미코가 컨디션 난조(생리가 시작되었으리라)를 이유로 출정을 거부해 연기되었다. 이때 후미코가 재판장 앞으로 쓴 공판 출정 거부장도 재미있다.

나는 잘 하고 있었는데 위에서 말을 안 듣고 멋대로 정해버렸다. 따라서 내가 알 바 아니다. 16, 17일 양일은 공교롭게도 몸 상태가 좋지 않아 기분이 나쁘니 나는 가지 않겠다. 지렛대를 가져와도 끄떡도 않을 게다. 그러니 그런 줄 알게.

공평을 가장한 재판관 제군, 가네코 후미코에게 관련 형법 제73조의 죄목에 폭발물 단속 벌칙 위범 피고 사건은 피고인 없이 어떻게든 상부에서 해나갈 수 있게 재판하시게.

천구백이십육년 이월 십오일 아침

이불을 둘둘 말고 누워

가네코 후미코

재판장 미키노 기쿠노스케 귀하

지금도 여성의 생리에 대해서는 말하기 어려운 부분이 있다. 일본 사회에는 여성 특유의 생리현상 정도는 자기가 책임지고 어떻게든 해보라는 암묵적인 규칙이 있지만, 후미코는 "나는 가지 않겠다. 그런 줄 알게"라며 재판장에게 고압적으로 알린다. 이쪽도 불령한 여자다.

박열과 후미코가 재판소에 요구한 것에 대한 이야기로 다시 돌아가자. 그들의 요구 가운데는 받아들여진 것도 있고 그렇지 않은 것도 있다. 또 박열이 철회한 것도 있었던 모양이다. 결국 대심원이 허가한 것은 조선 예복 착용과 선언문 낭독이었다.

재판 당일 이른 아침부터 방청을 원하는 사람들이 재판소에서 기다리고 있었다. 조선인과 일본인 지원자 500명 정도가 꽉 들어차 있었다고 하는데, 실제로 법정에 들어가는 것이 허가된 사람은 150명뿐이었다.

박열은 재판장의 '성명', '주소', '연령' 등의 인정신문人定訊問에 조선어로 대답했다. 천황제 국가에 대한 민족적 저항의 자세를 분명히 취했던 것이다.

이어서 후미코에게도 인정신문을 행한 뒤에 재판장은 어째서인지 공판 방청은 "질서와 안녕을 문란하게 할 우려"가 있다며 일방적으로 일반 방청 금지를 선언하고 휴정에 들어갔다. 법정이 열린 지 겨우 6분 만의 일이었다.

박열과 후미코의 지지자들은 이에 분개했지만 폭력적으로 쫓겨났으며, 퇴정을 거부한 30명의 방청인이 검거되기도 했다. 법정에서 쫓겨난 일반 방청인을 대신하여 들어온 이들은 관리들을 포함한 특별 방청인이었다.

9시 40분에 재판이 시작된 이후, 두 사람의 변호인인 후세 다쓰지 등이 일반 방청인에게 공개하지 않고 재판을 진행하는 것은 공정하지 않다고 이의를 제기했지만 곧 각하되었다.

공판이 재개되자 박열은 「소위 재판에 대한 나의 태도」를 먼저 낭독했다. 인간의 몸, 생명, 재산, 자유를 침해하는 국가의 재판관이 공정한 판결을 내릴 리가 없다. 따라서 내가 법정에 서는 것은 판결을 받기 위해서가 아니라 나 자신을 올바르게 선언하기 위해서다. 이와 같은 진술을 통해 박열은 자신은 처음부터 일본의 사법제도 따위는 믿지 않았으며, 이 재판은 자신의 사상을 전하기 위한 무대임을 대담하게 선언한 것이다.

또 이때 박열은 감옥에서 쓴 「나의 선언」을 읽었다. 이는 박열의 허무주의적 가치관을 담은 글로 인간의 본성이자 대자연의 법칙인 약육강식에 반역하여 이를 없애려 한다면 전 인류를 멸망시키는 사고방식에 도달할 수밖에 없으리라는 니힐리즘적 세계관을 진술한 것이었다.

천황과 황태자에게 위해를 가하려고 한 행동은 어떤 생각에서 나온 것이냐는 질문에 박열은 「한 불령 조선인으로부터 일본의 권력자 계급에게」라는 글을 낭독하는 형태로 대답했다.

한편 후미코는 이날 법정에서 매우 흥미로운 발언을 했다. 그 전까지는 김중한과 교섭하는 데 자신도 관여했다고 주장했지만, 이때는 교섭은 박열 혼자서 한 것으로 자기는 아무것도 몰랐다고 말했다. 그리하여 이번 사건이 파탄이 난 책임은 자신에게 있지 않으며, 자신은 내면의 사정 때문에 희생하려 한다고 후미코는 발언했다. 공판이 시작되자 이전의 진술을 완전히 뒤집은 것이다.

재판소는 이 발언의 의미를 잘 모르겠으니 문서로 써달라고 요구했다. 이렇게 해서 공판 첫날인 26일 밤에 후미코는 길고 긴 회답문을 적었다. 다음 날인 27일, 공판 법정에서 후미코가 낭독한 것이 바로 전날 밤에 쓴 글이다.

첫날과 달리 공판 이틀째는 박열도 후미코도 일본 옷으로 갈아입었다. 민족 투쟁의 코스프레로 들뜬 열이 가라앉은 듯 후미코는 자기라는 인간이 누구인지, 자신의 삶의 방식, 누구에게도 침범당하지 않는 자기, 다른 누구도 되지 않는 자신에 관해 이야기하며 철저한 자주자치 사상을 선언했다. 이때의 글에는 가네코 후미코의 정수가 가득 담겨 있다. 후미코는 이 글에서 자신이 일생 동안 찾아다닌 '나 자신의 일'에 관해서도 이야기했다. '나 자신의 일'은 사명이라 불리는 것과는 다르다며 이렇게 선언했다.

따라서 나는 인간 위에, 아니 자기 자신 위에 있는 '천직'이나 '사명' 같은 것을 인정하지 않습니다. 그러니까 "나는 지금 이렇게 하고 싶으니까 이렇게 한다" 이것이 나에게는 자신의 행위를 다루는 유일한 법칙이며 명령입니다. 더욱 알기 쉽게 말하면 내 모든 행위는 "나 자신이 그렇게 하고 싶으니 그렇게 한다"일 뿐, 타인에 대해서 "그렇게 하지 않으면 안 된다"거나 "그렇게 해야 한다"라고 말하지 않습니다. 나는 생각합니다. 내가 나 자신에 대해서 생각하고 나 자신의 길을 걸어가기 위해 나 자신의 머리와 발을 가진 것처럼 다른 사람도 그 자신의 머리와 발을 가졌다. …… 그래서 다른 사람이 나를 봤을 때는 무슨 주의인지, 어떤 사상을 가졌는지 나는 모릅니다. 내가 아는 것은 "나는 이렇게 생각한다"는 것뿐입니다.

후미코는 이 글에서 그 시점에 자신이 가진 사상을 개인주의적 무정부주의라 불러도 좋을 것이라 했다. 하지만 그런 명칭은 사람에게 어떤 꼬리표를 붙이지 않으면 이해하지 못하는 이들을 위해 그나마 가장 가깝다고 여겨지는 말을 스스로 붙여본 것일 뿐, 자신은 애초에 그런 항목에는 전혀 관심이 없으며 그저 "지금 나는 무엇을 생각하는가"를 알고 싶을 뿐이라고 했다. 나는 지금 어떻게 하고 싶은가. 나는 어쩌면 다른 사람과 사회와 권력과 영문을 알 수 없는 분위기 때문에 '이렇게 해야 한다'는 쪽으로 움직이는 것이 아닐까? 정말로 내 머리와 발, 그것만으로 걸어가고 있을까? 후미코는 이런 것만이 자신에게 중요하다고 말했다.

어떤 주의나 사상으로 분류되는 것에 조금도 구애받고 싶지 않다는 입장을 밝힌 후미코는 그 뒤 관료들에게서 '경박하다'는 말을 들은 것에 대해 언급한다. 이른바 '사상이 깊은 네오 인텔리겐치아들'에게 후미코는 자주 그런 말을 들어왔다.

하지만 나는 그들에게 여쭙고 싶다. 현재 자기가 생각하는 것이 과연 틀렸는지 아닌지 확인해보시는 것이 어떨지 모르겠사옵니다만, 이라고. 공교롭게도 우리는, 나는 "스스로 실행해보자"라는 것 외에는 그것을 시도하여 결과를 확인할 만한 적당한 방법을 갖고 있지 않습니다. …… □□ 의義해서 말과 멋진 논리가 내 앞에 성황을 이루고 있다. 하지만 실행할 수 없는 말이라면 소용없지 않은가? 실행의 시련을 겪고 나서야 비로소 더 제대로 된 것이 생겨난다. 그러니까 나는 자꾸자꾸 실행해보겠습니다.

사상을 몸으로 읽어나가는 가네코 후미코의 진면목이 여기에 있다. 그러니까 후미코의 사상은 책에 인쇄된 말처럼 고정된, 움직이지 않는 것이 아니다. 실천과 경험에 입각한 사상은 시간과 함께 유동적으로 흘러가 변화하는 것이 당연하며, 따라서 후미코가 "지금 생각하고 있는 것"이 "내일 생각하는 것"이라고는 말할 수 없다. 그런 경우 후미코는 "나는 어제 틀렸다"라고도 말하지 않겠다고 썼다. 그에 관해 다른 사람에게 사죄도 하지 않을 것이며, 사죄할 의무도 없다고 선언했다.

이런 의미에서 후미코는 스스로 쓴 것처럼 이상주의자가 아니라 현실주의자였는데, 생각이 고정되지 않고 계속해서 변해가는 이유에 관해서 이렇게 쓴 적이 있다.

그래서, 내가 생각하는 것은 내 머리로 생각할 수 있는 한 철저하게 의심합니다. 의심하려고 합니다. 그것은 스스로를 위해서입니다.

그러니까 박열과의 관계도 기적의 로맨스라든가 영원불멸의 사랑 같은 것이 아니었다. 후미코 쪽에서는 그 또한 제 머리로 생각할 수 있는 한 자신을 위해서 의심했다.

그래서 나는 이 사건이 발각된 후 깨달았습니다. 스스로 의심을 품었던 그때, 어디까지고 자신을 추궁해야 했습니다. 나는 아마도 박열과의 사이에서 벽을 본 듯합니다. 박열과 나는 함께였습니다. 하지만 그것은 두 사람의 생활이 아닙니다. 한 사람과 한 사람의 생활입니다. 어떤 개성도 다른 개성을 흡수해 버릴 권리는 없습니다. 박열이 그의 길을 걷는 것처럼 나는 내 길을 걷습니다. 자신의 세계에서는 자기가 절대적입니다. 내가 나 자신의 길을 누구에게도 방해받지 않고 똑바로 계속 걸어나가기 위해서는 나 혼자가 되어야 했던 것이라고.

후미코는 박열과 헤어질 생각도 했던 것이다. 사실 이 글에는 입센의 『인형의 집』이 두 번 언급되었다. 첫 번째는 박열이 후미코와 상의도 하지 않고 김중한에게 폭탄 입수에 관해 발설하는 바람에 그 계획이 실패했는데 다른 사람의 실수 때문에 자신이 희생하게 되었다고 진술할 때『인형의 집』의 헬마가 떠올랐다고 썼다.

두 번째로는 "내 몸 안에는 과거의 고통스러운 일로 단련된 힘센 생명이 울부짖고" 있으니 타인의 실패에 희생되는 것보다는 동지들 전원을 배신하게 되더라도 관료에게 개전의 마음을 보여주고 자유로운 몸이 되고 싶기도 했었다고 적나라하게 쓴 부분에 "노라는 인형의 집을 버렸다. 그것만으로도 좋은 것이다"라며 자기 생각을 고백했다.

치마저고리를 입고 법정에 선 후미코는 박열의 민족적 저항을 수용하고 그의 진영에 함께할 것을 결의했지만, 동시에 그 결의와 자신의 자주자치 사상 사이에서 흔들렸던 것이다.

하지만 후미코는 인형의 집을 버리지 않았다. 이는 박열에 대한 애정이 자유를 향한 갈망을 이겼다는 식의 단순한 이야기가 아니다. 이토록 투철하게 '사고하는 여자'가 그럴 리가 없지 않은가.

그게 아니라 후미코는 '대역大逆'을 살았기 때문이다. 대역은 사상과 신조가 아니라 생생한 피와 살이었다. 사람은 모두 사람이며 사람으로서 평등하게 태어났다는 감각이 머리가 아니라 몸에 깃든 후미코에게 이 세상에 우등한 사람과 열등한 사람을 만드는 기만의 근원은 천황제였다. 오직 천황제가 전 생애에 걸쳐 후미코를 열등한 사람으로 만들었다. 그렇다면 누가 실패했다든가 말려들었다든가 하는 절차상의 문제는 어떻게 되든 상관없다. 우리는 땅바닥의 개새끼 신분으로 천황제와 싸우는 희대의 바보, 영혼의 동지다. 혼자 죽게 하지 않을게, 브라더.

나는 박열을 안다. 박열을 사랑한다. 그의 모든 과실과 모든 결점을 뛰어넘어 나는 박열을 사랑한다. 나는 지금, 박열이 내 신상에 가져온 과오의 모든 것을 무조건적으로 인정한다. 그리고 박열의 동료에게 말하겠다. 이 사건이 바보스럽게 보인다면, 부디 두 사람을 비웃어달라. 이는 우리 두 사람의 일이다. 그리고 관료들에게도 말하겠다. 부디 두 사람을 함께 기요틴으로 던져주게. 박열과 함께 죽는다면 나도 만족하겠소. 그리고 박열에게도 말하겠다. 관료들의 선고가 둘을 갈라놓더라도 나는 결코 당신을 혼자 죽게 내버려두지 않을 생각입니다ㅡ라고.

세토우치 자쿠초는 이렇게까지 당당한 러브레터를 법정에서 연인을 향해 낭독하는 여성은 세상에 후미코뿐일 거라고 『여백의 봄』에 썼다.

"당신이 죽는다면 나는 살아갈 수 없어"라든가 "죽음은 우리를 갈라놓을 수 없어"라든가 하는 연문戀文다운 촉촉한 문구를 후미코는 입에 올리지 않았다.

후미코는 "당신을 혼자 죽게 내버려두지 않겠다"라고 말했다. 이는 로맨스라기보다는 전장에서 함께 싸운 전우에게 건네는 말이다. 이 남자라면, 이 동지라면 함께 죽어도 좋다. 후미코는 남자로서만이 아니라 전우로서도 박열에게 반해 있었다. 그리고 천황제야말로 싸우다 죽어도 아쉽지 않을 궁극의 적이었다.

3월 25일, 판결 공판에서 두 사람에게 사형이 선고되었을 때 후미코는 "만세"라고 소리쳤다. 박열은 일본어로 "재판장, 고생했다"라고 말했다고도 하고, 조선말로 재판장을 꾸짖었다거나 "재판은 어리석은 연극이다"라고 말했다고도 전해진다.

법정에서 끌려 나가는 박열의 모습을 후미코는 눈으로 좇았다. 목숨을 걸고 싸운 동지의 모습을, 제 인생에서 유일무이한 남자의 모습을 눈에 뚜렷이 새겨두고 싶었다. 판결에 어수선해진 법정은 후미코의 눈에 조용히 잠든 차가운 전장의 흔적처럼 보였다.

재판이라는 전쟁의 불은 꺼졌다. 이제 고독이 시작된다.

전쟁의 불이 꺼진 거리에 마거릿은 홀로 서 있었다.

퇴원하여 더블린의 친구 집에서 신세를 지던 마거릿이 처음으로 부활절 봉기가 끝난 뒤의 거리를 보러 온 것이다.

모든 것이 완전히 변해 있었다. 더블린은 심각한 상처를 입고 피를 흘리고 있는 듯했다. 그렇게 활기 넘치던 리버티 홀은 텅 비어 있었고, 남은 것은 처형된 동지와 교도소에 있는 친구들과 함께하던 추억뿐이었다.

봉기군의 본부였던 중앙 우체국은 본래 모습 그대로 그 자리에 서 있었다. 우체국은 마치 봉기의 기념비 같았다. 그 건물 앞에서 공화국 임시정부 대통령 패트릭 피어스가 우리의 독립 선언을 낭독했다. 임시정부가 공화국의 행정과 군사를 집행한다고 선언했었다.

하지만 이제 패트릭 피어스는 이 세상에 없다. 공화국의 깃발도 펄럭이지 않는다. 모든 것이 일주일도 안 되어 끝났다. 마치 꿈이라도 꾼 듯했다. 하지만 더블린의 거리는 처참

할 정도로 파괴되었다.

마거릿은 마담, 말린 사령관과 함께 싸우던 왕립외과의학원에도 가보았다. 그들은 거기에서 아무것도 파괴하지 않았다. 빅토리아 여왕의 초상화만 빼면.

그들은 초상화를 벽에서 떼어내 부상당한 병사의 다리와 팔을 지지하기 위해 말아놓았다. 빅토리아 여왕은 숙부였던 벨기에 왕 레오폴드 1세에게 "아일랜드의 반란을 쳐부수는 수단은 많습니다. 싸우지 않고 뭉개버리는 것이니 사람들은 많이 후회하겠지요(그리고 그것은 옳은 일입니다). 아일랜드인에게는 분명하게 가르쳐주지 않으면 안 됩니다. 그렇게 하지 않으면 또 시작할 테니까요"라고 쓴 편지를 보낸 적이 있다. 빅토리아 여왕은 항상 아일랜드인을 다른 나라 사람으로 여겼다. 그렇다면 아일랜드인에게도 그 초상화는 이국의 여왕을 그린 그림일 뿐이다. 찢고 자른다고 한들 뭐 어떤가.

병사들에게는 왕립외과의학원 내 박물관과 도서관에 있는 소장품을 망가뜨리지 않도록 세심하게 주의를 주었다. 거기서 밤을 지새우는 일이 아무리 힘들어도, 추워서 잠을 잘 수 없더라도 카펫을 잘라 담요 대신 덮는 사람은 없었다.

봉기군이 거점으로 사용한 제이콥스 비스킷 공장의 기계들도 전혀 손상되지 않았다. 공장이 파괴되어 일자리를 잃을까 봐 상황을 보러 온 노동자들의 마음을 병사들이 잘 알고 있었기 때문이다. 봉기군은 항상 그들 편에 섰다. 기네스 양조장에는 엄청난 양의 기네스 맥주가 보관되어 있었지만 그것을 맛보거나 훔친 병사는 없었다.

봉기의 혼란을 틈타 거리의 상점에서 물건을 훔치는 가난한 사람들도 있었다. 자전거를 타고 시내를 달리는 전령이었던 마거릿은 신발 가게의 유리창을 깨고 안으로 들어가는 사람들을 보았다. 어이없게도 약탈자들은 신발을 하나하나 신어 보면서 훔치고 있었다. 빈민가에는 신발 같은 건 본 적도 없는 사람들이 있었던 것이다. 더블린의 빈민가로 안내를 받고 간 사람들이 항상 놀라는 것은 얼음이 얼 정도로 추운 날에도 아이들과 젊은 여성들이 맨발로 보도 위를 걸어다니는 모습이었다.

퇴원한 지 얼마 지나지 않아 마거릿은 구속된 봉기군 병사들이 잉글랜드의 교도소에 배로 이송되리라는 것을 알게 되었다. 배는 노스 월이라는 곳에서 출발한다고 했다. 안절부절못하던 마거릿은 결국 그 모습을 보러 가기로 했다.

비가 세차게 내리는 날이었다. 영국군 리치먼드 부대에서 6마일을 걸어온 봉기군 병사들은 마치 개선 행진이라도 하듯이 〈아일랜드 저항의 노래Irish Rebel Song〉(영국에 대한 저항의 심정을 노래한 아일랜드 민요)를 부르고 있었다.

그 가운데는 마거릿이 아는 사람들도 있었다. 대열을 호위하는 병사들 사이사이로 마거릿은 그들 한 사람 한 사람과 악수했다. 몇몇 병사들은 마거릿을 보고는 유령을 본 듯한 얼굴이 되었다. 마거릿이 죽었다고 생각했기 때문이다.

놀랍게도 그 가운데는 봉기에 회의적이던 한 극작가도 있었다. 그는 마거릿에게 혁명의 어리석음을 폭로하는 풍자극을 쓰고 있다고 이야기한 적이 있었다. 그의 친척 중 한 사람이 봉기군 병사로 왕립외과의학원에서 마거릿과 함께 싸웠다. 하지만 극작가는 봉기와는 아무 관계도 없었고 심지어 반대하는 입장이었다. 그런데 웬일인지 봉기를 반대하는 극작가마저 체포되어 잉글랜드로 이송되는 중이었다.

극작가에게서 자기 어머니에게 메시지를 전해달라는 부탁을 받은 마거릿은 다음 날 그가 가르쳐준 주소로 어머니를 만나러 갔다. 아들이 아직 리치먼드의 병사 구치소에 있다고 생각한 어머니는 아들에게 사식을 넣어 주기 위해 시장에서 과일을 사서 돌아오던 중이었다. 아들이 잉글랜드의 교도소로 이송되었다는 소식에 어머니는 조용히 눈물을 흘렸다. 그러더니 곧 세상의 모든 것을 얼려버릴 듯한 분노의 표정을 지었다.

쓸쓸하고 검고 차가운 재의 가장자리에서 바작바작 다시 타들어가는, 얼어붙을 듯 차가운 분노의 불꽃. 어머니의 얼굴에 그런 새로운 불꽃의 편린이 보였다.

마거릿은 당장이라도 가족이 있는 스코틀랜드로 돌아가고 싶었다. 하지만 영국 총감독부의 허가증을 받지 않으면 도항할 수 없었다. 이 허가증은 꼭 본인이 총감독부에 신청해서 받아야 하는 것이었다.

친구들은 마거릿에게 그건 사자의 입에 머리를 집어넣는 것이나 다름없는 무모한 행위라며 반대했다. 하지만 마거릿은 홀로 더블린 성의 영국 총감독부에 들어갔다.

마거릿은 먼저 안내받은 방에서 경찰관과 면접을 했다. 몇 가지 질문을 받았는데, 스코틀랜드식 방언이 섞인 마거릿의 영어에 경찰관은 경계심을 완전히 풀어버렸다.

"언제 더블린에 왔나?"

마거릿이 대답했다.

"성목요일입니다."

"그럼 봉기가 일어난 주에 계속 여기에 있었나?"

"네."

"정말 너무 심했지?"

경찰관은 이렇게 말했다. 그는 바로 허가증을 주었다. 하지만 이 허가증은 더블린을 떠나도 된다는 것이 아니라, 영국군 담당관을 만날 수 있다는 내용이었다. 위험해지겠다고 생각하면서도 마거릿은 고개를 들고 방을 나가 복도에 서 있던 병사들에게 어디로 가면 좋은지 물었다.

"이름은?"

"이 허가증에 쓰여 있습니다."

마거릿은 경찰관에게 받은 허가증을 보였다. 하지만 병사는 그것을 보려고 하지 않았다. 어쩔 수 없이 입으로 이름을 말하자, 영국군 담당관들이 있는 방으로 안내되었다. 자신이 봉기군 가운데 한 사람이었다는 사실이 간파된 것은 아닌지 이번에는 정말로 긴장했지만, 그곳에서 받은 질문은 앞서 경찰관에게 받은 질문과 완벽하게 똑같았다. 그래서 마거릿도 완전히 똑같은 대답을 했다.

"나는 성목요일에 더블린에 와서 봉기가 일어난 주에 계속 여기에 있었습니다."

그것이 사실이었기 때문이다. 거기서 마거릿이 총을 들고 영국 병사를 쏘았던 일이나 폭탄을 설치하러 가서 영국 병사의 총탄에 쓰러진 것을 이 사람들은 모른다. 그들이나 마거릿이나 알고 있는 것이라고는 거기서 싸운 봉기군 병사들이 영국군에 붙잡혀 처형되거나, 교도소에 수감되어 가족도 모르는 사이에 잉글랜드로 끌려갔다는 정도다.

마거릿은 무사히 허가증을 받아냈다. 그렇게 더블린을 뒤로하고 일단은 스코틀랜드로 돌아갔다. 그런 다음 비밀리에 잉글랜드로 가서 더블린에서 이송되어 레딩 교도소에 들어가 있는 봉기군 병사들을 만났다. 스코틀랜드의 교도소에도 200명 남짓한 병사들이 더블린에서 이송되어 왔으나 그들은 아주 짧은 시간 동안만 머물다가 바로 웨일스로 이송되었다. 글래스고에 사는 많은 아일랜드인과 스코틀랜드인 서프러제트가 수감된 봉기군 병사들에게 강한 공감을 보이며 면회를 하고 사식을 넣어주었기 때문이다.

봉기의 열기가 식은 8월, 마거릿은 다시 한번 더블린 땅을 밟았다. 그곳의 모든 것이 또다시 완전히 바뀌어 있었다.

길에서 만나는 모든 더블린 사람이 아일랜드공화국을 상징하는 녹색과 흰색, 주황색을 띤 무언가를 몸에 지닌 채 걸어 다녔다. 부활절 봉기가 일어난 주에 중앙 우체국과 왕립 외과의학원 지붕에서 펄럭이던 공화국 깃발의 색깔이 지금은 더블린의 온 거리를 활보하고 있었다.

마거릿은 봉기에 참가하지 않았는데도 체포되어 잉글랜드로 이송된 극작가의 어머니를 떠올렸다. 씁쓸하고 검고 차가운 재의 가장자리에서 바작바작 다시 타들어가는 분노의 불꽃. 그것이 점점 중심을 향해 번져나가기 시작했다. 봉기군이 총을 쏘지 않아도, 폭탄을 던지지 않아도 그 불꽃은 이 나라를 지배하는 자들을 향해 거세게 번져갔다.

이런 불온한 분위기 때문이었을까. 영국군 병사들은 더블린 시내를 걸어갈 때 혼자 다니지 않고 5, 6명의 소대가 함께 움직였다. 그들은 좁은 뒷골목으로 가서는 안 되며, 순찰 이외의 목적으로 외출할 때는 어두워지기 전에 부대 막사로 돌아오라는 명령을 받았다. 더블린은 여전히 영국군의 지배 하에 있었지만 군 간부들은 시민의 변화를 몹시 두려워하고 있었다.

봉기가 조금만 더 길게 이어졌다면 지원병이 속속 도착하여 봉기군에 합류했을 거라고 이야기하는 사람들을 마거릿은 시내 여기저기에서 볼 수 있었다. 봉기가 너무 갑작스럽게 발발하여 놀라다가 끝났다고 하는 사람도 있었다.

스마트폰이나 인터넷은커녕 텔레비전조차 없던 시대에는 정보가 전해지는 데 시간이 걸렸다. 봉기가 일어났다는 사실을 아는 데만도 며칠이 걸린 지역도 있고, 이런저런 정보가 뒤섞인 가운데 누군가 어떤 목적으로 봉기를 일으켰는지 진실이 알려질 즈음에는 이미 상황이 끝나버렸다. 이런 과정이 대략 일주일이었다. 겨우 일주일 동안의 봉기 때문에 영국 정부가 16명의 아일랜드인을 처형했다는 충격은 시간이 흐를수록 세찬 분노로 바뀌었다. 사람들은 더 이상 영국에 대한 증오를 숨기지 않았다.

마거릿은 이탈리아의 내셔널리스트들이 일으킨 봉기를 주제로 한 영화가 인기라는 이야기를 듣고는 영화를 보러 갔다. 관객들은 내셔널리스트들에게 공감했다. 봉기 지도자가 총살당하는 장면에서는 비명이 터져 나왔다.

학교에 다니는 아이들조차 싸우기 시작했다. 아일랜드공화국을 상징하는 색깔을 몸에 지니고 등교하면 안 된다는 명령이 영국에서 내려와 등교를 거부한 학생도 있었다. 교원들이 이 새로운 규칙을 발표한 다음 날, 이를 따른 학생도 일부 있었지만 다수의 학생이 흰 옷을 입고 머리카락이나 모자에 초록색이나 주황색 리본을 달고 나타났다. 이것마저 금지되자 더블린의 한 학교 학생들은 단결하여 거리를 행진하고, 더블린의 온 학교를 돌아다니며 학생들에게 동맹 휴교를 요청했다. 그리고 이 요청을 따르지 않는 학교가 있으면 돌을 던져서 창문을 깨뜨렸다. 경찰이 달려와 소동이 일어났지만, 학생들은 마운트조이 광장에 집결하여 도로 포장용 돌을 던지며 저항했다. 결국 학생들의 요구가 받아들여졌다. 학생들은 공화국을 상징하는 색깔의 스카프와 배지를

마거릿 스키너디

원하는 만큼 착용하고 학교에 갈 수 있게 되었다.

봉기 종결 직후에 처형된 패트릭 피어스가 운영하던 세인트 엔다스 스쿨에는 입학 희망자가 몰려들어 많은 아이들이 대기자 명단에 이름을 올리고 순서를 기다렸다. 피어스가 심혈을 기울여 마련한 '아일랜드인 아이들을 위한 교육'이 부활절 봉기와 그의 죽음을 계기로 학부모들 사이에서 갑작스럽게 인기를 끌게 된 것이다.

눈에 보이지 않는 새로운 혁명의 불꽃이 더블린에서 붉게 타오르고 있어요, 마담.

마거릿은 지금은 적막해진 마담의 저택 앞에 서 있었다. 아홉 달 전 모든 것이 여기서 시작되었다. 마거릿은 이 집에 머무는 동안 부활절 봉기의 주모자들을 소개받았다.

주인 없는 저택은 한적하고 쓸쓸해 보였다. 마담은 잉글랜드의 에일스베리 교도소에 있었다. 마담을 아일랜드 교도소에 넣어두면 거기서 죄수들을 이끌고 다시 소동을 일으킬 우려가 있다는 영국군의 판단 때문이었다.

마담의 여동생이 잉글랜드 교도소에 면회를 다녀왔다. 여동생의 말에 따르면 마담은 매우 건강한 상태이며, 부엌에서 노동을 하니 잡생각이 없어서 좋다고 했단다. 마담은 "죄수 모자는 아일랜드인이 머리에 쓸 수 있는 가장 고귀한 왕관이다"라는 말을 아주 좋아했다. 가만히 있지 못하는 성격인 마담은 죄수 모자를 쓰고도 분명 씩씩하게 움직이고 있을 터였다.

마담은 다른 지도자들과 마찬가지로 사형 선고를 받았지만 여성이라는 이유로 감형되어 종신형에 처해졌다. 하지만 봉기 이듬해인 1917년에 사면을 받아 석방되었다. 그리고 영국에서 여성 참정권이 처음으로 인정된 1918년 총선거에서 아일랜드 더블린 시내의 1선거구에서 신페인당 후보로 입후보했다. 이 선거에서는 WSPU의 에멀린 팽크허스트의 장녀 크리스타벨 팽크허스트Christabel Pankhurst를 필두로 전국에서 17명의 여성 후보가 출마했는데, 당선된 이는 한 사람뿐이었다. 영국 최초의 여성 의원인 콘스턴스 마키에비치는 바로 마담이었다.

그렇다고는 해도 마담은 웨스트민스터 의회의사당에 한 번도 등원하지 않았다. 등원하기 위해서는 영국 왕에게 충성을 맹세해야 했기 때문이다. 마담은 다른 신페인당 의원들과 함께 이를 거부했다.

1922년에 아일랜드 내전이 발발하자, 마담은 다시 한번 군복을 입고 솜씨 좋은 여성 저격수로 변신했다. 신페인당의 에이먼 데벌레라Eamon De Valera(뒤에 아일랜드의 제3대 대통령이 된다―옮긴이)와 함께 영국-아일랜드 조약에 반대하는 입장을 취하며 더블린의 모란스 호텔에 진을 친 수비대에서 저격병의 한 사람으로서 싸웠다. 한 병사는 자신이 휴게에 들어갈 때 교대 요원으로 온 마담을 보고 놀랐던 일을 이렇게 전한다.

> 거기서 두세 시간이나 계속된 포화를 뒤집어썼기 때문에 녹초가 되었지만 여성이 내 교대 요원이 되는 것은 생각만 해도 싫었다. 하지만 마담은 손을 흔들며 나를 옆으로 물러나게 했다.[67]

내전이 끝난 뒤 마담은 미국을 여행하고 아일랜드로 돌아와 1923년의 총선거를 통해 정계에 복귀했다. 마담은 세 번이나 투옥되면서도 1927년 병원에서 세상을 뜨기 전까지 공화주의를 위해 싸웠고, 사람들의 생활을 향상시키기 위해 끊임없이 일했다.

충수염 수술을 받은 뒤 복막염으로 번져 위험한 상황이 되었을 때 에이먼 데벌레라가 마담에게 일반 병실에서 개인 병실로 옮기자고 권했지만 마담은 거부했다. 데벌레라는 그때의 일을 이렇게 말했다.

그는 나에게 화를 냈다. 내가 가난한 사람들에게는 충분한 병
동이 자신에게는 충분하지 않다고 말하는 것처럼 느껴졌기 때
문이다. 그는 언제나 노동자와 불우한 이들을 도왔다. 그들의
편에 있고 싶어 했다.[68]

데벌레라는 장례식에서 조문을 낭독할 때 그를 "마담, 노
동자의 친구, 빈자의 연인"이라 불렀다.

한편 마거릿은 1916년 12월에 억류를 피해 미국으로 건
너가 아일랜드 여성평의회의 선전 활동을 하면서 각지를 다
녔다. 그 뒤 아일랜드로 돌아와 아일랜드 의용군의 지원병
을 훈련시키거나, 공화주의자로서 아일랜드 독립 전쟁과 내
전에서 싸웠다. 두 번의 체포와 투옥을 거친 뒤 더블린에서
교직 생활을 하며 아일랜드 전국교원조직Irish National Teach-
ers' Organisation(INTO)의 회원이 되었다. 그리고 1956년에는
이 조직의 위원장이 되었다. 마거릿은 특히 여성 교원의 권
리를 위해 투쟁했다고 전해진다.

21세기인 오늘날 마거릿은 부활절 봉기에서 병사로서 부
상을 당한 유일한 여성으로, 마담은 영국의 제1호 여성 의원
으로 그 이름이 알려져 있다. 그들을 생각할 때 항상 떠오르
는 것은 바로 이 말이다.

짧은 치마와 신기 쉬운 부츠에 어울리는 차림을 하세요. 보석 과 금 지팡이는 은행에 맡기고 리볼버를 사세요. – 콘스턴스 마키에비치[69]

이 솜씨 좋은 저격수들은 지금 더블린의 글래스네빈 공동 묘지 안의 공화주의자 묘지에 함께 잠들어 있다. 어머니와 딸처럼 언니와 여동생처럼, 특별한 **여자들 사이의 유대**로 이어진 두 사람이었다.

여자들 사이에 생겨나는 우애의 정을 자매애라 부른다.

　그렇다면 후미코는 어머니에게 그와 비슷한 감정을 느꼈던 것일까. 사형 판결이 내려진 날, 어머니 기쿠노가 이치가야 교도소로 와서 후미코를 면회했다. 후미코는 이런 노래를 남겼다.

　사죄하며 어머니는 울고 나 또한 이유도 알 길 없는 눈물에 목이 메누나.[70]

　어머니를 도쿄로 부른 것은 변호사 후세 다쓰지였다. 아침 5시 41분에 출발하는 첫 열차를 타고 고슈에서 온 기쿠노는 또다시 슈쿠자와 지사쿠宿沢治作라는 사람과 혼인을 한 상태였다.

　남자와 함께 있지 않으면 살아갈 방도가 없는 기쿠노. 후미코는 어머니의 그런 삶의 방식이 싫었다. 추운 밤 문밖으로 어린 후미코를 내보내고는 섹스를 하고, 남자와 혼인하는 데 방해가 될 것 같으면 바로 딸을 버리던 어머니였다.

후미코는 "세상의 부모들이 이걸 읽어주면 좋겠다"라며 자서전을 썼다. 거기에 자신이 부모에게 당한 방치, 아동 학대를 적나라하게 밝혔다. 예심에서도 어머니에 관해 '행실이 나쁘고', '헤프며 무관심하다'라고 평했으며, 부모 덕분에 자신은 허무주의 사상을 가지게 되었다고까지 했다. 부모가 아이를 돈으로 바꾸려 했고(기쿠노는 어린 시절 후미코를 유곽에 팔려고 했다), 자라서는 키운 값을 달라고 했던 것을 보면 부모 자식 관계도 소유욕의 한 형태이며, 약육강식의 관계에 지나지 않음을 간파한 것이다.

하지만 어째서일까, 후미코는 그런 어머니에게 따뜻한 정을 느꼈다. 그러니까, 어머니와 딸이라고 해서 언제까지고 똑같은 어머니와 딸은 아닌 것이다. 그 관계가 뒤집힐 때가 온다.

딸이 내연의 조선인 남자와 대역죄로 사형에 처해진다니, 시골 사람들에게는 도저히 받아들이기 힘든 규모의 스캔들이었기 때문에 기쿠노가 시댁에서 난처한 입장이 되었으리라는 것은 후미코도 쉽게 상상할 수 있었다. 그래도 어머니니까 만나러 오겠지, 라며 자식으로서 품는 기대 같은 건 이

제 후미코에게는 없었다. 오히려 고생스럽고 힘든 상황일 텐데 이렇게 와주다니, 라며 어머니가 딸을 보듯 했기에 "이유도 알 길 없는 눈물"에 목이 메고 말았던 것 아닐까.

사죄하는 어머니의 모습을 보면서 울고 싶어지는 것은 후미코도 기쿠노도 여자이기 때문이었다. 시골의 밑바닥에 사는 여자가 가부장제에 얽매이지 않고 살아간다는 것이 얼마나 힘든 일인지 후미코는 누구보다 뼈저리게 알고 있었다. 남자의 폭력성도 잘 알고 있었다. 분노 조절이 잘 안 되던 아버지가 후미코를 발로 차서 넘어뜨린 적이 있었다. 어린 시절 꾐에 넘어가 모르는 남자를 따라갔다가 성폭행을 당한 경험도 있다.

그런 폭력에 몸을 굽히고 싶지 않았기 때문에 후미코는 도망쳤다. 온몸으로 밀쳐내고 제 발로 서서 살아가려 했다. 하지만 어머니는 그렇게 강하지 않았다.

이제 후미코는 일어서지 않는 인간을 질책하지 않는다. 항거하고 투쟁하며 살아온 자신과는 다른, 밑바닥에서 담담하게 고통을 받아들이며 살아가는 여자들에게 후미코는 다정했다. 후미코가 옥중에서 쓴 노래에서도 이런 다정함이 묻어난다.

짜디짠 말린 정어리를 굽는

여간수의 생활도 결코

편하지는 않겠구나.[71]


사형 판결이 내려진 25일에는 이미 후미코와 박열의 사면을 위한 움직임이 시작된 뒤였다. 그래서 후세 다쓰지와 후미코의 동지들은 기쿠노에게 며칠간 도쿄에 머물기를 권했다. 며칠 안에 사형이 무기징역으로 감형될지도 모르기 때문이었다. 하지만 기쿠노는 시댁이 신경 쓰여 급히 고슈로 돌아갔다. 그렇게 살아가는 여자였던 것이다.

후미코와 박열의 사형 판결은 모든 신문에 호외로 보도되었다. 여론은 찬반양론으로 갈라졌지만 증거가 없는데 사형 판결을 내리는 것은 이상하다며 반대하는 문화인의 의견이 많았다고 마쓰모토 세이초는 『쇼와사 발굴 1』에 썼다.

사실 사형 판결이 나온 25일 오후에 이미 중의원에서 긴급 각료회의가 열렸다. 후미코와 박열의 감형을 논의하기 위해서였다. 같은 날 검찰 총장 고야마 마쓰키치小山松吉가 '은사恩赦(특별 사면) 신청서'를 제출했다. "고야마 개인의 판단을 바탕으로 쓴 것이 아니라 고야마가 와카쓰키 내각의 정치적 입장도 고려하여 쓴 것이리라"[72]라는 신청서는 대충 이런 내용이었다.

본건은 황실을 대상으로 한 사건이기는 하지만, 피고인들은 제국의회 등 다른 대상에 폭탄을 던져도 좋다고 생각했다고 하며 황실에 특별히 원한을 갖지는 않은 것 같다. 본인들이 가난한 집에서 자랐거나 신상에 불우한 일이 일어나는 바람에 어쩌다 보니 사회와 권력자들에게 화가 나 복수하려 한 것이기 때문에 황실만 콕 집어 노린 것은 아니다.

게다가 사건의 계획이라는 것도 언제로 예정했는지도 명확하지 않고 대략적인 것이었으며, 폭탄 입수도 실패했고, 그런 큰일을 벌일 수 있는 사람들이라고는 생각되지 않는다. 또한 후미코는 박열과 동거하면서 그의 생각에 감화되어 여자답게 연인을 따르려 한 것뿐이니 정상참작의 여지가 있지 않을까? 하지만 이렇게 말은 해도 후미코만 사면한다면 어찌하여 일본인만 구해주는가, 차별이다, 인종차별주의다 하여 정치적으로 귀찮아질 테니까 박열도 같은 대우를 해주는 것이 좋을 것 같은데?

뭐, 이런 느낌으로 쓰인 신청서를 받아든 사법대신은 다음 날인 26일자로 와카쓰키 레이지로若槻礼次郎 총리에게 사면을 제안하기 위해 상주서를 제출했다. 이에 사법대신과 총리, 사법차관, 조선총감 사이에서 옥신각신 협의가 이어진다. 연일 밀담이 이어진 결과, 4월 5일에 박열과 후미코의 사면이 발표된다.

『대역죄』를 쓴 기타무라 이와오北村巌는 사면 결정이 내려진 이유에 관해서 "'대역사건'에서는 고토쿠 등 12명은 사면 없이 사형이 강행되었지만 이번에 박열과 후미코 두 사람 모두 사면이 된 것은 왜일까? …… 이는 아마도 타민족, 즉 조선(인) 문제가 있기 때문이 아니었을까 한다. 간토대지진 후에 그렇게 심하게 조선 사람들을 학살한 일도 있고, 굳이 이렇게까지 박열을 처형했을 때 뒤따를 반발을 일본의 권력자들이 두려워하여 내린 조치가 아니었을까"라고 추측했다. 야마다 쇼지는 『가네코 후미코』에서 "박열, 가네코 후미코를 대역죄의 범인으로 삼아 간토대지진 때의 조선인 학살을 변명하기 위한 재료로 쓸 수도 있었지만, 다른 한편 정치재판이 초래한 조선인의 비난, 반발을 우려하지 않을 수 없었기 때문에 '은사' 감형을 통해 황실의 일시동인一視同仁(누구도 차별하지 않고 모든 사람을 평등하게 보고 한결같이 인애를 베풂―옮긴이)을 연출한 것이리라"고 썼다.

한편 쓰루미 슌스케는 "재판은 박열과 가네코 후미코가 황태자 암살 실행 계획을 가지고 있었음을 입증하지 못했다. 그들에게는 폭탄도 총도 없었고 더욱이 몇 월, 며칠, 몇

시에 황태자를 암살하려 했다는 계획이 있었던 것도 아니다. 이런 면에서 이 재판은 박열과 가네코 후미코의 행동을 판결한 것이 아니라 사상을 판결한 것이다"라고 지적했다.[73]

즉 "국가가 그 사상 때문에 사람을 법으로 판단하고 처형한다"는 궁극의 통치 폭력을 조선인에게 당당하게 행사하는 것은 시기적으로 위험하다는 판단이었으리라. 이는 아마도 해외의 비판을 받을 것이며, 조선인들이 격노하여 또다시 3·1운동 같은 것을 일으킬지도 모를 일이었다.

반면에 지진 직후의 조선인 학살을 정당화하기 위해 박열에게는 "황태자를 폭탄으로 날려버리려 한 무서운 조선인" 역할을 맡겼으니 그에게 극형을 내리지 않으면 국민이 납득하지 못할 우려가 있었다. 하지만 당사자인 천황이 하해와 같은 마음으로 용서해준다고 합니다, 이 얼마나 덕이 높고 자비로운 폐하이십니까, 같은 말을 해둔다면 별것도 아닌 국민감정은 바뀌기 쉬우니 "아, 천황 폐하 성은이 망극하옵니다" 같은 감동적인 스토리가 되어 결과적으로 통치도 강화되고 정권에도 좋고 서로 '원원'이 아닐까? 처음부터 줄거리는 이렇게 정해져 있던 게 아닐까 싶을 정도로 잘 짜인 이야기다.

와카쓰키 총리는 이 사면에 관해 공식적으로 이렇게 발표했다.

이번 박준식 및 가네코 후미코가 각별하게 은혜로운 명에 의해 감형되었습니다. 이에 관해서는 성은이 망극할 따름입니다. 박준식 같은 무도한 자가 나온 것은 유감이라 생각하지만 광대무변한 성은에 접한 이상 반성하여 참인간이 될 거라 믿습니다. 하해와 같은 인덕에 감읍하지 않을 수 없습니다.[74]

총리의 성명은 의도치 않게 정부의 의도를 폭로하고 말았다. 여기서 키워드는 '성은', '참인간', '감읍'이다.

먼저 '성은聖恩'이라는 말. 이를 영어로 그대로 옮기면 '성스러운 은혜', 즉 'holy'한 '은'이 될 텐데 '은'을 영역한 말 가운데 'debt'이 있다. 따라서 성은을 직역하면 'holy debt=성스러운 책무'가 된다. 그러나 실제 성은의 올바른 영어 번역은 'imperial blessing(황실의 축복)'으로 직역과는 완전히 다른 의미가 된다. 그런데 역으로 '황실의 축복'이란 '성스러운 책무'라고 말해도 좋지 않을까?

두 번째 키워드인 '참인간'을 영어로 직역하면 'a true human'이 된다. 하지만 이 또한 올바른 번역은 'a good citizen'

으로 일본에서 말하는 진정한 인간이란 선량한 시민, 즉 법을 지키는 시민을 뜻함을 알 수 있다.

세 번째 키워드인 '감읍感泣'은 묘한 말이다. 느끼면서 운다. 이 무슨 이상한 말인가. 사람은 보통 슬픔이나 기쁨, 아픔을 느껴서 우는데, 아무 이유도 없이 눈물을 흘리는 건 눈에 질환이 있는 사람 정도가 아닐까? (느껴서 우는 것이 당연한데) 느낄 '감感'을 굳이 집어넣는 것은 왜일까라고 생각했는데, 올바른 번역은 'shed tears of gratitude(감사의 눈물을 흘리다)'라고 한다.

그러니까 사면 발표와 함께 총리가 했던 말은 박열과 후미코는 은사라는 성은을 받아 '성스러운 책무'를 진 몸이 되었으니 지금부터는 정부가 하는 말을 잘 듣고 참인간, 즉 '법을 지키는 선량한 시민'이 되어 국민이 감동의 눈물을 흘리게 하는 것(천황에게 감사하는 마음으로 눈물을 흘리는 것)으로 그 빚을 꼭 갚으라는 말이다.

한마디로 '전향하라'는 말이다. 박열과 후미코의 전향이 있어야 완벽한 은사의 스토리가 완성된다.

장난치냐? 후미코가 이렇게 생각한 것도 당연하다. 이치가야 교도소장에게 은사의 감형장을 받았을 때 후미코는 그것을 갈기갈기 찢어버렸다.

한편 박열은 은사장을 받아들였다. 처음에는 거부했지만 교도소장이 곤란해하는 모습을 보고는 "당신을 위해 그것을 받아주지"라며 받았다고 한다.

성은의 은사장을 후미코가 찢어버린 일은 너무나도 무정부주의적이라 이 일이 세간에 알려졌다가는 정권이 망할지도 모른다고 염려한 교도소장은 기자단에게 거짓말을 했다. 둘 다 감사한 마음으로 은사장을 받았다고 이야기를 꾸며내 발표한 것이다. 『도쿄 아사히신문』 등은 여기에 더 살을 붙여 후미코가 규칙만 지킨다면 석방될 날도 있을 거라는 말에 눈물을 반짝였다는 기사를 썼다고 한다.

은사에 의한 감형을 받은 다음 날인 4월 6일에 박열은 이치가야 교도소에서 지바 교도소로 이송되었다. 후미코는 7일인지 8일인지(신문의 보도와 사법대신의 발표가 달랐는데 어느 쪽이 사실인지는 불명)에 주로 여성 죄수를 수용하는 우쓰노미야 교도소의 도치기 지소로 옮겨졌다.

박열과 함께 기요틴으로 던져달라던 후미코의 일생일대의 외침이 어이없이 무효가 된 것이다. 정말 사람의 목숨은 권력자들의 장난감에 불과하다.

그토록 고민하고 고민한 끝에 결정한 각오를, 팽팽하게 불어넣은 저항의 풍선을 작은 바늘로 찔러 조그맣게 만들고

별 볼 일 없는 사건으로 끝내려 하는 자들은 바로 정권이고, 천황이며, 국가였다. 후미코는 세상의 모든 것을 저주했을 게 틀림없다.

> 데굴데굴 차고 차이는 지구를
> 양쯔강의 물에
> 잠기게 하고 싶다.[75]

박열과 떨어져 각기 다른 교도소로 이송되어 가던 후미코의 눈동자는 차가운 허무의 빛을 띠고 있었다.

충격적인 죽음 뒤에는 허무함에 빠지는 사람이 나온다.

에밀리 데이비슨이 엡섬 더비에서 국왕의 말 앞으로 뛰어들어 세상을 뜬 지 2주일이 지났다. 애스코트 경마장의 골드컵에서 에밀리의 행위를 모방하는 남성이 등장했다. 해럴드 휴잇Harold Hewitt이라는 41세의 이 남성은 한 손으로는 서프러제트의 흰색, 초록색, 보라색 깃발을 흔들고 다른 한 손으로는 권총을 쥔 채 에밀리처럼 경주마 앞으로 뛰어들었다. 그 역시 말에 부딪혀 넘어져 병원으로 이송되었다. 중상은 입었으나 목숨에 지장은 없었고 말과 기수도 무사했다.

이 남성은 부유층 출신으로 명문 해로 스쿨을 거쳐 케임브리지대학의 트리니티 칼리지에 진학했고, 졸업 후에는 남아프리카를 방랑하며 보헤미안 같은 삶을 살았던 모양이다. 그러던 중 런던에서 에밀리의 장례식을 보고 감명을 받아 마치 무언가에 씐 것처럼 자살에 관한 이야기를 친구들에게 했다고 한다. 그는 상처가 나은 뒤 정신과 병원에 입원했다.

이런 사람이 나올 정도로 에밀리의 장례식은 드라마틱하게 연출된 장엄한 이벤트였다. 당시 런던에서 에밀리의 장례식 행렬을 보았다는 일본의 극작가 오사나이 가오루小山內薫는 "나는 이 아름다운 장례식을 보고 마침내 서프러제트가 좋아졌습니다―나는 더 이상 야유하지 않습니다. 시인 로런스 하우스먼Laurence Housman이 가족을 돌보듯 서프러제트를 지원한 것처럼 나도 이 운동을 돕고 싶어졌습니다"라고 생각했다고 한다.[76]

WSPU는 에밀리의 장례식 행렬을 면밀하게 계획하여 장엄하고 아름다운 이벤트로 만들었다. 흰 드레스를 입고 월계수 리스를 지닌 소녀들의 구역, 검은색 드레스를 입고 보라색 아이리스를 손에 쥔 WSPU 회원들의 구역, 보라색 드레스에 붉은 작약을 든 여성들의 구역, 흰 드레스에 백합을 든 여성들의 구역 등 구역별로 드레스 색깔과 손에 쥔 꽃의 색과 종류를 통일하여 마치 여성들의 아름다운 군대처럼 정연한 분위기를 연출했다. 배너와 리스로 장식한 마차, 브라스 밴드 등 일사불란한 대열의 중심에 네 필의 말이 끄는, 에밀리의 관이 실린 마차를 배치했다.

항상 예측할 수 없는 행동을 하고, 대포알처럼 멋대로 사건을 일으켜 '매드 에밀리'라 불렸던 에밀리의 무정부주의를 생각해보면, 이렇게 군대의 행진처럼 세부 사항까지 통제된 장례식이 잘 어울린다고 할 수는 없다.

이 대대적인 장례 행렬에 참가한 여성은 5000명 이상이었고, 거리에 나와 이를 지켜본 시민은 5만 명이 넘었다고 한다. 팽크허스트 모녀가 에밀리의 죽음에 충격을 받고 마음이 흔들린 것은 분명하지만, 장례식을 이렇게까지 연극이나 쇼처럼 연출한 것은 이 행사를 운동에 최대한 이용하려는 의지가 있었기 때문이다.

하지만 에멀린 팽크허스트는 장례식에 참석할 수 없었다. 장례식에 가기 위해 집에서 나오던 길에 경찰에 체포당했기 때문이다. 앞서 에멀린은 옥중 단식 투쟁을 벌였다. 몸이 쇠약해졌다는 이유로 석방되어 집으로 돌아왔지만 이른바 '고양이와 쥐 법The Cat and Mouse Act(옥중에서 몸 상태가 나빠지면 석방했다가 회복되면 다시 체포하는 법)'에 의해 다시 체포된 것이다.

경찰은 에밀리의 장례식에 서프러제트의 리더가 참석하지 못하게 해서 참가자들을 의기소침하게 할 생각이었다. 하지만 이 체포극은 서프러제트에게 역으로 이용당했다. 장례식 진행 책임자인 그레이스 로Grace Roe는 에멀린의 체포를 '또 하나의 비극'으로 선전하기로 마음먹고, 장례식에서 에멀린이 탈 예정이었던 마차를 일부러 사람을 태우지 않은 채 눈에 띄는 곳에 배치했다. 이상하게 보이는 텅 빈 마차를 바라보며 여성들은 경찰의 비정함에 분노했다.

런던 시민들이 그때까지 본 적이 없을 정도로 대규모에, 축제 행렬보다 훨씬 더 완벽하게 디자인된 장례 행렬은 여성 참정권에 아무 관심이 없던 일반 시민의 이목을 끌었다. 실제로 에밀리의 장례식을 보기 위해 모여든 사람의 대부분은 특별히 정치적이라 할 수 없는 일반 서민이었다. 당시의 한 저널리스트는 이들이 에밀리의 장례 행렬을 바라보는 모습은 "저항의 영웅이 아니라 정복왕의 시신에 경의를 표하는 듯한 느낌이었다"라고 썼다.

장례 행렬의 뒤쪽에서는 WSPU 이외의 여성 참정권 운동 단체의 회원들도 걷고 있었다. 그러나 WSPU의 라이벌이라 할 수 있는 여성참정권협회전국연합National Union of Women's Suffrage Societies(NUWSS)만은 장례식에 참가하지 않았고 화환 하나 보내지 않았다. 법을 준수하는 온건한 방법으로 여성 참정권을 획득하려 한 NUWSS는 목적 달성을 위해서라면 폭력도 불사하는 서프러제트의 방침에 정면으로 반대하는 입장을 취했다. NUWSS의 회원이 거리에서 에밀리의 장례식을 본 감상은 이러했다.

런던의 공중은 얼마나 기묘한지요. 집회를 방해하거나 공격
하지 않고 법을 지키는 NUWSS의 여성들에게는 진흙을 던지
면서, 손에 모자를 들고 눈에는 눈물이 고인 몇 천 명의 사람
들이 가장 파괴적인 무력 투쟁파의 장례식에 찾아온 것입니
다.[77]

여성들만 장례식에서 행진을 한 것은 아니었다. 노동당과
노동조합의 대표도 장례식에 참가했다. 거리에는 사회주의
자와 노동 운동 관련 인물들도 많이 나와 있었다. 에밀리가
이전에 방화를 저질렀던 우체통이 있는 지구의 우체국 직원
들도 화환을 보냈다. 그들은 파업을 하면서 투쟁을 전개하
는 중이었다.

에밀리와 충돌한 국왕의 말을 타고 있던 기수 허버트 존
스의 아내도 에밀리의 시신에 인사를 하기 위해 모습을 드
러냈다. 남편이 에밀리의 행동 때문에 중상을 입고 입원 중
이었다는 사실을 고려하면 특필할 만한 일이었다. 그의 가
슴에도 '아내'로서가 아니라 '여성'으로서의 무언가가 있었
을지도 모르겠다. 영국의 작가이자 시오니스트 이스라엘 쟁
윌Israel Zangwill도 "유대인이 기독교 순교자에게"라는 메시
지와 함께 장례식에 꽃을 보냈다.

에밀리의 장례식은 블룸즈버리의 세인트 조지 교회에서 거행되었다. 장례식이 끝난 뒤 에밀리의 관은 킹스크로스 역에서 에밀리의 가족이 있는 노섬벌랜드 주의 모페스로 이송되었다. 모페스 역에서 에밀리의 가족이 다니던 세인트 메리 교회까지 가는 길에 잉글랜드 북부의 서프러제트들이 나와 장례 행렬을 이루었고, 약 2만 명의 사람이 거리에서 그 행렬을 지켜보았다고 한다.

모페스가 몹시 작은 마을이었음을 생각할 때 2만 명은 엄청난 인원이었다. 게다가 런던에 비해 북부에는 정치적으로 진보적인 사람이 적고, 마초 같은 노동자 계급 문화가 지배적이었기 때문에 서프러제트에게 강한 혐오감을 드러내는 남성이 많았다. 하지만 그들은 마치 런던에서 고향으로 돌아온 옛 친구의 시신을 마중 나온 듯 거리에 서서 에밀리의 관이 떠나가는 것을 지켜보았다.

그 모습을 『노던 에코』는 "정치적인 격정을 연극적으로 표현하는 장에 노출된 것이 아닌가 신경 쓰던 사람들은 자기가 틀렸다는 사실을 깨달았을 것이다. 군중의 태도는 몹시 적절했고 품위 있었다"라고 전했다.

에밀리의 묘비에 새겨진 "말이 아니라 행동으로"라는 문구처럼 에밀리가 세상을 뜬 1913년은 서프러제트 가운데 무력 투쟁파가 가장 과격해진 해였다. 에밀리가 경마장에서 경주마 앞으로 뛰어들었던 것처럼 골프장이나 크리켓장, 축구장 등 스포츠 경기장이 무력 투쟁파의 무대가 되었다. 서프러제트에 의한 방화도 빈번하게 발생했다.

하지만 다음 해인 1914년 8월 에밀리가 세상을 뜬 지 14개월 후, 팽크허스트 모녀는 정전停戰을 선언하고 무력 투쟁파 활동을 중단했다. 1차 세계대전이 시작됐기 때문이다.

전쟁 상황이 되자 에멀린 팽크허스트는 서프러제트가 국가를 지원할 것임을 선언하고 WSPU 회원들에게도 그에 따르기를 요청했다. 물론 이에 불만을 품은 여성들도 있었다. 하지만 수많은 남성이 전장으로 떠나고 일손이 부족해진 상황에서 국내 경제를 지탱할 사람은 여성뿐이었다.

아이러니하게도 영국 여성의 사회 진출을 가장 많이 도운 것은 전쟁이었다. 다수의 여성이 군수 공장에서 일하면서 직업을 갖고 돈을 벌어 자립하게 되었으며, 이전까지는 하녀로 남의 집에 입주해서 일하던 젊은 여성들도 주인집을 나와 군수 공장에서 일하게 되었다. 때문에 전쟁 시기는 중상류 계급 가정에서 하녀라는 존재가 없어진 시대이기도 했다. 남성이 없는 사이에 영국 사회의 노동력으로서 밖으로 뛰쳐나온 여성들은 노동조합에도 많이 가입했다.

수많은 가난한 계급 여성들이 전쟁이 끝난 뒤에도 하녀로 돌아가려 하지 않았다. 공장 노동자로 일한 경험이 있는 여성들은 입주 하녀 일이 얼마나 자유롭지 못한 '노동 착취'였는지를 깨달았다. 정부는 이처럼 각성한 여성들을 전후에 다시 원래의 장소로 밀어 넣는다면 뭔가 좋지 않은 일이 일어날 것이라며 두려움에 떨었다.

서른 살 이상의 일정한 재산을 가진 여성으로 한정되었다고는 해도 마침내 서프러제트와 서프러지스트가 투쟁해온 목표가 달성되었다. 그해의 총선거에서 처음으로 17명의 여성이 의회의원으로 입후보하여 1명이 당선되었다. 이 영국 1호 여성 의원이 바로 아일랜드 더블린에서 출마한 부활절 봉기의 여자 병사인 마담, 즉 콘스턴스 마키에비치였다. 이는 에밀리가 세상을 뜬 지 5년 만의 일이었다.

에밀리의 죽음은 실질적으로는 여성 참정권의 획득과 별 관계가 없었다는 이야기도 있다. 서프러제트의 폭력적인 행동이 영국에서 여성 참정권 운동의 저변을 넓히는 데 방해가 되었다는 의견도 있다.

하지만 다른 한편으로 에밀리는 페미니스트 내부에만 한정되지 않고 다양한 사회문제를 풀어가려는 사람들에게 영감을 주었다. 에밀리의 장례식에 노동당과 노동조합 남성들이 많이 참여했던 당시부터 지금까지 이런 영향력은 줄곧 이어지고 있다.

최근 '미투Me Too' 운동의 세계적인 확산에 대하여 모이라 도너건Moira Donegan 같은 젊은 세대 페미니스트는 페미니즘이 "개인주의적 혹은 신자유주의적 투쟁 방식"에서 "나도", "나도"의 연대를 요청하는 "사회적 투쟁 방식"으로 옮겨 갔다고 말한다. 이 점에서 에밀리 데이비슨이 보여준 사회주의 페미니스트로서의 측면은 주목할 가치가 있다. WSPU 회원 가운데서도 특히 에밀리와 북부 출신 친구들이 사회주의자의 색채가 강했다고들 하기 때문이다.

에밀리는 훌륭한 화자이자 작가였기에 다양한 신문과 잡지에 기고했다. 1912년에 홀러웨이 교도소에서 출소한 후 계단 난간에서 뛰어내렸을 때 입은 상처를 치료하던 중에도 공책에 몇 가지 논고를 썼는데, 그중에는 교도소 제도 개선에 관한 것도 있었다. 몇 번이나 교도소에 들어갔던 에밀리는 자신의 경험을 바탕으로 교도소 제도의 존재 방식을 고찰한 것이다.

에밀리는 교도소에서 수감자를 가혹하게 대할수록 범죄 예방에 효과적이라는 당시의 주류 사고방식을 믿지 않았다 (강제 음식 주입을 당했지만 몇 번이나 교도소로 돌아간 자기 같은 사람도 있었으니). 교도소에서 일상적으로 행하는 관습을 예로 들면서 그것이 죄수와 교도관에게 얼마나 유해한 영향을 미치는지 분석하여 범죄를 줄이기 위해서는 교도소 운영뿐만 아니라 사회 구조를 개혁해야 한다고 주장했다. 그러면서 막대한 사회적 격차를 만들어내는 경제 때문에 아무 희망도 없는 곳에서 태어나 자란 사람이 너무나 많은 것이 문제의 근원이라 지적했고, 백인 노예 매매 문제 등도 언급하며 자신들이 마주해야 할 이슈는 오히려 거기에 있다고 말했다.

여성의 권리를 위해 목숨을 건 것으로 알려진 에밀리는 이런 생각을 하는 사람이었다. 에밀리 같은 사고방식을 가진 서프러제트에게는 여성 참정권이 '최종 목표'가 아니었다. 이는 사회 구조의 변화라는 더 큰 목적을 위한 '수단'이었다. 그렇다면 에밀리가 실현하고자 한 사회는 어떤 사회였을까? '메이데이'와 관련한 에세이에서 에밀리는 이렇게 적었다.

사회주의—이것은 자유, 우애, 평등의 날을 상징합니다. 싸움이 끝났을 때 한 사람 한 사람의 남녀가 일하여 노동의 과실을 얻고, 어린아이들은 기회가 넘치는 적절한 환경에서 자라나고, 잉글랜드와 그 자매국들은 실로 명랑하게 되겠지요.[78]

'명랑하게'라는 말은 에밀리가 쓴 'MERRY'라는 단어를 번역한 것이다. 'MERRY'는 '밝고 쾌활한 축제 기분의'라는 뜻이다. 여기에 'GOOD'이나 'SPLENDID' 같은 말이 아니라 'MERRY'를 쓴 것은 얼마나 그다운 일인지. 에밀리는 밝고 명랑한 사회를 만들고 싶어 했다. 이는 당시 잉글랜드가 어둡고 우울한 나라였기 때문이리라. 어느 계급에 그 암담함이 집중되어 있는지 에밀리는 알고 있었다.

에밀리 자신은 노동자 계급 출신은 아니었지만, 유복한 아버지와 노동자 어머니, 즉 주인과 하녀의 아이로 세상에 태어났다. 계급과 계급 사이에 걸쳐 태어난 에밀리는 일생 동안 가장 낮은 곳에서 고통받는 사람들, 그중에서도 한 단계 더 낮은 곳에 있는 가난한 여성과 아이들을 주목했다.

에밀리가 죽고 한 달이 지났을 무렵 작가이자 평론가인 리베카 웨스트Rebecca West가 추도문을 썼다. 그 가운데 이런 구절이 있다.

지난여름, 나는 에밀리가 런던 거리에 서서 항만 노동자의 아내와 아이들을 위해 모금을 하는 모습을 보았다. 고통과 선행으로 야윈 몸에서 밝고 화려한 지성이 불타오르는 듯했다.[79]

영화 〈서프러제트〉에 나오는 세상의 어둠은 다 끌어모은 듯한 얼굴보다 이 땅에 발을 딛고 선 밝은 운동가의 얼굴 쪽이 훨씬 에밀리답다.

서프러제트 가운데서도 특히 사회주의 사상이 강했던 에밀리는 착취당하는 계급 안에도 상하가 있다는 것을 알았다. 그 아래쪽 사람들, 즉 여성을 제대로 포섭하지 않으면 노동 운동은 결코 성공할 수 없다고 생각했다. 이런 생각은 100년 전을 방불케 하는 경제적 격차가 나타나고, 새로운 노동 운동의 존재 방식을 모색해야 하는 현시점에 다시 절실한 개념으로 떠오르고 있다.

에밀리와 특별한 관계였던 메리 리는 1978년 세상을 뜨기 전까지 매년 에밀리의 기일이 되면 묘지에 꽃을 두고 왔다. 메리가 세상을 떠날 즈음에는 누가 잠들어 있는지도 알 수 없을 만큼 에밀리의 묘지가 처참한 상태가 되었다고 한다. 그러나 사후 75년을 맞은 1988년에 에밀리의 묘는 훌륭하게 복구되었다. 운동가에 대한 평가도 시대에 따라 달라지는 것이다.

만년의 에밀리의 생활은 무겁고 침울했으며 죽음의 냄새가 감돌았다. 하지만 100년 후의 우리는 에밀리가 만들고자 했던 사회의 '명랑함'에 눈을 돌려야 하지 않을까.

그 밝음을 목표로 힘차게 생을 달리다 보니 힘이 너무 넘친 나머지 저쪽 세상에까지 튀어나와 버린 '매드 에밀리'. 그 장난스러운 미소야말로 에밀리의 유품이라 하겠다.

100년 전, 가네코 후미코는 불쑥 튀어나온 캐릭터였다. 그런 사람이 일본 역사에서 말살된 것은 글자 그대로 후미코가 살해당했기 때문이라는 설도 있다.

실제로 후미코의 지지자들과 동지들은 그렇게까지 글 쓰는 것을 좋아했던 후미코가 유서를 남기지 않았다는 것을 납득할 수 없었다. 후미코가 유서를 남겼을 가능성도 있지 않을까?

후미코의 유류품으로 남겨진 서적에는 잘라내거나 칠해서 지운 부분이 많았다고 한다. 당국의 입장에서 봤을 때 좋지 않은 내용을 썼기 때문일 것이다. 여백이 없을 정도로 빽빽하게 글을 써놓았다는 후미코의 수첩 세 권도 검게 칠해지고 찢어져 있었다고 하니 유서라 한들 '없었던' 일로 하는 것 정도는 간단한 일이었으리라.

박열과 후미코를 전향시켜 '국민 감읍의 천황 만세 스토리'를 완성하는 것이 정권의 최종 목표였다면 후미코가 이송되었던 우쓰노미야 교도소 도치기 지소에는 후미코를 전향시키라는 임무가 내려졌을 것이다. 말하자면, 국가로부터 중요한 임무를 부여받은 교도소장과 직원들은 일에 대해 성실하면 성실할수록, 출세하고 싶은 마음이 클수록 이 과업을 달성하기 위해 하루하루 정진했을 것이다.

있는 것을 그저 있는 그대로 적는 것을

뭐라 뭐라 지껄이는

감옥의 관리.[80]

후미코가 이런 단가를 남긴 것을 보면, 도치기 지소에 이송된 뒤로는 옥중에서 쓰는 것 하나하나를 검열당한 모양이다. 그런 까닭에 후미코가 최후 석 달 동안 쓴 글은 남아 있지 않다.

이 석 달 동안 후미코는 읽는 책도 제한을 받았다. 당시 신문에 따르면 "조금이라도 감정을 자극하는 것은 허락되지 않고"[81] 주로 철학 분야의 책만 허용되었다고 하는데 후미코 같은 '생각하는 사람'에게는 철학 책이야말로 가장 위험한 것 아니었을까? 후미코가 죽은 뒤 유품에 포함되어 있던 책으로는 미하일 아르치바셰프의 『노동자 세이료프』, 가브리엘레 단눈치오Gabriele D'Annunzio(이교도적 탐미주의 성향이 강한 이탈리아 시인이자 소설가, 극작가—옮긴이)의 『죽음의 승리』, 막스 슈티르너의 『유일자와 그 소유』가 있었다고 한다.

후미코의 단가 가운데는 가죽 수갑과 암실에 관한 내용도 있었다.

가죽 수갑, 옆 암실에 밥벌레

단 하나라도

거짓은 쓰지 않으리.[82]


자신이 쓴 문장 때문에 가죽 수갑을 차고 암실에 격리된 적이 있었던 걸까? 도치기 지소에 온 뒤로는 편지 왕래조차 허락되지 않았다. 외부와의 접촉이 차단된 채 전향을 강요당했으리라. 밖으로 새어나가면 안 되는 일을 교도소에서 후미코에게 저지르고 있었을지도 모르겠다. 이런 단가도 있다.

광인을 밧줄로 매어놓고

병실에 처넣는 것을

보호라고 말하네.[83]

후미코가 세상을 뜨기 석 달 전에 대해 생각하면 나는 영화 〈시계태엽 오렌지〉의 주인공이 교도소에서 받은 인격 교정 치료가 생각난다. 자신의 몸으로 사상을 읽어온 후미코에게 전향은 인격을 죽이는 것과 같았으리라. 이는 '책을 태우는 것'이 아니라 '사람을 태우는 것'이다(분서갱유에서 차용한 표현—옮긴이). DIYDO IT YOURSELF(스스로 해봐)라는 것은 펑크의 개념이지만, 후미코는 사상을 LIYLIVE IT YOURSELF(스스로 살아봐) 하는 사람이었다. 사상에 감화를 받은 것이 아니라 사상을 살아온 것이다.

후미코 같은 자연아를 억지로 '좋은 시민'의 거푸집에 밀어 넣으려는 모습을 상상하니 〈시계태엽 오렌지〉에서 알렉스의 두 눈을 클립으로 고정해 억지로 뜨게 한 채 깜빡이지도 못하게 하며 잔인한 영상을 보게 하는 루도비코 요법 Ludovico Technique 장면이 머릿속에 떠오른다. 후미코가 옥중에서 읽었던 슈티르너의 책에는 이런 구절이 있다.

> 국가는 '폭력'을 반복하여 휘두르지만 개인은 그래서는 안 된다. 국가는 폭력을 행사해도 '법'이라 부르고 개인이 행하면 '범죄'라 부른다.[84]

슈티르너가 정의하는 에고이스트란 구현하고 경험하고 육체로 감지하는 인간이며, 추상적인 관념에 지나지 않는 '신성한 것'을 철저하게 부정하며 사는 사람이다. '신성한 것'에는 신과 국가, 법, 종교, 인류애 등이 있으나 후미코에게는 바로 천황이며 천황제 국가였다.

> 범죄에서 에고이스트는 원래 자기를 주장하고 신성한 것을 조소했다. 신성함을 버리는 것, 아니 오히려 신성함에서 벗어나는 것은 특별한 일이 아닐지도 모른다. 혁명은 더 이상 돌아오지 않는다. 하지만 거대한 두려움을 모르는 후안무치한, 양심의 가책이 없는 자부심 가득한 범죄─그것은 저 멀리 벼락 속에서 굉음을 내고 있지 않은가. 그리고 하늘이 불길한 고요와 우울로 가득 차는 것이 보이지 않는가.[85]

교도소의 촉탁의사가 쓴 사체 검안서에 의하면 후미코의 사인은 '자살', 병명은 '액사縊死'다. "후미코는 7월 22일에 받은 마닐라삼으로 밧줄을 꼬기 시작해 23일 한여름 아침의 밝고 강한 햇살이 비치는 독방 창가에서 액사체가 되어 있었다"라고 세토우치 자쿠초는 『여백의 봄』에 썼다. 마쓰모토 세이초와 『상록수』(이 책의 원서인 한국어판 제목은 『열애』.

미주 26번 참고—옮긴이)를 쓴 김별아도 이 설을 택했다.

당초 교도소 측은 후미코의 자살을 공표할 생각도 하지 않았고, 그저 은폐하기에 바빴다고 한다. 신문 기자가 교도소를 방문해도 모르는 척했고, 우쓰노미야 교도소장 등은 "자살이라고요? 그런 소문이 있습니까?"라고 『도쿄 아사히 신문』의 기자에게 거짓말을 했다고 한다.[86] 신문 기자들은 독자적으로 주변에서 취재를 할 수밖에 없었다. 때문에 당시 보도는 "마닐라삼으로 꼬아 만든 밧줄"을 이용한 액사설, "후미코가 허리에 말고 있던 끈"을 사용한 액사설 등 신문에 따라 내용이 달랐으며 자살한 시간과 날짜조차 제각각이었다. 대체 그 전부터 자살을 기도한 죄수에게, 아무리 본인이 원한다고 해도 그렇지 독방에서 밧줄을 꼬아 만들게 해도 되는 것인가?

후미코의 어머니 기쿠노는 후미코가 사망했다는 전보를 받고 야마나시에서 상경하여 후세 다쓰지 변호사를 만난다. 기쿠노와 후세 다쓰지, 후미코의 동지 구리하라 가즈오 등은 도치기 지소로 갔지만 후미코의 자살에 관한 구체적인 이야기를 하는 것은 금지되어 있다는 지소장의 말만 들었을 뿐이다. 사망 상황에 관해 함구령이 내려진 것이다. 그 뒤에 사체 인수에 관해서는 허가가 내려져 동지들은 교도소의 공동묘지에 묻혀 있던 후미코의 사체를 파냈다.

사후 일주일이 지난 시신은 이미 썩기 시작했다. 구리하라 가즈오는 이때 본 시신의 모습에 관해『무엇이 나를 이렇게 만들었는가』에 부쳐 이렇게 썼다.

물에 불어 부풀어 썩어 문드러진 후미코의 시체, 부어오른 넓은 이마와 두껍게 돌출된 입술, 손가락이 닿으면 스르륵 벗겨지는 얼굴 피부, 특이한 이마와 짧게 자른 머리카락이라는 특징이 없었다면 후미코를 아는 누구라도 그것이 후미코의 시체라고는 생각지 못할, 두 번은 보기 힘든 처참한 후미코를, 낡은 솜과 톱밥에 묻힌 관 속의 후미코를 찾아낸 것이다.

1993년 야마다 쇼지는 우쓰노미야 교도소 도치기 지소의 후신인 도치기 교도소에 가네코 후미코 관련 기록을 열람할 수 있게 해달라고 요청한 적이 있다. 하지만 "해당 서류에는 피수용자의 명예 인권에 관한 사항 및 당소의 적절한 관리 운영에 필요한 사항이 기재되어 있기 때문에"라는 이유로 거절당했다. 야마다 쇼지는 1995년에도 다시 한번 같은 요청을 했으나, 이번에는 50년 이상 경과한 문서는 폐기했다는 말을 들었을 뿐이다.[87]

일본이라는 나라의 허술한 문서 관리는 지금도 계속되는 문제이나, 1993년은 후미코가 죽은 뒤 67년이 경과한 시점이다. 그때는 있었던 자료가 2년 뒤에는 왜 "50년 이상 경과한 문서는 폐기했다"가 된 것일까?

"모든 현상은 현상으로서는 없어지더라도 영원의 실재 가운데 존속한다"라고 자서전에 썼던 후미코지만, 자신의 죽음이라는 사건을 후세에 전할 기록은 남아 있을까? 더 이상 남아 있지 않은 것일까? 어떻게 된 일인지 전혀 알 길이 없다. 후미코의 시신을 파냈을 때는 의사도 동행했는데 "의사가 후미코의 목뼈를 조사했더니 액사의 징후가 분명하다"[88]라고 판단했다고 한다.

후미코가 최후의 순간까지 박열도 죽는다고 믿었다든가, 순애를 위해 몸을 바쳤다고 말하는 사람도 있다. 하지만 이렇게 "여성스러운 자기희생"으로 해석하는 방식은 여성을 가련한 존재로 그리던 시대의 것이며, 박열의 부록sidekick 같은 후미코의 이미지 또한 남성 무정부주의자들이 퍼뜨린 것이다. 만약 후미코 본인이 "후미코는 조선과 박열을 위해 죽었다"라는 소리를 들었다면 그런 이타주의로 나의 생애를 폄하하지 말라고 했을 것이다. 후미코는 슈티르너가 말한 에고이스트로서 싸웠기 때문이다.

박열과 알게 되어 사랑에 빠진 것에서 끝나는 후미코의 자서전은 항상 '당신과 함께 간다, 당신이 고통스러운 병에 걸리게 하지 않겠다, 함께 살고 함께 죽자'는 결혼식의 맹세 같은 말로 끝난다. 하지만 이 맹세의 문구는 실현되지 않았다. 이 자서전에는 그 뒤가 있다.

박열은 살아남아 후미코가 죽은 뒤 9년이 지나 옥중에서 전향을 했고 1945년에 출옥했다. 이는 박열의 삶의 방식이다. 마찬가지로 후미코의 삶과 죽음도 후미코 자신의 것이다.

옥중에서 후미코가 박열의 사랑과 사상을 의심하지 않았다는 말은 설탕을 너무 많이 뿌린 것 아닐까? 교도소에서 가혹하게 전향을 강요당했다면, 후미코가 박열은 이미 전향했다는 거짓말을 들었을 가능성도 있다. 마지막 석 달은 그 이상이었을 것이다. 그럼에도 후미코는 전향하지 않았다.

쓰루미 슌스케는 후미코에 관해서 "국가에 맞서 홀로 서 있는 자"[89]라고 평했다. 후미코의 마지막 석 달을 생각하면 국가라는 거대한 요괴와 홀로 대치하며 서 있는 상처투성이 젊은 여성의 모습을 떠올리지 않을 수 없다.

후미코는 사상을 몸에서 분리해 책상 위에 올려두는 사람이 아니었다. 사상을 책으로 읽은 것이 아니라 몸으로 획득한 사람이기 때문이다. 사상은 몸이며, 몸이 사상이었다. 전향이 사상을 죽이는 것이라면 그때 몸도 죽는다. 사상만이 살해당한다고 생각했던 당국이 틀렸다.

전향을 강요당하다가 미치기 전에, 내가 나를 잃어버리기 전에, 라고 생각했을까? 혹은 박열이 던지지 못한 폭탄 대신 자신의 죽음을 천황을 향해 던지고 싶었던 것일까?

어떤 생각이었든 후미코는 23세에 죽었다.

앞으로 어떤 책을 쓸 사람이었을까?

앞으로 어떤 사상을 남길 사람이었을까?

일본이라는 나라는 이런 여성을 살릴 수 없었다.

후미코가 조선의 부강에서 죽으려 했을 때, 깊은 물로 뛰어들려 했을 때는 유지매미가 활기차게 울었다. 하지만 이제 매미는 울지 않는다.

그 순간, 후미코는 무엇을 보았을까. 후미코가 찾던 진흙 가운데 피는 꽃은, 육체에 열린 사상의 꽃은 후미코의 눈앞에 피어 있었을까?

손을 더듬어보면 새하얀 뼈가 되어

눈에 아른거리는

붉은 꽃. **90**

## 마거릿이 부른다

2016년의 마지막 날에 있었던 일이다. 나와 배우자, 아들 이렇게 셋은 아일랜드에 있었다. 아일랜드에는 친척과 친구들이 살고 있었지만, 그날 우리는 더블린의 한 호텔에 묵었다. 그것이 나의 오랜 꿈이었기 때문이다.

더블린의 메리온 스퀘어라는 곳에 오스카 와일드Oscar Wilde가 살던 집이 있고, 그 이웃에 멋들어진 호텔이 있다는 것은 인터넷을 통해 알고 있었지만 너무 비싼 곳이라 묵지는 못하겠다며 한동안은 포기하고 있었다. 그런데 어쩌다 보니 그해에 책을 몇 권 내게 되었고, 배우자가 조용히 모아온 비상금도 있었다. 게다가 호텔 예약 사이트를 살펴보니 마침 그해에 투숙객 수가 줄었는지 할인 가격으로 예약 정보가 올라와 있었다.

그해에 사랑하는 친구를 잃은 나는 '죽기 전에 하고 싶었던 일이 있다면 지금 하자. 언제 죽을지 모르잖아? 벌써 반세기나 살았고'라는 마음으로 마침내 그 꿈을 이루기로 했다.

그런데 현지에 도착해보니, 그 호텔은 오스카 와일드의 집 옆에 있지 않았다. 호텔과 오스카 와일드의 집 사이에는 모리시즈라는 부동산 사무소가 있었다. 그즈음 나는 『지금 모리시를 듣는다는 것은』(모리시Morrissey는 영국의 가수로 더 스미스The Smiths의 멤버였다—옮긴이)이라는 책을 집필하고 있었기 때문에 얼른 원고를 내놓으라는 편집자의 원념인가 하고 경악했다. 아들은 "엄마의 꿈의 호텔 옆에는 오스카 와일드가 아니라 모리시가 있었네?"라며 옆에서 깔깔깔 웃었다.

실망한 나는 호텔 방에 체크인하자마자 텔레비전을 켰다. 낙담한 채로 새해를 맞이할 뻔했는데 2016년의 마지막 날 아일랜드의 방송에서는 계속해서 부활절 봉기 다큐멘터리를 틀어주었다. 1916년 부활절 봉기 이후 딱 100년째 되는 해였기 때문이다.

자정이 가까워졌을 무렵 우리는 리피강에 면한 커스텀 하우스에서 매년 열리는 카운트다운 이벤트를 보러 갔다. '빛의 스펙터클'이라는 광고 문구가 붙은 '루미너시티Luminosity'라는 이벤트인데 역사적으로 의미 있는 대형 건축물에 빛을 비추고, 건물 벽에 프로젝션 매핑 쇼를 하는 것이다. 리피강 주변에서는 30분 전부터 수많은 사람이 모여 차가운 비를 맞으면서 이벤트가 시작되기를 기다리고 있었다.

하지만 무슨 일인지 0시가 되어도 0시 15분이 되어도 시작할 줄을 몰랐다. 오늘 행사가 취소되었습니다, 라는 안내 방송도 설명도 전혀 없었다.

어떻게 돌아가는지 잘은 모르겠지만 이렇게 마냥 서서 기다리기는 뭣하네, 싶은 느낌이었을까. 사람들은 여전히 아무 조짐도 없이 조용한 강가에서 나와 시내 중심가를 향해 걷기 시작했다. 우리도 그 흐름을 따라 쓸쓸히 걸어서 호텔로 돌아왔지만, 이대로 잠들기에는 뭔가 부족했다. 호텔 바에 갔더니 거기도 뭔가 한산한 분위기였다. 노부부 한 쌍이 카운터에 앉아 조용히 술을 마시고 있을 뿐.

어찌하여 2016년의 마지막 날 호텔 바가 이렇게 조용한 걸까? 보통은 카운트다운을 하든 춤을 추든 신나게 놀지 않나? 이렇게 생각하면서 우리는 카운터에 앉았다.

"비가 오네요."

우리의 젖은 코트를 보고 노신사가 말을 걸었다.

"네. 커스텀 하우스에 카운트다운 이벤트를 보러 갔는데요. 어쩐 일인지 아무 일도 일어나지 않았어요."

배우자가 대답했다. 나도 이어서 말했다.

"잡지랑 신문에 나오는 이벤트를 갑자기 취소할 수도 있나요? 역시 아일랜드는 펑키하네요."

노부부는 배를 잡고 깔깔 웃었다. 아일랜드 사람은 애국심이 매우 강한데도 자기 나라에 대해 웃을 수 있는 센스가 있다. 그러니까 이쪽도 안심하고 농담을 한 것이다.

"그 빛의 쇼는 어제부터 하루에 몇 번씩 하고 있어요. 내일까지 할 거예요. 우리는 어제 보고 왔거든요."

노신사가 말했다.

"올해는 부활절 봉기 영상과 사진이 많이 나와서 평소보다 규모가 큰 쇼였어요. 아주 감동적이었지요. 내 아내는 울었답니다."

노신사는 옆에 앉아 있는 부인을 쳐다보았다.

"역시 아일랜드 사람들에게 봉기는 중요한 사건이었네요. 오늘 호텔에 도착해서 텔레비전을 틀었더니 부활절 봉기 방송만 나와서 깜짝 놀랐거든요."

내가 이렇게 말하자 노부인은 내 얼굴을 보며 말했다.

"우리 할머니가 부활절 봉기 때 싸웠어요. 봉기 사진이 커스텀 하우스 벽에 크게 비춰지니 그만 울컥해져서……."

노부인의 할머니는 간호대의 일원이었다고 한다. 호텔 바로 근처의 세인트 스티븐 그린 공원에서 부상 입은 병사들에게 응급처치를 했다고 한다. 싸웠다고는 해도 그 시대의 여성에게 주어진 일은 이른바 간호사 역할이었다고 말했다. 그러나 예외적으로 정말로 총을 들고 싸운 여성도 있었단다.

"마담 마키에비치. 그리고 마담이 저격을 가르친 스코틀랜드의 젊은 여성이 있었어요."

"스코틀랜드요?"

"스코틀랜드에는 매우 큰 아일랜드인 커뮤니티가 있었거든요. 부활절 봉기 때 싸우러 온 사람들이 많았어요."

노부인과 이야기를 나누다 보니 커스텀 하우스에서 호텔 바까지 밤늦도록 끌려다니던 아들이 카운터에 엎드려 자고 있었다.

"아이고, 아드님 주무실 시간이네요."

노신사가 웃었다.

"네. 슬슬 방으로 돌아가야겠어요. 새해 복 많이 받으세요."

노부부에게 작별을 고하고 우리는 방으로 돌아왔다.

며칠 뒤 시내 미술관 매점에 들어갔다가 부활절 봉기와 관련된 책들이 책꽂이에 꽂혀 있는 것을 보았다. 시대를 반영한 것인지 부활절 봉기에서 싸운 여성들에 관한 책을 중심으로 진열되어 있었다. 『리치먼드 막사 1916: 우리가 거기에 있었다 - 부활절 봉기 77명의 여성들』이라는 책을 손에 들었다. 부활절 봉기에 나가서 싸운 여성 77명의 짧은 평전을 모은 책이었다. 이 중에는 호텔 바에서 함께 새해를 맞은 노부인의 할머니도 있을지 모르겠다 싶어 살펴보았는데, 이름을 아는 것도 아니고 사진 속 77명의 여성 가운데 누가 그 할머니인지는 알 수 없었다.

사진 속 77명 중에는 마키에비치 백작 부인의 아름다운 옆얼굴도 있었다. 그런데 바에서 노부인에게 들은 '마거릿 스키니더'라는 이름의 여성은 없었다. 미술관에서 돌아오면서 들렀던 서점에서도 부활절 봉기에 관한 북 페어가 열리고 있었다. 서점 직원에게 "마거릿 스키니더에 관한 책 있어요?" 하고 물어보았지만 "글쎄요. 들어본 적 없는 이름인데요"라고 했다.

어째서일까? 마거릿은 아일랜드 여성이 아니었기 때문일까? 스코틀랜드에서 바다를 건너온 사람이라서 77명 가운데 포함되지 않았던 것일까?

그렇게 생각하자 점점 더 마거릿의 삶이 궁금해졌다. 기본적으로 나는 바다를 건너는 여성을 좋아하고, 공헌한 사람 목록에 올라야 하는데 그렇지 않은 사람에게는 멋대로 공감을 하기 때문이다.

그것이 나와 마거릿의 만남이었다.

나를 한번 찾아보렴. 이런 방식으로 부르는 고인이 분명히 있다고 생각한다.

영국에서는 2010년 노동당에서 보수당으로 정권 교체가
일어났다. 지금은 잊은 사람도 많지만, 그때 보수당은 선거
에서 과반수 의석을 차지하지 못했기 때문에 자유민주당이
라는 정당과 연립 정권을 발족했다.

이 자유민주당이라는 것은 영국에서는 자유주의 정당이
며 선거 전에는 일관되게 반反보수당의 입장을 취했다. 특히
젊은이들에게 인기가 있었는데, 당수인 닉 클레그Nick Clegg
가 대학 수업료 인상에 단호하게 반대한다고 반복해서 주장
해왔기 때문이다.

그런데 데이비드 캐머런David Cameron 총리가 이끄는 보수
당 정권이 수업료의 학생 부담 상한액을 3290파운드에서
9000파운드로 인상하자고 제안했을 때 연립 여당이 된 자
유민주당의 당수 닉 클레그는 이 안에 반대하지 않았다.

그러자 같은 해 11월과 12월 전국 각지에서 학생들이 대
학 수업료 인상 반대 시위와 항의 행동을 대규모로 일으켰
다. 브라이턴에서도 학생들이 시위를 했다. 눈이 오는 가운
데 더 스미스의 곡을 들으며 플래카드를 든 젊은이들이 거

리를 행진했다. 런던에서는 시위가 폭주하여 많은 사람이 체포당했다. 이들의 항의 행동은 결국 무장한 경찰에 진압되었으며, 보수당과 자유민주당의 연립 정권은 그들의 목소리를 무시하고 사실상 수업료를 인상했다.

그로부터 몇 달 후 무직자·저소득자 지원자선센터 사무실에서 학생 자원봉사자들이 뮤직비디오를 보고 있었다. 그레이스 피트리Grace Petrie라는 젊은 여성 싱어송라이터의 〈에밀리 데이비슨 블루스〉라는 곡이었다. 그레이스 피트리가 자유민주당 당수 클레그의 선거구인 셰필드의 당사 사무실 앞에 서서 어쿠스틱 기타를 치며 이 노래를 부르는 영상이 유튜브에 올라와 화제가 되었다고 한다. 이 곡의 가사에는 이런 내용이 있다.

그래서 우리는 산을 넘어 행진하고, 템스강을 건너 행진했지.
당신이 들리지 않는다고 하니 우리는 더 큰 소리로 노래했어.
모든 국왕의 말과 신하가 이 나라를 회복하지 못할 때
아무도 우리의 목소리를 듣지 않을 때
오직 폭력만이 뉴스가 되었네
이것은 에밀리 데이비슨 블루스

'에밀리 데이비슨 블루스'라는 말이 계속해서 머릿속에 남았다.

이와나미쇼텐에서 발행하는 『도서』에 가네코 후미코에 관한 연재를 해보기로 기획하던 중에 담당 편집자인 와타베 씨가 내가 영국에 있으니 영국 여성의 이야기를 섞으면 어떻겠느냐고 제안했을 때 가장 먼저 떠오른 사람이 에밀리 데이비슨이었다.

에밀리에 관한 책은 많았지만 그중에서 특히 많이 참고한 것은 루시 피셔Lucy Fisher라는 『더 타임스』의 방위 문제 전문 기자가 전자책 형태로 발매한 『에밀리 와일딩 데이비슨: 여성의 권리를 위해 죽은 서프러제트』라는 책이었다.

『도서』에 연재가 시작되고 1년 이상 지났을 무렵이다. 언제나처럼 술을 마시고 자려고 누웠다가 텔레비전 소리에 눈을 떴다. 시곗바늘은 아침 5시를 지나고 있었다. 텔레비전을 켜놓은 채로 잠이 든 모양이었다. 24시간 방송 뉴스 채널이었다.

텔레비전을 끄려고 리모컨을 찾고 있는데 '서프러제트', '여성 참정권' 같은 말이 들려서 '옹? 어디 한번 볼까' 하고 보았더니 한 금발의 젊은 여성이 이야기를 하는 중이었다. 그 아래로 '정치 저술가 루시 피셔'라는 자막이 나왔다.

아, 이 사람이었구나. 침대 위에서 자세를 고쳐 앉아 텔레비전을 보았다. 루시 피셔는 자신이 쓴 에밀리 데이비슨 전기에 관해 이야기하고 있었다. 전자책으로 출간했던 것에 새롭게 발견한 사실을 추가해 종이책으로 간행했다고 했다.

"왜 지금 에밀리 데이비슨입니까?"

루시 피셔가 답했다.

"영국에서 여성 참정권이 인정된 지 100년이 되었습니다. 100년 전 이야기입니다. 하지만 저는 이것이 정말로 현대의 이야기라고 생각합니다."

에밀리가 부르는 소리를 들은 것 같은 느낌이었다.

우연이라면 우연이지만, 이런 순간이 때때로 찾아온다.


### 후미코가 부른다

가네코 후미코에 관해서는 여기에 쓸 만한 에피소드가 하나도 없다. 그저 내가 '저변 탁아소'라고 멋대로 이름 붙인 곳에 근무하던 시기(그때의 일은 『아이들의 계급투쟁』이라는 책에 썼다)에 가혹한 가정환경에서 살아가는 아이들을 볼 때마다 "어딘가 가네코 후미코 같은 아이들이네"라고 생각했던 것이 전부다.

어린 시절부터 고생한 아이들은 놀랄 만큼 조숙하여 네

살만 되어도 10대처럼 깜찍하거나 노인처럼 달관한 듯한 말을 하기도 한다. 당연하게도 그들의 지성은 책에서 얻은 것이 아니다. 심각한 문제를 가진 부모를 보았고, 견디기 힘든 학대를 겪었으며, 살아남기 위해 몸에 익힌 처세술을 통해 체득한 지성이었다. 그런 아이들이 하는 말을 듣고 있으면 정말 그렇구나, 가네코 후미코가 머리가 좋았던 것은 바로 이런 이유 때문이구나, 하고 생각하게 되어 언젠가는 후미코에 관해 써보고 싶었다.

이 바람이 이루어졌다. 『도서』에 후미코에 관한 글을 연재하게 되었고, 또 그것을 단행본으로 내게 되어 연재분을 정리해 다시 글을 썼다.

연재가 시작된 것은 2017년 4월이고, 이 책을 완전히 다 쓴 것은 2019년 1월이다. 2년 가까이 함께한 주인공과 헤어지는 것은 쓸쓸한 일이다. 조금 눈시울이 뜨거워졌으니 목욕이라도 할까 싶어 목욕을 하고 개운한 기분으로 방에 돌아와 보니 이와나미쇼텐의 와타베 씨에게서 메일이 와 있었다.

마치 내가 좀 전에 탈고했다는 사실을 알기라도 한 듯이 절묘한 타이밍이었다. 메일을 열어보니 "아나키즘문헌센터가 펴내고 있는 『다이쇼 아나키스트 비망록』에 게재된 것입니다. 그림자가 들어간 사진이지만 이미지를 보냅니다"라고만 쓰여 있었다.

그것은 쇼와 6년(1931년)에 『요미우리신문』에 게재된 『무엇이 나를 이렇게 만들었는가』의 서평 지면을 사진으로 찍은 이미지 파일이었다. 서평을 쓴 사람은 하야시 후미코林芙美子였다.

"지금은 오전 3시다. 몹시 흥분하여 이 책을 끝까지 다 읽어버렸다."

이와 같은 문장으로 시작하는 이 글은 한밤중에 읽고 있는 나의 눈도 번쩍 뜨이게 할 만큼 뜨거운 서평이었다. 자신도 가난한 가정에서 자랐으나 어머니와 새아버지의 사랑을 받았다. 하지만 후미코는 그것조차 받지 못했다는 이야기를 몹시 개인적이고 강한 필치로 적어 내려갔다. 하야시 후미코는 이렇게 썼다.

"후미코를 죽이지 않고 작가의 길을 가게 했다면, 지금쯤은 반드시 재미있는 무언가가 나왔을 것이다."

'잠깐만, 나도 좀 전에 후미코 편의 마지막에 그렇게 썼단 말이야.'

읽다 보니 이런 말도 쓰여 있었다.

"(책 제목의) '무엇이 나를 이렇게 만들었는가'는 '누가 그녀를 죽였는가'이리라."

방금 목욕하고 나온 나는 또 울었다. 이번에는 두 사람의 후미코가 나를 울렸다.

내 머릿속에 떠오른 것은 23년 전 영국으로 올 때 아버지가 건네준 더러운 종잇조각이었다. 후쿠오카 공항에서 가족에게 작별을 고할 때, 육체 노동자인 아버지는 그 투박한 손으로 종잇조각 한 장을 내게 쥐여주고는 등을 돌리고 가버렸다.

등을 돌리고 가버리는 행동은 배웅 나온 사람이 할 일은 아니지 않은가! 나는 그렇게 생각하면서 탑승 게이트 옆의 의자에 앉아 꾸깃꾸깃한 종잇조각을 펼쳤다. 거기에는 아이가 쓴 듯한 글씨로 이렇게 적혀 있었다.

"꽃의 생명은 짧고 고통스러운 일만 많으니. 하야시 후미코."

도대체가 필자의 이름 정도는 한자로 표기해줄 것이지. 물론 그런 부분이 우리 아버지답지만, 책이라도 한번 읽을라치면 한 쪽에 반나절을 써버리는 토건업 종사자 아버지가 왜 또 이런 말을 쓴 걸까 싶었다. 어디서 이런 걸 들었는지 모르겠지만 생명이 짧다든지, 고통스러운 일밖에 없다든지 하는 말은 딸이 여행을 떠나는 날 아침에 보내기에는 너무 '노 퓨처No Future'한 거 아닌가? 그래서 쓴 것이 나의 데뷔작 『꽃의 생명은 No Future』의 서문으로 들어간 표제 에세이였다.

나중에 "어째서 그런 음침한 말을 헤어질 때 전별(여행을 떠나는 사람에게 주던 금품이나 글—옮긴이)로 준 거야?"라고 물어봤더니 아버지는 "아니, 그건 꽃을 피우라는 뜻이야"라는 이해할 수 없는 말을 했다. 하야시 후미코가 쓴 가네코 후미코에 관한 평을 읽고 나서야 그것이 무슨 뜻인지 알게 되었다. 책 띠지에 쓰면 이보다 좋은 문장은 없으리라 생각했던 문장이 하야시 후미코가 가네코 후미코의 자서전을 읽고 쓴 서평과 관련이 있었던 것이다.

후미코에게서 '꽃은 피었다'라는 말을 들은 느낌이었다.

당당하게 핀 꽃은 싫다고 한 적이 있는 후미코지만, 마지막 순간에 후미코는 땅바닥에 핀 아름다운 사상의 꽃을 보았을 것이다. 그렇게 말하며 후미코가 뒤에서 등을 밀어준 것 같은 기분이다.

이 두 후미코는 23년 전부터 나를 부르고 있었는지도 모르겠다.


글을 쓰는 사람이 한 권의 책을 쓰고, 그것을 부끄러움도 모르고 발표하려 할 때는 이런 개인적인 망상에 기대는 경우가 있다.

그렇다고는 해도 나를 지원해준 것이 망상만은 아니었다. 훌륭한 표지 그림과 삽화를 그려주고 후쿠오카에서 가네코 후미코에 관한 많은 정보와 영감을 준 화가 아지사카 고지アジサカコウジ 씨, 그리고 박열의 시「개새끼」의 진상 규명을 위해 한국에서 조사를 해준 구리하라 야스시栗原康 씨에게 'Special Thanks'를 보낸다.

일본, 한국과는 지구 반대편에 있는 나라에서 생활하고 집필하면서 자료를 구하기란 물리적으로 쉽지 않았기 때문에 가네코 후미코 연구자들의 귀중한 선행 연구, 특히 야마다 쇼지 씨의 『가네코 후미코 – 자기·천황제 국가·조선인』과 스즈키 유코鈴木裕子 씨의 『증보 신판 가네코 후미코 나는 나 자신을 산다 – 수기·조서·노래·연보』에서 많은 도움을 받았다. 두 책이 없었다면 내가 이 책을 결코 쓸 수 없었을 것이라는 점에서 두 분께 깊이 감사드린다.

누가 뭐라 해도 이와나미쇼텐의 맹수 편집자 와타베 아사카 씨가 없었다면 이 책은 나오지 못했을 것이다. 그 시점에 하야시 후미코를 꺼내 든 와타베 씨에게는 분명 뭔가 있다.

마지막으로 이 책을 끝까지 읽어준 당신에게도 'Big Thanks'를 보낸다.

분노와 희망의 원석 같은 100년 전 여자들의 목소리가 현

대를 살아가는 모든 성性을 가진 사람들에게 들리기를 기원
한다.

2019년 2월
브래디 미카코

＃주註

1 『무엇이 나를 이렇게 만들었는가 - 옥중 수기何が私をかうさせたか - 獄中手記』
(春秋社, 1931)의 저자명은 '金子ふみこ'로 표기되어 있지만 이와나미쇼텐岩波
文庫에서 출간한 2017년판의 편집 후기에는 "저자명은 기관지 등에서 본인이
했던 필명 표기, 재판 기록 등을 감안하여 이번에 '金子文子'로 표기했다"라
고 되어 있다. 야마다 쇼지의『가네코 후미코 - 자기·천황제 국가·조선인金子
文子-自己·天皇制国家·朝鮮人』(影書房, 1996)에 따르면 부강초등학교에 남아 있
던 학적부에는 '金子文子'라는 이름이 기재되어 있었다고 한다. 선행 문헌에
따라 이 책에서는 '金子文子'라고 표기했다.

2 이하 가네코 후미코의 말을 인용한 부분은 별도로 기재하지 않는 한 가네코
후미코의『무엇이 나를 이렇게 만들었는가』(이와나미쇼텐, 2017)를 따른다.

3 黒川創編,『鶴見俊輔コレクション 1 - 思想をつむぐ 人たち』, 河出文庫,
2012.

4 이하 신문 조서와 공판 조서에 첨부된 서간 등 재판 기록에 나오는 가네코 후
미코의 말은 별도로 기재하지 않는 한 스즈키 유코 엮음,『증보 신판 가네코
후미코 나는 나 자신을 산다 - 수기·조서·노래·연보増補新版 金子文子 わたしは
わたし自身を生きる - 手記·調書·歌·年譜』(梨の木舎, 2013)를 따른다. 인용 시 분명
한 오기는 적당히 고쳤다. 야마다 쇼지의『가네코 후미코』에서 인용한 부분
은 현대어로 바꾸었다.

5 *The Suffragette*(Penguin Little Black Classics), London, Penguin, 2016.

6 鶴見俊輔,『思い出袋』, 岩波新書, 2010.

7 瀬戸内寂聴,『余白の春 - 金子文子』, 岩波現代文庫, 2019.

8 金子文子,「思ったこと二つ三つ」,『黒濤』, 第2号, 1922. 8. 10., 山田昭次,『金
子文子』.

9 金子文子,「朝鮮の○○記念日」,『現社会』, 第3号, 1923. 3., 山田昭次,『金子文
子』.

10 Margaret Skinnider, *Doing My Bit For Ireland*, New York, The Century Co., 1917.

11 위의 책.

12 위의 책.

13 山田昭次,「金子文子の性的被差別体験 – 思想形成の根源として」,『彷書月刊』, 2006. 2.

14 제2회 피고인 신문 조서.

15 John Sleight, *One-way Ticket to Epsom: A Journalist's Enquiry into the Heroic Story of Emily Wilding Davison*, Morpeth, Bridge Studios, 1988.

16 Lucy Fisher, *Emily Wilding Davison: The Martyr Suffragette*, London, Biteback Publishing, 2018.

17 위의 책.

18 黒川創編, 앞의 책.

19 鈴木良平,「なぜジェイムズ・コノリーは蜂起したのか – 幸徳秋水, 大杉栄と対比して」,『法政大学教養部紀要』, 91号, 1994.

20 Margaret Skinnider, 앞의 책.

21 위의 책.

22 山田昭次, 앞의 책.

23 Lucy Fisher, 앞의 책.

24 Plaque to Emily Wilding Davison(http://www.parliament.uk)

25 Margaret Skinnider, 앞의 책.

26 박열의 시 「개새끼」는 본래 『청년조선』에 게재될 예정이었다고 하나 원문은 찾을 수 없었다. 구리하라 야스시 씨가 박열의사기념관의 이전 학예사에게 물어보았더니 실제로 『청년조선』에는 시가 삭제된 흔적이 그대로 남아 있는데, 그 삭제된 것이 박열의 시였으리라 추측한다고 했다. 1972년에 출판된 김일면(재일조선인 작가—옮긴이)의 『박열』에 「개새끼」가 게재되었다고 하는데, 일본에서 번역 출판된 같은 책(合同出版, 1973)에는 해당 시가 없었다. 배급사를 통해 영화 〈박열〉의 제작 관계자에게도 물어보았으나 원전을 찾을 수는 없었다고 한다. 야마나시 가네코 후미코 연구회의 대표 사토 노부코佐藤信子

씨와 『무엇이 나를 이렇게 만들었는가』의 이와나미 문고판 편집자를 통해 야마다 쇼지 씨에게도 물어보았으나 원문의 소재는 알 수 없었다.

한국에서는 몇 십 년에 걸쳐 박열이 쓴 「개새끼」라고 전해지는 시가 있어 이번 영화에도 그것을 사용한 것으로 보인다. 김별아의 『상록수 - 가네코 후미코와 박열의 사랑常磐の木 - 金子文子と朴烈の愛』(同時代社, 2018, 이 책의 원서인 『열애』의 초판은 2009년 문학의문학에서, 개정판은 2017년 해냄에서 간행)에도 영화와 같은 내용의 「개새끼」(일본어 번역은 영화와 조금 다름)가 나오고, 2011년 10월 12일 한국의 지역 신문인 영남일보에 실린 칼럼 「스토리텔링 인물열전 18」에서 소설가 김정현도 같은 내용의 「개새끼」를 인용했다는 것을 인터넷으로 확인했다. 일본에서도 번역가 사이토 마리코齋藤眞理子 씨가 필름아트 사의 웹진 『가미노타네』에 연재한 「황정민의 안짱다리는 동양에서 제일이다 - 한국을 더욱 즐기기 위한 명작 안내」에서 같은 내용의 「개새끼」를 소개했다.

이 책은 연구자가 쓴 역사서가 아니라 에세이이기 때문에, 또한 일본에서는 역사적 정확성을 기하기 위해서 지금껏 평전에서 인용하지 않았으나 한국에서는 이전부터 알려져 있던 판본의 「개새끼」를 일본 독자에게도 소개한다는 뜻에서 영화 〈박열〉에 등장하는 시를 사용하기로 했다.

27  黑川創編, 앞의 책.

28  金子文子, 「金子文子書簡」, 수취인 불명, 날짜 불명, 山田昭次, 앞의 책.

29  E. Sylvia Pankhurst, *The Suffragette Movement: An Intimate Account of Persons and Ideals*, Wharton Press, 2010.

30  瀬戸内寂聴, 앞의 책.

31  金子文子, 「金子文子書簡」, 수취인 불명, 날짜 불명, 山田昭次, 앞의 책.

32  위의 글.

33  위의 글.

34  위의 글.

35  기타무라 이와오의 『대역죄大逆罪』(中西出版, 2013)에 나오는 글이다. 가네코 후미코의 재판 기록은 주로 스즈키 유코가 엮은 『증보 신판 가네코 후미코 나는 나 자신을 산다 - 수기·조서·노래·연보』에 수록된 자료에서 인용했으나

박열에 관한 기록은 이 책에 수록되어 있지 않다. 박열에 관해서는 주로 기타무라 이와오의 『대역죄』와 야마다 쇼지의 『가네코 후미코』에 수록된 「재판 기록裁判記録」에서 인용한다. 야마다 씨가 「재판 기록」으로 사용한 것은 재심준비회에서 엮은 『가네코 후미코·박열 재판 기록 – 최고재판소장 형법 제 73조 및 폭발물 단속 벌칙 위반金子文子·朴烈裁判記録 – 最高裁判所蔵 刑法第73条 ならびに爆発物取締罰則違反』(黒色戦線社, 1977)이다.

36 山田昭次, 앞의 책.

37 위의 책.

38 재일아일랜드대사관 홈페이지의 「The 1916 Proclamation in Japanese」에서 인용(한국어판에서는 트리니티 칼리지 더블린 홈페이지의 원문과 한국어 번역문을 참조했다 https://www.tcd.ie/decade-commemoration/events/proclamation/#Korean).

39 山田昭次, 앞의 책.

40 「裁判記録」, 山田昭次, 앞의 책.

41 위의 글.

42 위의 글.

43 Lucy Fisher, 앞의 책.

44 加藤直樹, 『九月, 東京の路上で – 一九二三年関東大震災ジェノサイドの残響』, ころから, 2014.

45 西崎雅夫編, 『証言集関東大震災の直後朝鮮人と日本人』, ちくま文庫, 2018.

46 위의 책.

47 松本清張, 『昭和史発掘 一』, 文春文庫, 2005.

48 위의 책.

49 北村巌, 앞의 책.

50 제7회 피고인 신문 조서.

51 제12회 피고인 신문 조서.

52 위의 글.

53 위의 글.

54 松本清張, 앞의 책.

55 瀬戸内寂聴, 앞의 책.

56 제15회 피고인 신문 조서.

57 本田靖春, 『不当逮捕』, 岩波現代文庫, 2000.

58 「裁判記録」, 山田昭次, 앞의 책.

59 위의 책.

60 위의 책.

61 金子ふみ子, 『獄窓に想ふ-金子ふみ子全歌集』, 黒色戦線社, 1990.

62 Lucy Fisher, 앞의 책.

63 위의 책.

64 John Sleight, 앞의 책.

65 위의 책.

66 布施辰治, 張祥重, 鄭泰成, 『運命の勝利者朴烈』, 世紀書房, 1946.

67 Sinead McCoole, *No Ordinary Women: Irish Female Activists in the Revolutionary Years 1900-1923*, Dublin, O'Brien Press Ltd., 2015.

68 Anne Haverty, *Constance Markievicz: Irish Revolutionary*, Dublin, The Lilliput Press Ltd., 2016.

69 http://historycollection.co/international-womens-day-2018-11-rebellious-women-from-history/2/)

70 金子ふみ子, 앞의 책.

71 위의 책.

72 山田昭次, 앞의 책.

73 黒川創編, 앞의 책.

74 山田昭次, 앞의 책.

75 金子文子,『金子文子歌集』, 黒色戦線社, 1976.

76 小山内薫,『北欧旅日記』, 春陽堂, 1917.

77 佐藤繭香,『イギリス女性参政権運動とプロパガンダ - エドワード朝の視覚的表象と女性像』, 彩流社, 2017.

78 Gertrude Colmore, "The Life of Emily Davison," in Ann Morley with Liz Stanley, *The Life and Death of Emily Wilding Davison*, London, The Women's Press Ltd., 1988.

79 Lucy Fisher, 앞의 책.

80 金子ふみ子, 앞의 책.

81 山田昭次, 앞의 책.

82 金子ふみ子, 앞의 책.

83 위의 책.

84 Max Stirner, *The Ego and His Own: The Case of the Individual Against Authority*, London, Verso, 2014.

85 위의 책.

86 山田昭次, 앞의 책.

87 위의 책.

88 松本清張, 앞의 책.

89 金子ふみ子,『何が私をこうさせたか』, 筑摩叢書, 1984.

90 金子文子, 앞의 책.

# 참고문헌

## 가네코 후미코

金子ふみ子, 『新版 何が私をこうさせたか - 獄中手記』, 春秋社, 1998(初版 『何が私をかうさせたか - 獄中手記』, 春秋社, 1931).

金子ふみ子, 『何が私をこうさせたか』, 筑摩叢書, 1984.

金子文子, 『何が私をかうさせたか - 獄中手記』, 岩波文庫, 2017.

└ 한국어판
가네코 후미코, 정애영 옮김, 『무엇이 나를 이렇게 만들었는가 - 일본 제국을 뒤흔든 아나키스트 가네코 후미코 옥중 수기』, 이학사, 2012.
가네코 후미코, 조정민 옮김, 『나는 나 - 가네코 후미코 옥중 수기』, 산지니, 2012.
가네코 후미코, 장현주 옮김, 『무엇이 나를 이렇게 만들었는가 - 가네코 후미코 옥중 수기』, 더스토리, 2017.

金子文子, 『金子文子歌集』, 黒色戦線社, 1976.

金子ふみ子, 『獄窓に想ふ - 金子ふみ子全歌集』, 黒色戦線社, 1990.

Fumiko Kaneko(translator: Jean Inglis), *The Prison Memoirs of a Japanese Woman(Foremother Legacies)*, Oxfordshire, Routledge, 2015.


加藤直樹, 『九月, 東京の路上で - 一九二三年関東大震災 ジェノサイド の残響』, ころから, 2014.

北村巌, 『大逆罪』, 中西出版, 2013.

キム・ビョラ, 後藤守彦訳, 『常磐の木 - 金子文子と朴烈の愛』, 同時代社, 2018.

└ 한국어판
김별아, 『열애』, 해냄, 2017.

栗原康編, 『狂い咲け, フリーダム - アナキズム・アンソロジー』, ちくま文庫, 2018.

黒川創編, 『鶴見俊輔コレクション 1 - 思想をつむぐ 人たち』, 河出文庫, 2012.

シュティルナー・M, 片岡啓治訳, 『唯一者とその所有』(上・下), 現代思潮新社, 2013.

鈴木邦男, 『竹中労 - 左右を越境するアナーキスト』, 河出ブックス, 2011.

鈴木裕子編, 『増補新版 金子文子 わたしはわたし自身を生きる - 手記・調書・歌・

　年譜』, 梨の木舎, 2013.

瀬戸内晴美, 『余白の春』, 中央公論社, 1972.

瀬戸内寂聴, 『余白の春 - 金子文子』, 岩波現代文庫, 2019.

鶴見俊輔, 『思い出袋』, 岩波新書, 2010.

西崎雅夫編, 『証言集 関東大震災の直後 朝鮮人と日本人』, ちくま文庫, 2018.

布施辰治, 張祥重, 鄭泰成, 『運命の勝利者朴烈』, 世紀書房, 1946.

本田靖春, 『不当逮捕』, 岩波現代文庫, 2000.

松本清張, 『昭和史発掘 一』, 文春文庫, 2005.

山田昭次, 『金子文子 - 自己・天皇制国家・朝鮮人』, 影書房, 1996.

　└ 한국어판
　　야마다 쇼지, 정선태 옮김, 『가네코 후미코 - 식민지 조선을 사랑한 일본제국의 아나
　　키스트』, 산처럼, 2017.

廣畑研二編·著, 『大正アナキスト覚え帖 関東大震災90年』, アナキズム文献セン
　ター, 2013.

『彷書月刊』(特集·金子文子のまなざし - もうひとつの大逆事件), 彷徨舎, 2006年 2月号.

Max Stirner, *The Ego and His Own: The Case of the Individual Against Authority*,
　London, Verso, 2014.


　◆영상

イ·ジュンイク監督, 『金子文子と朴烈』(原題: 박열, 英題: Anarchist from the Colony), 韓
　国, 2017(日本公開, 2019).

　└ 한국어판
　　이준익 감독의 영화 〈박열〉(2017)

*The Suffragettes*(Penguin Little Black Classics), London, Penguin, 2016.

Andrew Griffin, *In Search of Emily*, Amazon Digital Services LLC, 2013.

Emmeline Pankhurst, *Suffragette: My Own Story*, London, Hesperus Press Ltd, 2014.

E. Sylvia Pankhurst, *The Suffragette Movement: An Intimate Account of Persons and Ideals*, Wharton Press, 2010.

Gertrude Colmore, "The Life of Emily Davison," in Ann Morley with Liz Stanley, *The Life and Death of Emily Wilding Davison*, London, The Women's Press Ltd., 1988.

John Sleight, *One-way Ticket to Epsom: A Journalist's Enquiry into the Heroic Story of Emily Wilding Davison*, Morpeth, Bridge Studios, 1988.

Joyce Marlow, *Suffragettes: The Fight for Votes for Women*, London, Virago, 2015.

Lucy Fisher, *Emily Wilding Davison: The Martyr Suffragette*, London, Biteback Publishing, 2018.

Lucy Fisher, *Emily Wilding Davison: The Suffragette Who Died For Women's Rights*, London, Blacktoad Publications, 2013.

佐藤繭香, 『イギリス女性参政権運動とプロパガンダ - エドワード朝の視覚的表象と女性像』, 彩流社, 2017.

ジャック・ロンドン, 行方昭夫訳, 『どん底の人びと - ロンドン 1902』, 岩波文庫, 1995.


 ◆ 영상

サラ・ガヴロン監督, 『未来を花束にして』(原題: Suffragette), 英国, 2015(日本公開, 2017).
 └ 한국어판
  사라 가브론 감독의 영화 〈서프러제트〉(2016)

Clare Balding's Secrets of a Suffragette, Channel 4(UK, 2013).

Suffragettes: 100 years since women won the right to vote, BBC News(UK, 2018).

Suffragettes with Lucy Worsley, BBC(UK, 2018).

Suffragettes Forever! The Story of Women and Power, BBC(UK, 2015).

Margaret Skinnider, *Doing My Bit For Ireland*, New York, The Century Co., 1917.

Anne Haverty, *Constance Markievicz: Irish Revolutionary*, Dublin, The Lilliput Press Ltd., 2016.

Mary McAuliffe and Liz Gillis, *Richmond Barracks 1916: We Were There: 77 Women of the Easter Rising*, Dublin, Four Courts Press Ltd., 2016.

R. F. Foster, *Vivid Faces: The Revolutionary Generation in Ireland, 1890-1923*, London, Penguin, 2015.

Sinead McCoole, *No Ordinary Women: Irish Female Activists in the Revolutionary Years 1900-1923*, Dublin, O'Brien Press Ltd., 2015.

鈴木良平,「なぜジェイムズ・コノリーは蜂起したのか－幸徳秋水, 大杉栄と対比して」,『法政大学教養部紀要』, 91号, 1994.

◆ 영상

『リベリオン』, シーズン1, NETFLIX, 2016.
└ 한국어판
　넷플릭스 드라마 〈리벨리언〉 시즌 1 (2016)

Margaret Skinnider a woman of calibre Réabhlóid Episode 3, RTE ONE(Ireland, 2011)

Guns and Chiffon: Irish Women Revolutionaries of 1916-23, RTE ONE(Ireland, 2003)

여성의 인권을 옹호하던 올랭프 드 구주Olympe de Gouges가
프랑스혁명 당시 마리 앙투아네트Marie Antoinette를 옹호한
다는 이유로 1793년 단두대의 이슬로 사라졌다. 『여성의
권리 옹호』를 쓴 메리 울스턴크래프트Mary Wollstonecraft는
1797년 둘째 딸 메리 셸리Mary Shelley를 낳고 열흘 만에 패혈
증으로 죽었다.

　1860년대 선거법 개혁 과정에서 『여성의 종속』을 쓴 존
스튜어트 밀John Stuart Mill이 여성 참정권 입법을 발의하였
으나 소수의 독신 여성에게만 선거권이 주어지는 데 그쳤
다. 1868년에 콘스턴스 마키에비치가, 1872년에 에밀리가,
1892년에 마거릿이 태어날 때까지도 영국의 여성 참정권 입
법에는 진전이 없었다. 1897년 지식인과 중산층으로 구성
된 NUWSS가 조직되고, 1903년에는 팽크허스트 모녀가 지
식인부터 여성 노동자까지를 아우르는 과격한 운동 단체
WSPU를 만들었다. 같은 해, 일본에서는 후미코가 태어났다.

1906년 에밀리가 WSPU에 합류했다. 옥스퍼드에서 공부했으나 여자라는 이유로 졸업을 인정받지 못하고 런던대학교를 다니며 졸업을 준비하던 때다. 사립학교 교사나 입주가정교사 일을 하며 생활하던 에밀리는 졸업 후 WSPU 활동에 전념한다. 1908년 자유당의 애스퀴스가 총리로 취임하면서 로이드 조지를 재무장관으로 임명했다. 로이드 조지는 노령연금법, 국민보험법 등 사회보장 입법에 주도적인 역할을 하며 영국의 사회보장제도 확립에 큰 공헌을 했다. 그런 로이드 조지가 처음과 달리 여성 배제를 강화하기 시작했다. 그가 탄 차를 향해 여성 참정권을 주장하는 문구를 쓴 벽돌을 던지려 한 에밀리. 에밀리는 애스퀴스 총리를 만나기 위해, 또 인구조사를 거부하기 위해 의회의사당에 숨어들었다. 에밀리는 체포나 투옥을 두려워하지 않았다. 다시 사회로 나가기 위해 단식 투쟁도 강행했다. 하지만 교도소에서 에밀리를 기다리고 있던 것은 강제 음식 주입과 무자비한 물대포였다. 에밀리는 날로 쇠약해졌다. 우체통 방화 등으로 인해 WSPU와의 관계를 부정당한 에밀리가 1913년 엡섬 더비에서 사고로 생을 마감하자 에멀린 팽크허스트는 장례식을 통해 에밀리를 영웅으로 만들었다.

그즈음 마거릿은 수학교사로 일하며 스코틀랜드에서

아일랜드 의용군, 아일랜드 여성평의회 활동에 참여했다. 1914년 1차 세계대전이 발발하자 에멀린 팽크허스트는 WSPU의 활동 중단을 선언하고 영국의 승리를 위해 일한다. 같은 해, 마거릿은 장차 영국군으로 복무할 가능성이 있는 여성에게 저격을 가르치던 클럽에서 총 쏘는 법을 배운다. 1915년에는 콘스턴스의 요청으로 폭탄, 기폭 장치 등의 장비를 더블린으로 반입한다. 1916년 아일랜드 부활절 봉기에서 마거릿은 총상을 입고 더블린 시내는 초토화된다. 그해 애스퀴스 총리는 사임하고 로이드 조지가 총리직을 이어받는다. 1918년 1차 세계대전이 끝나갈 무렵 미국의 윌슨Woodrow Wilson 대통령이 발표한 14개조의 민족자결주의는 식민 지배하에서 신음하던 조선의 유학생 및 지식인들에게 커다란 영감을 주었다. 이후 유학생과 조선 지식인의 독립 선언을 위한 움직임이 활발해졌다.

전쟁에서 이긴 영국에서는 1918년 30세 이상 일부 여성의 선거권과 피선거권이 인정되었다. 제한적이기는 하나 참정권을 얻을 수 있었던 이유로 영국의 승리를 위해 WSPU의 활동 중단을 선언하고 러시아 사절로 직접 가기도 한 에멀린 팽크허스트의 공을 꼽는 이도 있다. 하지만 서프러제트의 목숨을 건 활동이 결실을 맺었다기보다는 전쟁터로 떠난 남성의 빈자리를 채운 여성들을 다시 집으로 돌려보낼 수 없었던 당시 정권의 불가피한 선택이었다는 의견이 지배적이다. 1차 세계대전이 끝날 무렵 캐나다와 소련, 독일, 폴란드에서도 여성에게 선거권이 주어졌으며 1919년 네덜란드, 1920년 미국에서도 여성 참정권이 인정되었기 때문이다.

1918년의 총선거에서 콘스턴스 마키에비치는 영국 최초의 여성 의원이 된다. 콘스턴스는 당선 이후 영국 의회에 참여하는 대신 1919년 1월 아일랜드 독립 전쟁이 시작되자 영국과 맞서 싸운다. 마거릿 또한 마찬가지였다. 그해에 콘스턴스는 아일랜드의 노동 장관에 취임했다.

같은 해 3월 조선에서는 3·1운동이 일어났다. 독립 선언서를 낭독한 민족 대표들이 자진해서 경찰에 체포될 정도로 비폭력적인 방식으로 시작된 이 운동은 전국으로 확대되면서 일제가 세운 기관들을 습격하는 등 폭력적인 투쟁으로 변화했다. 충청북도 부강에 살던 후미코에게 영감을 준 3·1운동은 아마도 이런 모습이었으리라. 그해 후미코와 박열은 각각 다른 이유로 일본으로 건너간다. 1920년 즈음 조선의 신문들은 아일랜드 독립 전쟁을 상세하게 보도했다고 한다.

1921년 아일랜드 독립 전쟁은 영국-아일랜드 조약으로 끝을 맺는다. 이 조약 체결의 협상자로 아일랜드 쪽에서는 아서 그리피스와 마이클 콜린스Michael Collins, 영국 대표로는 로이드 조지가 나섰다. 조약 체결의 결과 아일랜드 자유국과 북아일랜드가 분리되었고, 북아일랜드는 영국령으로 남았다. 이듬해인 1922년 이 조약에 반대하던 에이먼 데벌레라와 함께 콘스턴스는 지휘관으로, 마거릿은 아일랜드 여성평의회의 일원으로 아일랜드 내전에 참전한다. 내전에서 패한 마거릿은 교도소에 수감된다.

1922년은 도쿄의 '사회주의 오뎅'에서 후미코가 박열을 만나 불령사라는 모임을 만들고 잡지를 간행하던 시기다. 후미코와 박열은 이듬해인 1923년 도쿄에서 일어난 대지진으로 검속된다. 같은 해 마거릿은 교직으로 돌아와 초등학교 교사로 일한다. 1924년 이후 후미코는 박열과 함께 폭탄 테러를 계획했다는 혐의로 조사를 받으며 자서전 등 여러 편의 글을 남긴다. 재판에서 대역죄와 폭발물 단속 벌칙 위반으로 유죄 판결을 받는다. 사형 판결이 내려지나 은사와 전향을 강요받다가 후미코는 1926년 우쓰노미야의 교도소 도치기 지소에서 숨진 채 발견된다.

1928년 영국에서는 21세 이상의 모든 여성에게 참정권이 부여된다. 에멀린 팽크허스트가 죽은 지 얼마 지나지 않은 시점이었다. 1948년 대한민국 정부가 수립되면서 우리나라

옮긴이의 말

에서도 여성 참정권이 보장된다.

내가 대학을 다니던 1990년대만 해도 페미니즘은 찻잔 속의 태풍이었다. 여성이 스스로 페미니스트라고 밝히는 것보다 앞치마를 두르고 개수대 앞에 선 남성이 자신을 페미니스트라고 소개하는 것이 더 위트 있고 자연스러운 시절이었다. 그런 시절에 이미 위헌 판결이 난 군가산점제가 지금에 와서 공정성의 도마에 오르는 것을 보면서, 또 대학 교수의 조교 성희롱 사건에서 피해자를 변호했던 변호사가 스스로 생을 마감한 뒤에 펼쳐진 수많은 억측을 접하면서, 그런 가운데서도 여전히 논란의 쟁점은 여성의 신체에 대한 자기 결정권이 아니라 진부한 인습에 불과하다는 걸 목도하면서 답답함을 느낀다. 이제 페미니즘은 더 이상 찻잔 속에 머무르지 않아도 된다는 것을 위안으로 삼아야 할까? '요즘 젊은 여자들은 이기적이다'라는 비난 속에서 이 시대를 살아가야 할 또 다른 후미코와 에밀리는 어디에서 쉬어야 할까? 나는 과연 마거릿을 이해하고 함께 행동한 콘스턴스 같은 언니가 될 수 있을까?

많이 부족한 나를 있는 힘껏 끌어주고 밀어준 사계절출판사의 이진 편집자님과 인문팀 분들께 감사의 말을 전한다.

## 가네코 후미코 金子文子

1903  일본 가나가와현 요코하마에서 출생.

1912  충청북도 청주군 부용면 부강리(현 세종특별자치시 부강면) 고모 집에서 거주. 부강심상소학교 입학.

1915  부강심상소학교 졸업.

1917  부강고등소학교 졸업.

1919  3·1운동 목격. 일본으로 돌아와 야마나시의 외할아버지 집과 하마마쓰의 아버지 집에서 거주.

1920  도쿄 작은할아버지 집으로 이주했다가 곧 뛰쳐나와 신문 판매점에서 숙식과 밥벌이를 하며 세이소쿠영어학교, 겐수학관에서 공부. 유시마에 셋방을 얻어 살면서 노점에서 가루비누 판매. 설탕 가게에 하녀로 들어감.

1921  호리 기요토시라는 사회주의자의 집에서 기거하다 작은할아버지 집으로 돌아옴. 도쿄에서 유학하던 조선인 사회주의자, 아나키스트들과 교류, 이와사키 오뎅 가게에서 점원으로 일함.

1922  세이소쿠영어학교에서 니야마 하쓰요와 교류. 박열과 만나 동거 시작. 흑도회와 흑우회 가입. 흑도회 기관지 『흑도』 창간. 『후테이센진』 창간.

1923  박열과 함께 아나키스트 단체인 불령사 조직. 간토대지진 이후 보호 검속으로 연행됨. 불령사 동인 16명 치안경찰법위반 혐의로 기소.

1924  박열, 김중한과 함께 폭발물 단속 벌칙 위반 혐의로 추가 기소.

1925  예심 판사의 전향 요구 거부. 자서전 집필 시작. 형법 제73조(대역죄) 및 폭발물 단속 벌칙 위반 혐의로 기소.

1926  박열과 혼인 신고서 제출. 대심원 공판에서 박열과 함께 사형 판결을 받음. 우쓰노미야 교도소 도치기 지소로 이감. 7월 23일 사망.

1872    영국 그리니치에서 출생.

1885    켄싱턴고등학교 입학.

1891    로열 홀러웨이 칼리지에서 문학 공부.

1893    아버지의 사망으로 학업 중단.

1895    옥스퍼드 세인트 휴스 칼리지에서 공부했으나 여성에게는 학위를 주지
        않는 당시의 관행에 의해 졸업하지 못함.

1896    워딩의 사립학교에서 교사로 일함.

1898    노샘프턴셔의 한 가정에서 개인교사 겸 관리인으로 일함.

1902    런던대학교 입학.

1906    여성사회정치연합(WSPU)에 합류.

1908    런던대학교 졸업.

1909    교사 일을 그만두고 WSPU 활동에 전념. 애스퀴스 총리를 만나기 위한
        21인의 여성 대표단의 일원으로 행진하다 경찰을 폭행한 혐의로 체포됨.
        재무장관 데이비드 로이드 조지가 탔던 차에 벽돌을 던지려다 경찰과 충
        돌하여 체포됨(이후 수차례 체포, 수감되어 교도소에서 단식 투쟁을 하다가 강제 음
        식 주입을 당함).

1910    여성 참정권 법안을 논의하지 않는 애스퀴스의 자유당 정부에 항의하는
        뜻으로 의회의사당 창문을 부수어 체포됨.

1911    인구조사를 거부하며 의회의사당에 숨어들었다가 체포됨. WSPU와 상
        의 없이 우체통 방화라는 새로운 작전 시작. 여성 참정권을 주장하기 위해
        1913년까지 50개 이상의 신문사에 200여 통의 편지를 보냄.

1912    교도소에서 단식 투쟁, 강제 음식 주입에 저항하며 투신자살 기도. 석방되
        었다가 한 침례교 목사를 데이비드 로이드 조지 재무장관으로 착각하고
        채찍을 휘두른 혐의로 체포됨(이 일은 메리 리의 소행이었다는 추측도 있음).

1913    엡섬 더비에서 WSPU 깃발을 가슴에 품은 채 국왕 조지 5세의 말 앞으로
        뛰어들어 큰 부상을 입고 병원으로 옮겨졌으나 4일 후 사망.

1892    스코틀랜드 코트브리지에서 출생.

1913    수학 교사로 일하다 스코틀랜드 글래스고에서 아일랜드 의용군, 아일랜
~14    드 여성평의회에 참여. 영국군이 여성들을 모아 저격 훈련을 시키던 소총
       클럽에서 총 쏘는 법을 배움.

1915    콘스턴스 마키에비치의 요청으로 기폭 장치와 폭탄 제조 장비를 아일랜
       드 더블린으로 반입. 더블린에서 콘스턴스 마키에비치가 설립한 피어너
       에런 소년단, 아일랜드 시민군 최고 사령관 제임스 코널리 등과 교류.

1916    부활절 봉기 때 세인트 스티븐 그린 공원 부근의 왕립외과의학원 옥상에
       서 저격수로 활약. 부상을 당해 병원에 입원했다가 퇴원 후 스코틀랜드로
       돌아감. 잠시 더블린으로 돌아왔다가 미국으로 건너감.

1917    미국에서 아일랜드 여성평의회를 널리 알리는 강연 투어를 하고 자서전
~18    을 출간함.

1919    아일랜드로 돌아와 아일랜드 여성평의회에서 활동하며 아일랜드 시민군
       의 응급 처치 훈련 등을 지원함.

1922    아일랜드 독립 전쟁과 내전에서 싸우다 두 차례 체포, 수감됨. 여성 수감
~23    자들에 대한 교도소의 열악한 처우에 저항하며 단식 투쟁.

1923    더블린에서 교직 생활을 하며 아일랜드 전국교원조직(INTO) 회원이 됨.
       1961년 은퇴할 때까지 더블린에서 초등학교 교사로 일함.

1925    아일랜드 시민군의 일원으로 정부에 연금을 신청했지만 여성이라는 이유
       로 거절당함. 1938년에 비로소 연금을 수령함.

1946    급진 공화주의 정당인 클랜 나 포블라흐타Clann na Poblachta에 합류.

1950    아일랜드 지방선거에서 당 후보로 나섬.

1956    INTO 위원장이 되어 여성의 권리를 위해 투쟁함.

1960    아일랜드 노동조합회의(ICTU)가 여성 노동 운동에 관한 자문을 위해 설치
       한 여성자문위원회(WAC) 의장이 됨.

1971    사망. 글래스네빈 공동묘지의 공화주의자 묘지에 안장.

# 여자들의 테러

2021년 5월 14일 1판 1쇄

**지은이** 브래디 미카코
**옮긴이** 노수경

**편집** 이진·이창연·홍보람  **디자인** 김효진
**마케팅** 이병규·양현범·이장열  **홍보** 조민희·강효원  **제작** 박홍기
**인쇄** 천일문화사  **제책** J&D바인텍

**펴낸이** 강맑실  **펴낸곳** (주)사계절출판사
**등록** 제406-2003-034호  **주소** (우)10881 경기도 파주시 회동길 252
**전화** 031)955-8588, 8558  **전송** 마케팅부 031)955-8595  편집부 031)955-8596
**홈페이지** www.sakyejul.net  **전자우편** skj@sakyejul.com
**블로그** skjmail.blog.me  **페이스북** facebook.com/sakyejul
**트위터** twitter.com/sakyejul

값은 뒤표지에 적혀 있습니다. 잘못 만든 책은 서점에서 바꾸어 드립니다.

사계절출판사는 성장의 의미를 생각합니다.
사계절출판사는 독자 여러분의 의견에 늘 귀 기울이고 있습니다.

ISBN 979-11-6094-727-4 03300